农产品经纪人实务

蒋珠燕　朱学新　编著

苏州大学出版社

图书在版编目(CIP)数据

农产品经纪人实务/蒋珠燕,朱学新编著.—苏州
:苏州大学出版社,2012.3
ISBN 978-7-81137-980-8

Ⅰ.①农… Ⅱ.①蒋… ②朱… Ⅲ.①农产品—经纪人—基本知识 Ⅳ.①F323.7

中国版本图书馆 CIP 数据核字(2012)第 031703 号

农产品经纪人实务
蒋珠燕　朱学新　编著
责任编辑　金振华

苏州大学出版社出版发行
(地址:苏州市十梓街 1 号　邮编:215006)
南通印刷总厂有限公司印装
(地址:南通市通州经济开发区朝霞路 180 号　邮编:226300)

开本 700 mm×1 000 mm　1/16　印张 16.25　字数 280 千
2012 年 3 月第 1 版　2012 年 3 月第 1 次印刷
ISBN 978-7-81137-980-8 定价:30.00 元

目　　录
CONTENTS

第一章　农产品经纪人概述

党的十七大报告明确提出:“统筹城乡发展,推进社会主义新农村建设。”“解决三农问题事关全面建设小康社会大局,是全党工作的重中之重。”“三农”问题的核心是农产品的流通问题,是农业生产和市场需求之间的有效衔接问题。如何破解这个难题?农产品经纪人一手牵着农民生产,一手牵着市场需求,在农民和市场之间发挥着重要的纽带和桥梁作用,培育和发展壮大农产品经纪人队伍,成为有效解决农业经济矛盾的关键,是解决“三农”问题的重要途径,是建设社会主义新农村的有力“推动器”。

第一节　农产品经纪人的概念及作用

一、农产品经纪人的概念

农产品经纪人是指根据市场需求,从事农产品收购、储运、销售以及销售代理、信息传递、服务等中介活动而获取佣金或利润的从业人员。农产品经纪人是市场中介组织的重要组成部分,是为他人之间实现交易而从事沟通、服务活动的中间人。

二、农产品经纪人的特征

农产品经纪人具有以下特征:

1. 农产品经纪人以收取佣金为目的

农产品经纪人提供经纪服务,其最终目的是在交易成功后向委托人收取相应的费用作为酬劳,以求得自身的存续发展。这种酬劳在性质上是作为劳务报酬的佣金,而不是商品流通过程中产生的交易差价。这使其有别于靠转卖商品牟取交易差价的经销商。

2. 农产品经纪人为促成他人交易而提供服务

农产品经纪人提供经纪服务是为促成他人之间的交易，并非是为自己完成商品交易。农产品经纪人不是交易的最终受益者，而是交易的促成者或实施者，是交易成功的间接受益者。

3. 农产品经纪人的活动主要包括居间、行纪、代理等业务形式

（1）居间。居间是指农产品经纪人为交易双方提供交易信息，或作为交易媒介撮合交易成功的商业行为。在居间中，农产品经纪人只以自己的名义替双方媒介交易或报告订立合同的机会，并不具体代表任何一方，不是任何一方的代言人，没有代为订约的权利，具体的交易由交易双方自己完成。

（2）行纪。行纪是指农产品经纪人接受委托人的委托，以自己的名义与第三方进行贸易的商业活动，如代购、代销、寄卖等。在行纪中，农产品经纪人是形式上独立的交易主体，但本质上是在接受委托人的委托后，才以农产品经纪人自己的名义与他人交易，最终也是为了实现委托人的利益。

（3）代理。代理是指农产品经纪人接受委托人委托，在受托权限内，以委托人名义与第三方进行交易，由委托人直接承受相应法律责任的商业行为。在代理中，农产品经纪人不具有独立的法律地位，其从事活动必须严格依据委托人的授权范围并以委托人名义进行，行为的后果也由委托人承担。

4. 农产品经纪人行业在市场经济中的作用与其他行业不同

农产品经纪人行业的出现，是社会主义市场经济发展的必然。建立社会主义市场经济体制是为了充分发挥市场的功能，促进我国经济的快速发展。农产品经纪人虽然不直接从事生产经营活动，但农产品经纪人以自身的信誉、所掌握的知识和信息为交易双方服务，促进交易顺利达成，并在启动各类市场、提高市场组织化程度和市场交换率、进一步深化社会分工、促进社会资源的合理配置等方面发挥积极作用。

三、农产品经纪人的发展过程

长期以来，特别是改革开放以来，随着生产力的发展，农村经济逐渐繁荣，农民生产的大量农产品迫切需要在市场上销售。但是，由于农业生产与现代、开放、规模化的市场相互分割，农民在相对封闭的状态下，分散生产，对多样化的市场需求知之甚少，非常需要中间人将他们的产品与市场需求衔接起来。在这种强烈的需求下，农民中的一批“能人”应运而生。这些能人头脑灵活，有知识，有信誉，掌握信息，了解市场。他们根据需要，将农产品有效地

组织起来，成为农业生产和市场需求之间的桥梁。这些“能人”就是我们所说的农村经纪人（俗称经纪）。2003 年国务院一号文件正式将其定名为“农民经纪人”。2003 年国家劳动和社会保障部制定国家职业标准时，正式将其定名为“农产品经纪人”。

农产品经纪人从事的活动一般采用“市场 + 经纪人 + 农户”模式，起初，经纪活动主要以牲畜、粮食等为主，现已基本覆盖了所有农产品，有的已进入农村工业领域。农村的这支“红娘”队伍经常往来于城乡之间，联系产销，沟通消费，牵线搭桥，有力地促进了农民与市场的对接，在当前产、供、销一条龙农业产业化链条中发挥了重要的纽带和桥梁作用。

目前，全国已有常年从业的农产品经纪人 600 多万人，加上季节性的从业者，总数可达 1000 万人，主要农产品的 80% 以上是经由农产品经纪人交易完成的，年经营农产品超万亿元。农产品经纪人已成为农产品市场主体中的骨干力量和最活跃的群体，成为推动农村经济发展不可或缺的重要力量，被纳入国家正规职业范畴，并得到了党和政府的高度认可。

四、农产品经纪人的作用

1. 促进商品流通，实现产销衔接

改革开放后，农村经济得到极大的发展，一大批具有专业性质的农产品基地逐渐形成。把农产品推向市场，加快农产品转化为商品的速度，需要有良好的流通渠道。农产品经纪人的出现，在农产品生产和需求之间架起了一座桥梁，有利地促进了农户和企业之间的联系，把市场需求和本地生产紧密连接起来，在本地形成强大的商品优势，并使资源优势快速转化为市场优势。目前，我国农产品经纪人的业务已经从传统的粮食、蔬菜、水果、牲畜、苗木、水产品，扩展到了生产资料等方面，有力地促进了农村商品生产的流通和农村消费的发展。

2. 优化农村产业结构，加快农业产业化经营

农产品经纪人和经纪组织是从事生产、加工、销售等一体化服务的个体和群众自治组织，同时也是经济实体。农产品经纪人见多识广，信息渠道广泛，熟悉市场变化规律，能根据市场的信息需求向农民提供生产意见和信息咨询。一方面，作为生产和消费的纽带，如何使农民的生产经营与市场需求相适应，农产品经纪人可以发挥其桥梁作用，让二者有机地结合起来，使农业的产业结构顺应市场发展趋势而逐渐趋于合理。另一方面，农产品经纪人是促成农民与他人

交易的关键联结点。农产品经纪人掌握着农产品的供求状况，担负着农产品市场变化的信息传递任务，对农业生产起着一定的引导作用，而且可以把零散的农产品集中起来进行交易，从而加快农业产业化的经营。

3. 更新农民生产经营观念，加强农民的市场意识和竞争力

农产品经纪人依赖市场生存，必须在具体经纪活动的过程中了解经营，学会管理，掌握市场的变化形势，还必须随时调整经营理念。无论是农产品的生产、包装，还是储运、销售等方面，农产品经纪人都可以了解到最新的符合时代要求的做法。因此，农产品经纪人往往有着较强的市场经济意识、一定的组织能力。农产品经纪人以自身的行为和观念作为先导，把新的信息、好的观念带到农村，传给农民，培养和加强农民的市场意识，使农产品更快、更好地走向市场。

4. 扩大农产品流通范围，增加农民收入

农产品经纪人在引导和调整农民市场的同时，利用自身的市场资源将农民的产品推销出去，使农民的生产活动能够持续有效地转变为不断增长的收入，从而保证了农民增收。其主要体现在以下两个方面：一是通过农产品经纪人，农产品实现了更大的价值。促进了农产品在更广地域的流通，在很大程度上解决了农产品卖难的问题，促进农民增收；二是通过农产品经纪人中的经纪组织，实现了规模和品牌经营。

五、农产品经纪人的权利与义务

经纪活动作为一项法律活动，必须符合权利与义务对等的原则。农产品经纪人要拥有一定的权利，同时也要履行相应的义务。全面完整地规定农产品经纪人的权利和义务，是对农产品经纪人进行依法管理的核心内容。

1. 农产品经纪人的权利

在一般意义上，权利是指公民或组织成员依法享有的权力和利益。农产品经纪人的权利，是指农产品经纪人在开展经纪业务活动时，依法应享有的权力和应得到的利益。这些权力和利益具体包括以下几个方面：

（1）农产品经纪人有权要求委托人提供资信状况、履约能力、商品质量等方面真实可靠的资料。

（2）经纪执业人员有向委托人了解委托事物真实情况的权利。委托人隐瞒与经纪业务有关的重要事项，提供虚假情况或者要求提供违法服务的，经纪执业人员有中止经纪业务、建议经济组织解除经纪合同的权利。

（3）经纪执业人员依法享有保守自己经纪业务秘密的权利。

（4）经纪执业人员有权在其执业的经纪合同上签名。经济组织签订经纪合同时，应当附有执行该项经纪业务的经纪执业人员的签名。

（5）经纪执业人员依法享有其承揽经纪业务的执行权，未经委托人和经纪执业人员同意，经纪组织不得随意变更经纪业务执行人。

（6）因经纪行为促成交易的，委托人应当按照约定向个体农产品经纪人、经纪组织支付佣金。没有约定佣金或者约定不明确的，依照《中华人民共和国合同法》和国家有关规定执行。

（7）经纪执业人员的合法权益受到侵害的，可以向工商行政管理机关或者有关行业行政管理部门申诉，也可以向农产品经纪人协会投诉。

2. 农产品经纪人的义务

义务与权利是相对的。义务是指公民或法人按法律规定应尽的及在道德上应尽的责任。农产品经纪人的义务，是指农产品经纪人在开展经纪活动时，按有关法律和委托合同规定应尽的及在道德上应尽的责任。农产品经纪人在经纪业务活动中应当履行的义务主要包括：

（1）提供客观、公正、准确、高效的服务。

（2）将签订合同的机会和签订合同的情况如实、及时报告当事人各方。

（3）妥善保管当事人交付的样品、保证金、预付款等财物。

（4）为当事人保守商业秘密。

（5）记录经纪业务成交情况。

（6）法律、法规规定的其他义务。

六、国家对农产品经纪人的优惠政策

目前，国家对农产品经纪人实行以下优惠：

（1）农产品经纪人的合法权益受国家法律保护，任何单位或个人不得侵害其利益，不得向其乱收费、乱集资、乱罚款。

（2）农产品经纪人进行职业技能培训，培训费用应由农业产业化专项资金中给予支持。

（3）农产品经纪人贩运鲜活时令农产品，相关部门要凭《中华人民共和国农产品经纪人职业资格证书》优先办理“绿色通道”手续。

（4）农产品经纪人贩运鲜活时令农副产品进城，交警、城管（执法）等管理部门应给予大力支持，一般性的违章应以教育为主，不得随意罚款、扣车。

（5）除国家法律法规明令禁止的行为、经营项目、经营方式外，农产品经纪人的经营范围不受限制，其经营收入或佣金收入为合法收入。农产品经纪人经营目前有一定限制的农副产品（如粮食、棉花）种类，可由农产品经纪人协会开具证明，到当地工商部门办理相关手续。

（6）个体性质的农产品经纪人，从事农产品销售增值税起点为每月销售额5000元。从事农产品咨询、中介代理等服务营业税起征点：县城、镇月营业额为3000元，城市为5000元。农产品经纪人新办的从事农副产品经营的独立核算企业，自开业之日起，减征或免征企业所得税一年。农产品经纪人为农业生产产前、产中、产后所提供的技术服务或劳务收入免征企业所得税。

（7）农产品经纪人应依法参加社会保险，由农产品经纪人协会统一代办，并可享受已出台的优惠政策待遇。

（8）信用合作社对农产品经纪人要给予资金上的扶持。10万元以下的小额短期贷款，在同等条件下优先安排。

第二节　农产品经纪人职业资格的取得

一、从业人员

具有初中以上文化程度的农民、农村基层干部、个体经营大户、农业科技人员、其他准备从事本职业的人员均可成为农产品经纪人。

二、取得农产品经纪人资格的流程

1．当地供销社报名

年满18岁，具有完全民事能力，能独立承担民事责任的自然人，有志于从事农产品经纪活动的，可到当地供销社报名参加培训。

2．参加相应天数的培训

初级职业资格证书培训时间不少于200标准学时；中级职业资格证书培训时间不少于150标准学时；高级职业资格证书培训时间不少于100标准学时。

3．考试合格取得相应职业资格，并登记注册

农产品经纪人取得相应的职业资格，应接受农产品商品基础知识、操作技能、市场营销、会计知识、职业道德、法律法规等相关知识的系统培训。培

训后经过考核，合格者将获得国家人力资源和社会保障部、全国供销合作总社联合颁发的《农产品经纪人职业技能资格证书（初级、中级、高级）》，并在有关部门注册登记后，即可从事农产品经纪人的相关工作。

《农产品经纪人职业技能资格证书》是由国家人力资源和社会保障部、全国供销合作总社依据《中华人民共和国劳动法》，按照国家职业（技能）标准，进行考核鉴定后颁发的，是劳动者就业上岗和用人单位招收录用人员的主要依据，全国通用，是目前国内“含金量”最高的该行业资格证书。

第三节　农产品经纪人的知识结构和能力结构

一、农产品经纪人应具备的知识结构

知识结构是指个人知识体系的构成与组合方式，即个人学到的各种知识在其头脑中所占的比重、所处的位置以及这些知识的相互联系与影响。人类社会发展至今，生产力得到迅速发展，科学技术突飞猛进，知识财富急剧增长，世界开始进入一个全新的知识经济时代，新的知识和高新技术已越来越成为经济发展和社会进步的主要动力。全新的社会经济生活迫切呼唤高素质的人才，而高素质的人才是以全新的知识和最佳的知识结构为基础的。面对汹涌而来的知识经济大潮和全新的社会经济生活，人们原有的知识显得陈旧了，知识结构变得不合理了，每一个人如果不及时吸收新知识，不调整自己的知识结构，就将成为时代的落伍者，终将被历史所淘汰。

在激烈竞争的市场经济环境中从事经纪活动的农产品经纪人，也必须努力学习各种新知识，及时调整自己的知识结构。为了适应市场经济的要求和经纪业务的需要，农产品经纪人的知识结构应该是多种学科知识的高度复合，农产品经纪人应是一种“通才”，其知识结构也应体现“通才”的特点。很难设想，一位知识贫乏、视野狭窄的农产品经纪人能在现代市场经济的大舞台上取得成功。广博的科学知识和合理的知识结构是现代农产品经纪人走向成功所必须具备的素质。文化知识是整个知识结构的基础，从事不同经纪业务的农产品经纪人，其文化知识的要求是各不相同的。一般而言，文化程度越高，对经纪业务的适应能力越强，成为出色农产品经纪人的可能性就越大。任何农产品经纪人都必须具备与自身业务相应的文化知识。除此之外，

在农产品经纪人的知识结构中，还应包括以下几方面的学科知识：

1. 农产品商品的基础知识

农产品涉及的范围非常广泛，而且随着市场经济的发展，农产品细分化的趋势愈加明显。农产品经纪人应根据自己的实际情况，有针对性地掌握自己所经纪的农产品的分布范围、品种类别、等级鉴定、市场价格、总体数量等相关内容，做到心中有数。同时，也应多了解经纪范围之外的农产品情况，抓住机会，拓宽经纪领域。

2. 经营管理知识

农产品经纪人虽然提供的是中介服务，但整个经纪活动中蕴涵着丰富的经营管理思想。经纪活动不是简单地联系农产品供需双方，而是一系列的经营活动。在这个经营活动中，需要经纪人了解市场需求，掌握农产品的采购、销售的若干方法；能根据实际情况对农产品发展趋势作出合理的判断与预测；对农产品成本作出正确的核算。从经纪人本身的发展着眼，如何运作整个经纪队伍，同样需要经营管理知识的帮助。

3. 经济地理知识

农产品地域性很强，而且我国幅员辽阔，农产品种类丰富多样。作为农产品的经纪人，应该多掌握农产品的分布概况、具体产地、交通状况等基本地理知识。必要的时候，还要对国外相关的农产品分布情况加以了解和熟悉，以扩大经纪空间。

4. 法律知识

市场经济是法制经济，经纪活动是一种法律活动，它广泛存在于经济生活的各个领域，涉及各方面的利益关系。农产品经纪人为了正常开展经纪业务，必须有法制意识和法制观念，做到懂法、守法，依法保护自己和其他当事人的合法权益，具备相应的法律知识。

农产品经纪人必须具备的法律知识主要包括民法、合同法、国际商法、税法、知识产权等相关知识，这些法律主要是调整平等主体之间，即公民之间、法人之间以及公民与法人之间一定范围内的财产关系、相互之间的权利与义务关系等。另外，随着市场经济的发展，为规范市场经济主体行为而制定的法律规范也已逐步产生，如反不正当竞争法、消费者权益保护法、产品质量法等，农产品经纪人对此都应该掌握。

5. 计算机和网络知识

作为农产品经纪人，要驰骋于市场经济的战场，只有懂得计算机和网络知识，才能卓有成效地开展经纪业务。在未来社会里，不懂计算机，不会操作计算机，将被视为新一代的“文盲”，计算机已经发展成为一种重要的劳动工具，没有这种工具，任何经济活动都难以进行。农产品经纪人从采集信息到整理、分类信息，以及日后的处理、传递信息，都离不开计算机。利用计算机及其网络，可以把国内外一切相关的商品信息收集起来，建立起广泛的信息联系，大大有利于经纪业务的展开。

6. 心理学知识

心理学是研究人的心理规律，即认识、情感、意志等心理过程和能力、性格等心理特征的规律的科学。农产品经纪人应掌握一定的心理学知识，丰富对人的本质的全面理解，以便形成准确的心理判断能力，恰如其分地揣摩买卖双方的意图，形成较好的谈判技巧，排除谈判过程中遇到的障碍。一定的心理学知识能够帮助农产品经纪人提高经纪业务的效率。心理学除了基本原理外，还有许多分支，农产品经纪人应着重掌握一些应用心理学知识。

总之，农产品经纪人必须不断地更新自己的知识，合理地调整自身的知识结构。这其中既包括丰富的理论知识，也包括在广阔的市场经济实践中积累起来的实践知识。只有将二者有机地结合起来，才能真正成为高素质的农产品经纪人，才能在激烈的市场竞争中立于不败之地。

二、农产品经纪人应具备的能力结构

对于一个合格的农产品经纪人来说，要优化自身的素质结构，不但要掌握知识，而且要发展能力，在调整知识结构的同时，要形成合理的能力结构。

能力对有些人来说，可能受制于先天的生理条件，而对另一些人来说，能不依赖于知识而直接在实践中获得，但更多的是取决于在后天的实践活动中的锻炼，由知识转化而成。一般来说，能力需要以知识为基础和支柱，无知即无能。许多能力只有在掌握知识的基础上才能形成和发展。但是，知识与能力也并非绝对成正比，有了知识并不等于自然而然地就有了能力，还需要有目的地加以培养。许多知识只是一种载体，只有转化为能力，才有直接的可用性。对于农产品经纪人来说，应该是知能并重、有知有能的人才。具体来说，农产品经纪人应具备的能力结构主要包括以下几方面：

1. 一般能力

一般能力主要包括创造力、理解力和判断力等。创造力是农产品经纪人应该具备的一种能力。农产品经纪人处理经纪业务，一个很重要的方面，就是要在复杂多变的环境中独立解决和分析问题。解决特殊的问题需要有特殊的方法，当面临着前所未有的难题时，杰出的农产品经纪人应充分展开自己的想象力，对以往的经验教训加以综合，从而构建出全新的解决办法，创造性地开展工作。理解力是对事物的明察，是对事物内在机理的顿悟，是对人类情感、行为的一种深刻认识。农产品经纪人随时处于人、财、物的交叉、失衡、重新平衡的错综复杂的关系之中，不具备深刻的理解力是不会有所成就的。判断力是指农产品经纪人根据经验掌握的各种情报和信息，对环境和形势作出冷静、客观、全面的分析，进而作出明智的判断，并采取相应的行为方式的能力。

2. 业务能力

农产品经纪人的业务能力包括调查研究能力、协调能力、应变能力、经营能力等。调研能力就是农产品经纪人在着手一项经纪业务之前，首先要对买卖双方的供需情况、涉及的价格、产品质量、服务、信誉等进行认真的调研，并把获得的资料同具有可比性的同类业务进行比较。这样，才能做到有的放矢，在经纪业务中争取主动，并保证双方当事人的合法权益，做到公正经纪。协调能力是农产品经纪人必须具备的另一种能力。要使双方在价格等方面存在的较大差距逐步缩小，直至促成交易，其关键要靠农产品经纪人从中撮合协调。应变能力对农产品经纪人来说也是必备的。一旦市场或各方面的条件发生变化，农产品经纪人必须保持清醒的头脑，及时作出反映，随机应变。同时，农产品经纪人还应具备经营能力。如何做到少投入、多产出，获得最大的收益，全凭自身的经营能力。

3. 公关能力

任何组织或个人都处于某种公共关系状态之中，而公共关系的好坏，直接影响到组织和个人在公众心目中的形象，进而影响其经营目标的实现。因此，任何一个组织机构或个人都希望自己处于良好的公共关系状态，即在社会公众中享有美好的形象和声誉。公共关系是一种为组织创造美好形象的艺术，它强调成功的人际关系、和谐的人事气氛、最佳的社会舆论，以及赢得社会各界的了解、信任、好感和合作。一个好的农产品经纪人，也应该是一名好的公关专家。良好的公关形象是农产品经纪人的立足之本。农产品经纪人赢得客户的资本，只能是良好的声誉和信誉。不能想象，一个声名扫地的人能够赢得他人的信任！

中国古代讲究事业的成功有赖于“天时、地利、人和”，公共关系就是要追求“人和”的境界，为自身的生存和发展创造“人和”的条件。农产品经纪人开展经纪业务的过程，既是一次沟通买卖双方的中介活动，也是一次公关和树立自我形象的过程。从某种程度上讲，经纪业务中的公共关系比一般的企业要求更高、难度更大。作为一名优秀的农产品经纪人，必须具备较强的公关能力。具体来讲，应注意这样几点；一是要有良好的仪表风度，做到品行端正、仪表大方、性格豪爽、气质高雅、言谈适度、礼貌庄重，给人以稳重、干练、真诚、公正的印象。二是要具备良好的语言表达能力，做到语言表达灵活机智，言辞简洁，善于应变，富有吸引力。三是要有一定的组织能力，做到组织经纪业务有条不紊，使买卖双方心情舒畅；经纪活动中应能言善辩，反应迅速，把握交易双方的心理，促成交易。四是要有良好的交际能力，做到熟悉社交礼仪，热情开朗，坦率真诚，创造良好的气氛，能迅速而自然地与他人建立良好的关系，与人交往要努力做到热情而不失立场，谦恭有礼而又自尊自信。

第四节　农产品经纪人的心理素质和身体素质

一、农产品经纪人应具备的心理素质

一个优秀的农产品经纪人除了必须具备合理的知识结构和能力结构外，良好的心理素质也是取得成功的必备要素。所谓农产品经纪人的心理素质，是指表现在农产品经纪人身上的经常的、稳定的、本质的心理特征。农产品经纪人必须根据环境条件的变化而不断调整自身的心理素质，排除心理障碍，预防心理疾病。一般来说，农产品经纪人应具备的良好的心理素质包括以下几个方面：

1. 对待事业要自信

自信是农产品经纪人职业心理最基本的要求，也是农产品经纪人对自己所从事职业的认同和热爱。作为农产品经纪人，首先应对自己的职业有自豪感。特别是在我国市场经济还不成熟，人们对农产品经纪人的性质、地位和作用还没有完全认同，甚至还存在某些传统偏见的情况下，农产品经纪人更应对自己的职业树立荣誉感和神圣感。这是农产品经纪人自信的心理基础。

自信心强的农产品经纪人，敢于面对挑战，敢于追求卓越。自信能激发出极大的勇气和毅力，自信能给人以信任感，自信能使人最终走向成功。农

产品经纪人在业务中要与各种各样的人打交道,需要说服他人,促成交易,如果没有自信和坚韧的心理素质是难以胜任的。请记住这样一句名言:假如你连自己都不相信,又有什么理由要求别人相信你呢?一个自认卑微、缺乏自信的农产品经纪人,很难在客户面前塑造良好的形象;而一个从容自信、谈吐自如的农产品经纪人,就很容易被客户所接受,会很快得到客户的认可和信任。一个出色的农产品经纪人,在突变和困难面前要能够做到沉着、冷静,凭借自己的智慧、毅力和耐心,去克服困难,取得最大的成功。

当然,自信绝非盲目自大。就个人而言,自信等于实力,自信来源于对自我的认识和把握。人无"完人",有其长,必有其短,而自信正是建立在自己长处的基础之上的。农产品经纪人在经纪业务活动中,应充分表现其所长,从而创造自己的优势,体现个人的实力。从职业角度看,农产品经纪人的自信取决于对市场信息的全面了解和自己坚厚充实的知识技能功底。总之,自信是农产品经纪人获得成功的保证。

2. 心境要宽松平静

心境就是平常人们所说的人的心情,它是一种细微的情感状态,容易受到外界环境和条件变化的影响。每当一定的心境状态形成之后,它总需要在某一段时间内产生各种表现,如愉快、痛苦、欣慰、愤怒、兴奋、烦恼、忧愁、恐惧等。所以,人的心境有积极和消极之分。积极的心境能促使人朝气蓬勃,心情愉快,精神旺盛,有益于提高工作效率;消极的心境会使人情绪消沉,思想波动,感情压抑,不利于工作,也不利于身体。农产品经纪人从事各种经纪活动,接触的人和事又多种多样,千变万化,因而其环境、条件经常会发生变化,有时比较顺利,得心应手,有时会困难重重,一筹莫展。这种多变的工作环境和特点,要求农产品经纪人的心境必须是宽松平静的。

所谓农产品经纪人的心境宽松平静,就是要求农产品经纪人精神轻松愉快,心情开朗乐观,思想平稳,对于任何事情或变化了的情况都能够"装得了,放得下",要有那种"宰相肚里能撑船"的大将风度。在日常经纪活动中,要情绪稳定,精神饱满,心地友善,热衷于经纪工作,不受外界干扰,始终保持旺盛的工作热情。

3. 情绪控制能力要强

人的情绪是指人对现实能否满足个人需要在情感上所产生的一种反映形式。这种情感反映有积极的和消极的两种,如高兴、激动、热情、振奋或悲观、苦闷、失望、低落等。积极的情绪能促进人的工作干劲,振奋人的精神,而消极的情绪会涣散人的斗志。

农产品经纪人在开展业务活动中,经常会遇到各种复杂的场合,出现各种各样的情况。这要求农产品经纪人能够保持稳定的情绪,不能感情用事。面对敌意和不利于自己的场合,要能自我控制。农产品经纪人的心理结构应该是平衡的、和谐的,虽然有情绪反应,但不应被消极情绪所驱使而使行为失调。有了较为平静的心境、清醒的头脑和行为的控制,就能做到冷静而有礼貌,诚恳而不软弱,耐心而不激化矛盾,从而喜不露形,怒不变色,急不显貌。

4. 心胸要开朗豁达

农产品经纪人的心胸必须开朗豁达。这是事业成功的基本保证,是工作中拼搏进取的思想基础。农产品经纪人的心胸开朗豁达主要表现在对待业务有信心、克服困难有胜心、纠正失误有决心、遇到挫折不灰心、面对非议不上心等各个方面。

一个成功的农产品经纪人,在自己的谈判对手面前必须信心十足,这样才能取得对方的尊重,委托人才能对他产生信任感。

对于农产品经纪人来说,要想事业有成,确实很不容易,从最初的了解信息,到反复的谈判,直至最终的成交,这中间会发生很多曲折。在生意场上遇到挫折的时候,必须有坚韧不拔的勇气,有了这样的心理品质,才能达到成功的彼岸。

5. 人际关系的心理适应要好

人际关系是农产品经纪人事业的基础。对人际关系的适应是心理适应的重要组成部分。不少心理的异常和变态,就常常与人际关系的失调有密切关系。健康的人际关系应该是相互关心、相互尊重、相互容纳、相互坦诚以及相互支撑。农产品经纪人只有具有对人际关系的心理适应,才能与多数人建立良好的人际关系,既能自我接纳,也能接纳他人,同时也能以诚恳、公正、谦虚和宽厚的态度待人,尊重委托人的权益和意见,在经纪业务中能积极参加各项活动。

总之,具有良好的心理素质是农产品经纪人做好经纪工作最基础的条件,开朗坦率的性格、良好的情绪状态、稳定的情感修养、坚强的意志品质和心理承受能力是农产品经纪人心理素质培养的基本标准。因此,农产品经纪人决不能认为心理素质的好与坏是无关紧要的,而应当在日常行为中经常地自觉培养和磨练。

二、农产品经纪人应具备的身体素质

良好的身体素质是农产品经纪人取得事业成功的又一重要条件。任何一个行业都会从行业的特殊要求出发，对从业人员提出一定的身体素质要求。作为农产品经纪人的身体状况，一般来说应符合以下条件：

1. 要有充沛的精力

经纪行业本身对从业人员的年龄并没有过严的限制，也不强求一定要有强健的体魄，但农产品经纪人的精力一定要充沛。这是因为经纪业务的市场覆盖面比较宽，有的经纪业务要奔波于不同的市场之间，甚至还要长途跋涉；有的经纪业务时间要求紧，可能要整日整夜地工作，这就要求农产品经纪人不论在何种状态下都必须有充沛的精力，从动作、语言、表情等方面，能给对方以气度不凡的感觉。无精打彩、呆滞颓丧的神情，决不是农产品经纪人的形象。

2. 要有清醒的头脑

农产品经纪人不仅需要外在的风度，还应有内在的机智。头脑清醒、反应灵活是身体状况良好的反映。疾病缠身的人不可能保持长时间的良好思维。农产品经纪人必须对各种突变的市场行情作出迅速的反应，这就需要以一定的身体条件作保证。

3. 要有稳定的心态

按照现代医学的观点，健康的标准之一就是要有稳定的心态。经纪业务有时是非常紧张和混乱的，如果农产品经纪人的情绪容易波动，不能冷静果断地处理问题，就很难把握好机会，也难以有所作为。特别是农产品期货经纪人，市场瞬息万变，没有良好的身体和稳定的心态是无法胜任的。

第五节　农产品经纪人的信息意识和道德修养

一、农产品经纪人应具备的信息意识

任何经营活动都需要具备一定的人、财、物等物质条件。长期以来，人们将之统称为经营三要素。然而，在现代社会中，对人类经营活动成败更具有决定性意义的是信息。现代社会被称为信息社会，信息的重要性日益被人们

所认识。信息被看成是"无形财富"、"第二资源"，被视为不同于物质资源的另一种维持社会经济活动的重要资源。就像人类的生命离不开阳光、空气、水和食物一样，社会的经济活动已越来越离不开信息。信息的价值是通过经营者在利用它以实现自己经营目标和决策过程中表现出来的，信息量越大、越准确，决策的准确度就越高；相反，如果信息失真或过时，则会给经营者带来损失。有时，因虚假信息误导而作出的错误决策所带来的损失是难以弥补的。

在现代市场经济条件下，我们从经纪活动过程中可以发现，信息是农产品经纪人最重要的资本。成功的农产品经纪人，他们手中既不拥有商品，也不拥有大笔资本，但财源却滚滚而来，有时甚至让人感到赚钱只是举手之劳。他们获利的秘诀是什么？回答只有一个，即靠掌握信息。他们善于眼观六路，耳听八方，凭借充分、准确、及时的信息，为买卖双方牵线搭桥，提供交易机会，促成双方成交，从中收取佣金。可见，掌握了信息，就意味着掌握了赚取利润的资本，也就意味着掌握了致富的又一门路。信息就是效益，信息就是金钱。现代农产品经纪人无不高度重视信息的价值。

农产品经纪人应不断地充实自己的信息资本，并不断增值自己的信息财富。为此，必须做到以下几点：

（一）要强化信息意识

作为一名合格的农产品经纪人，应深深懂得信息的重要性，具有强烈的信息意识，随时随地关注各种市场信息，自觉地从中分析、洞察出潜在的经纪业务，自觉地、主动地把一些客观的信息同自己某一客户的业务迅速联系起来，具有一种强烈的捕捉和获取信息并将它与自己的经纪业务发生联系的愿望。这样，有利于收集到大量有用的信息，也有利于把各类信息转化为自己的经纪业务。如果没有这样的信息意识，农产品经纪人将寸步难行，其市场的中介作用就难以发挥，也就失去了赖以生存的基础。

（二）要学会收集信息的方法

确立了信息意识之后，就要努力去收集信息。如果说，信息是农产品经纪人最主要的财富，那么，收集信息对农产品经纪人来说就是一种资本积累。收集信息需要花费大量的人力、财力和时间，因此，农产品经纪人必须学会收集信息的科学方法，这样才能达到事半功倍的效果。收集信息的方法有很多，其关键是要做到"五勤"，即眼勤、耳勤、嘴勤、腿勤、手勤。通常可以从以下几方面入手：

1．从生活群体中收集信息

人是最有效的和最大的信息资源。我们每一个人都生活在一定的群体中，每个特定的群体就是一个特定的信息源。家庭成员、亲戚朋友、同事、同学、同乡、战友等都是一个个信息源，农产品经纪人可以在与他们的交往中收集到各种有价值的信息。因此，一个有意识的农产品经纪人应不断拓展自己的生活空间，积极参与各种社会活动，善交朋友，广交朋友，努力扩大自己的信息源。

2．从新闻媒体上收集信息

现代生活中有大量的新闻媒体，如广播、电视、报刊、杂志、文献、广告等，这些媒体每时每刻都会发布大量的信息。农产品经纪人应该多加浏览和收视，从中收集、获取有价值的信息。

3．从机关团体收集信息

许多政府管理机关，如工商、财政、税务、审计、统计等部门，在日常的管理活动中汇集了大量的统计资料，这些资料就可以成为农产品经纪人重要的信息源。同时，许多研究所、科研单位、社会团体也掌握了大量的统计资料，我们也可以充分利用这些信息源。此外，像展览会、交易会、订货会等场所所提供的信息，往往也是农产品经纪人新的信息宝库。

4．在市场中收集信息

在当今社会，信息作为一个新的产业，得到了很快的发展，信息专业服务机构层出不穷，信息服务越来越专业化。我们可以按照价值规律法则，向信息专业部门有偿索取信息，这样就可以腾出大量的时间和精力用于经纪业务，大大提高经营效率。此外，还可以采取调查研究的方法，直接到市场和客户中调查访问，掌握第一手资料。

5．利用互联网收集信息

现代社会是个信息爆炸的社会，农产品经纪人一定要学会使用互联网，懂得一定的网络知识。现在，很多官方网站都有有关农产品的内容。农产品经纪人既可以利用网络来获取自己需要的信息。同时也可以利用网络来发布自己的信息，网络对农产品经纪人来说已经越来越重要了。

（三）要培养信息分类处理的能力

收集到的信息往往来自多方面，而且十分庞杂，如果按原样堆积，不加分类，日后要加以利用肯定是很困难的。因此，按一定的规范将收集到的信息加以分类处理，使之成为一个有组织的体系，是农产品经纪人应具备的能力。

农产品经纪人进行信息分类处理时，应遵循这样几条原则：一是用户第一的原则，即按照用户的类别分类整理；二是综合原则，即对信息分类时，不是从细小处入手，而是按大分类—中分类—小分类的顺序进行；三是简单原则，即分类的方法越简单越好；四是并列原则，即将相关的信息并入相近的类别之中，各类别之间应相互排斥，不能重复或交叉。

在分类处理的基础上，还要具备一定的信息分析能力，善于去伪存真，明察秋毫。在分析经济信息时，一定要注意“五忌”：一忌有假，二忌过时，三忌片面，四忌讹传，五忌迟缓。

（四）要建立自己的信息库

所有的农产品经纪人，不论组织形式如何，都必须建立自己的信息库，用现代化手段储存各类信息，建立广泛有效的信息联系网络，以便为社会生产、流通、消费服务。

（五）要提供高效的信息服务

农产品经纪人所从事的是一项带服务性的工作，其中，利用信息服务是农产品经纪人获利的根本，但如果农产品经纪人要获得更多的利润，就必须提高信息服务的效率。农产品经纪人必须懂得信息的时效性，不失时机地将自己所掌握的信息传递出去，及时地将它转化为经纪业务。

二、农产品经纪人应具备的道德修养

对于现代农产品经纪人来说，遵纪守法、讲究信誉、遵守职业道德是起码的道德要求。

（一）农产品经纪人要遵纪守法

遵纪守法，要求农产品经纪人在法律规定的范围内从事经纪活动，做到文明经营，服从管理，依法纳税，公平竞争，一切行为都应遵守法律的规定。这就要求每一个农产品经纪人了解和熟悉国家有关农产品经纪人的法律、法规，努力使自己成为合法农产品经纪人。置国家的禁令于不顾，以身试法，是农产品经纪人之大忌。

农产品经纪人不但要懂法守法，在法律规定的范围内从事经纪活动，还要善于运用法律武器依法维护自身的合法权益，提高自身的经纪能力。经纪和法律是不可分离的，农产品经纪人要善于学会保护自己。在现实生活中，有许多农产品经纪人为买卖双方促成交易以后之所以被人甩掉，究其原因，关键就在于缺乏自我保护意识。尽管目前有关农产品经纪人方面的法律、法规尚不健全，但我们要用足用好现有的法律、法规，依法保护自己的权益。

农产品经纪人为了规范自己的经纪行为，更好地保护自己的利益，有条件的要多与法律工作者交朋友。他们一般比较精通法律，与他们交往，并经常向他们请教，就比较容易把握该做什么，不该做什么，不至于糊里糊涂地犯错误。

（二）农产品经纪人要讲究信誉

产品市场的竞争主要靠质量和价格，那么，农产品经纪人的竞争主要靠什么呢？一个很重要的方面就是要讲信誉，在客户中树立良好的形象。可以说，商业信誉是农产品经纪人的“生命线”，农产品经纪人必须有高度的责任心。凡是经纪业务，不论交易额的大小，都得尽力而为；凡是对客户有承诺的，不论最终结果如何，都要给对方一个满意的答复。只有这样，才能在客户中树立起良好的形象，赢得客户的信赖，才能吸引各路客商，经纪业务才能越干越红火。

农产品经纪人要讲究信誉，树立良好的形象，主要应该从以下几方面着手：

1. 视客户为上帝

农产品经纪人员必须明白，自己代表的是客户的利益，就应时时刻刻站在客户的立场上说话，充分考虑客户的利益，客户就是上帝。在经纪活动中，如果客户对自己的工作感到满意，那么就有较好的口碑，就会赢得无数潜在的客户；如果客户对自己的工作不满意，那么就有可能失去客户。因此，成功的农产品经纪人都会尽心尽力地为自己的客户服务，用自己先进的信息渠道、丰富的交易经验、准确的判断以及熟练的交易技巧，尽量减少风险，增加盈利，提高成功率。

2. 以诚生金

在交易市场上，机会与风险共存，每一次大的市场冲击，都会免不了几家欢喜几家愁。“智者千虑，必有一失。”农产品经纪人也不能保证委托人只赚不赔，但农产品经纪人应该讲究“诚”，决不能蒙骗坑害客户。“诚”是赢得客户信任的重要条件，诚则能生金。

3. 靠信添财

信用是任何单位或个人从事经济活动应具备的最起码的素质，是构成人际关系最基本的条件，是促成交易和履行合同最重要的品格的反映。农产品经纪人要给自己带来好运，就是要靠“信用”取胜，舍此别无其他妙方。可以说,“信用”是农产品经纪人的生命,背信弃义为人类社会所不容。为此,农产品经纪人除了要提高自身修养外,还要在与客户打交道时,注意做到善言谈而不吹嘘,促成交而不乞求,重友谊而不偏袒,讲法规而不徇私情。

（三）农产品经纪人要遵守职业道德

职业道德就是从事一定职业的人们在职业劳动过程中必须遵循的行为规范的总和,是社会道德在职业活动中的具体表现。它调整着经营者的内部和外部关系,由善与恶、公与私、诚与伪等道德范畴组成。任何一个行业都有自己的职业道德,因此,农产品经纪人应自觉遵守本行业的职业道德,注意自身的道德修炼。

农产品经纪人应遵守的职业道德,具体来说主要有:热爱经纪事业,满腔热情地为客户服务;正确处理好国家、委托方、个人三方面之间的关系,同时兼顾三者利益;对委托双方一视同仁,在开展业务过程中不分亲疏、厚薄、远近,实事求是地介绍情况,不弄虚作假,不欺骗客户;保证质量,信守合同,严格履约,自觉维护自己的商业信誉;文明经纪,待人接物要主动、热情、耐心、周到,努力提高服务质量;自觉接受社会监督,不索贿受贿、损公肥私,不在佣金之外收受其他好处;合法经纪,自觉纳税,报效国家。

第二章　农产品经纪业务知识

农产品经纪人应了解经纪活动的方式和组织形式，明确自己的权利和义务以及经纪合同的签订和注意事项，懂得用法律来保护自身的合法权益。

第一节　农产品经纪人的活动方式

按照国家工商行政管理局2004年8月28日颁布的《经纪人管理办法》的界定，经纪人按其活动方式不同，分为居间、行纪和代理三种。

一、居间

居间是指农产品经纪人为委托人充当介绍或者提供订立合同的条件，撮合促成委托人与第三人交易而进行经纪活动的一种业务活动方式。居间是我国农产品经纪人最早的一种活动方式，也是经纪业务中最普遍、最常见的活动方式。居间同传统意义上讲的经纪是同等概念，也可以看做是狭义的中介。在交易活动中，居间农产品经纪人既不是买者，也不是卖者，而是沟通买卖双方，从中牵线搭桥、促成交易的中间商人。居间活动也是一种商业经营活动。如在农产品市场上，有的人专门为销售农产品的农民寻找买主，有的帮助采购农产品的人寻找货源，也有的帮助买卖双方洽谈价格、签订合同、称量、结算、包装、装卸或联系运输工具，还有的专门为交易双方提供各种市场信息服务。这些活动就属于农产品交易中的居间业务。例如，江苏太仓的老李从报纸上了解到北京有一家酱菜公司需要大量的大蒜，老李邻近的村子最近刚刚收获了很多大蒜，乡亲们正愁卖不出去，于是老李就联系上这家酱菜公司。这家酱菜公司决定利用老李的庭院收购大蒜，老李为酱菜公司提供了市场信息，又为酱菜公司提供了交易场所，所以老李要收取居间活动的佣金。

居间业务的法律特征：第一，居间业务的行为是民事法律行为。依法取得经纪资格的农产品经纪人按照委托人的委托,在委托人与第三人进行经济往来、订立合同过程中,必须依法进行中介服务活动;第二,居间业务行为是以签订居间合同来实施的。农产品经纪人在进行居间业务活动时必须依据法规规定同委托人签订合同,从而确立其权利义务关系。

居间业务主要是通过提供信息服务或为买卖双方牵线搭桥来完成的,因而其介入交易双方交易活动的程度不深,居间者只需为买卖双方提供交易信息,或了解交易中可能会涉及的一些基本情况及最一般的技术问题,如果涉及比较深的内容或比较专业的技术问题,可以由买卖双方直接见面洽谈,因而对从业人员的基本素质要求相对较低,毋须掌握专业技术知识;所需资本比较少,进入的门槛很低,其经营风险也比较小;经营的灵活性比较大:有经营条件就从事某项业务,没有经营条件就等待机会,进退两便;居间活动的市场机会比较多,广泛存在于社会再生产的全过程和一、二、三产业的各个行业中,工人、农民、知识分子、商人等社会各个阶层都需要居间业务。可见,居间业务是经纪业务中最为普遍和基础的一种经纪业务,但往往容易出现从业人员过于集中、市场竞争较为激烈、成功率相对较低、佣金收入相对较低的情况,如果不加以组织引导,就很容易产生一哄而上的现象。

在居间业务运作中,居间人一般都是以自己的名义开展活动的,即在买者面前代表卖者的利益,在卖者面前则代表买者的利益,始终在买卖双方之间进行撮合。在交易成功之前,居间人一般不会轻易将接受服务的双方直接介绍见面,只有当居间人与双方当事人签订了居间合同或交易成功后才会介绍交易双方见面。这完全是由居间业务的性质和特点决定的。因为居间人既不是买者,也不是卖者,而是在买卖双方之间提供服务,一旦交易成功,便可以从中获取佣金。这种佣金可以看做是买卖双方在直接交易基础上的一种“额外”支出。如果买卖双方可以直接交易,他们就不必支付这笔“额外”费用。因此,在交易达成之前,如果居间人草率地将交易双方直接介绍见面,就很可能出现被甩的情况。过河拆桥是经纪活动中常见的现象,居间人为了保护自己的利益,就必须以自己的名义开展活动。

二、行纪

行纪又称信托,是指农产品经纪人为委托人代购代销和寄售商品等服务的一种经纪活动业务方式。历史上的“牙行”就是行纪组织。在《经纪人管理办法》出台之前,行纪一般都以信托称之,其中,委托他人为自己办理购、销、寄售等事务的人叫信托人;接受委托,并以自己名义为委托人办理购、销、寄售等事务的人叫行纪人。例如,老李联系上这家酱菜公司以后,酱菜公司委托老李按照一定的价格和质量收购一定数量的大蒜。完成任务后,老李收取一定的佣金。这个时候,老李是以他自己的名义去收购大蒜。在收购过程中出现的所有问题,老李要负责去处理和解决。

行纪业务的法律特征:第一,行纪人以自己的名义为法律行为,即行纪人依委托人的指示进行商业活动,但在与第三人建立关系时不是以委托人的名义,而是以自己的名义出现,并承担所产生的法律后果;第二,行纪人为委托人购销的物品的所有权属于委托人,行纪人为委托人购入或者销售的物品,虽然这些物品都在行纪人占有、支配之下,但都是接受委托人委托而经营的,并不属于行纪人自己所有;第三,委托人应向行纪人支付一定的报酬。

行纪业务在历史上主要有两大类,即贸易信托和金融信托。贸易信托指经营商业性质的委托代理业务,如代购代销商品、寄售商品等。金融信托指拥有资金或财产的部门或个人将自己的资产委托银行信托部门或信托公司代其运用、管理或处理。我国现阶段金融信托受国家金融政策的控制较严,非金融机构一般不能介入。行纪业务主要限于商业经营活动,典型的行纪组织主要有拍卖行、典当行、调剂行等,行纪业务最普遍的形式是各类代购代销活动。

行纪业务主要涉及有形商品的代购代销、寄售和商标、专利、专有技术等知识产权的有偿转让,一般的无形商品及服务项目是不适宜于行纪业务的。相对于居间而言,行纪范围受到一定的限制。

在行纪业务中,行纪人也是以自己的名义开展活动的。行纪人接受委托人的委托之后,就要以自己的名义行使权利和履行义务。第三方只知道行纪人并与之发生权利和义务关系,而不知道委托人,自然也不会与委托人发生权利和义务关系。以自己的名义开展活动,有利于行纪人依法保护自身的权益,这是行纪与居间的一个共同点,但行纪与居间有两个明显的区别。第一个区别是行纪人在接受委托人的委托后可以直接与第三方进行交易。在行纪业务中,当行纪人接受委托人的委托并进行代购代销时,可以直接决定买卖,即自己可以成为市场上直接的卖主和买主。当然,这种买卖是为了实现委托人的利益而进行的买卖活动。而居间就不能直接与第三方成交。第二个区别是行纪人须承担相应的法律责任。比如,在未经委托人同意的情况下,行纪人一般不得擅自变更委托人的委托要求,行纪人如果以低于委托人指定的价格售出或高于委托人指定的价格购进货物时，应由自己承担其差额；如果行纪人为委托人代办购销业务，委托人不履行其债务，那么，行纪人应承担向第三方支付债务的责任，如果第三方不履行其债务，那么，行纪人应承担向委托人支付债务的责任；在行纪活动的全过程中，行纪人对委托人委托其代购代销的商品有保证其安全的责任，一旦商品遭受灭失或者损坏，行纪人应承担相应的赔偿责任。而居间活动只要在合法的前提下，居间人对其行为的结果是不承担法律责任的。

相对于居间活动而言，行纪活动由于参与交易的程度比较深，因而对从业人员的要求就比较高，行纪人应具备相应的专业知识或技术专长，必须有一定量的人力、物力和资金的投入，要具备相应的营销能力和知识，经营活动的风险相对较大，行纪业务范围也有一定的局限性。这就决定了行纪业务的从业人员受到一定的限制，竞争压力要小于居间，而成功率和收益率又会高于居间。

三、代理

代理是指代理人在代理权限内，以被代理人的名义实施的法律行为，由此而产生的权利和义务直接对被代理人发生效力。其中，代替他人实施商业行为的人称为代理人；由他人代替自己实施商业行为的人称为被代理人；与代理人实施商业行为的人称为第三人。我国《民法通则》规定，委托代理的形式有两种：一是书面形式；二是口头形式。农产品经纪人进行委托代理时，应当以书面形式签订委托代理合同。例如，老李联系上这家酱菜公司以后，酱菜公司委托老李按照一定的价格、质量收购一定数量的大蒜，完成任务后老李收取一定的佣金。这和行纪活动不同的是，老李是以酱菜公司的名义去收购大蒜，在收购过程中出现的所有问题，老李不承担责任，而是由酱菜公司来承担责任。

代理行为的法律特征：第一，代理行为是具有法律意义的行为，是民事法律行为的一种；第二，代理行为是在代理权限内通过意思表示而实施的行为；第三，代理行为是以被代理人的意志和名义进行的代理活动；第四，代理行为的法律效果直接归属被代理人。

就其特点来讲，经纪活动中的代理属于商务代理；就其形式来讲，属于委托代理；就其性质来讲，属于直接代理。商务代理活动广泛存在于社会经济生活的各个领域和方面。但是，目前市场经济活动中有些所谓的“代理”，从本质上讲不是代理，如有些人将总经销称作总代理，也有人把代购代销业务称作代理业务，因为这些业务不符合上述代理行为的法律特征。

在商品流通领域中，代理商是最为常见的代理人。他们通常受制造商或销售商的委托，代理购买或销售某些商品，并根据实际销售或购买额的大小，按比例收取佣金。代理商一般不掌握商品的所有权，不承担任何市场风险，对商品的价格等一般也无决定权。根据委托人的授权不同，代理可分为三种。一是一般代理，即不享有专营权的代理，委托人可以在同一市场上同时建立多家代理关系，也可超越代理人直接进行销售。二是总代理，即委托人在指定地区的全权代表，不仅有专营权，而且可以代表委托人参与相关的商务活动和非商贸活动。三是独家代理，即在约定的地区和一定时期内，享有某种或某些指定商品的专营权的代理。在协议有效期内，这些商品在该地区只能通过"独家代理"经营。

经纪活动中的代理业务是一种委托代理，只有在受委托人授权的情况下，才会有代理业务，如果没有委托就不能进行代理。可见，代理业务具有对象的特定性。一旦接受委托进行代理，就具有一定的排他性，在一定的时间和空间范围内就排斥了其他竞争者。但代理业务专业性比较强，对代理人的业务要求比较高。代理人只有对被代理人的委托业务在技术、服务、特点等方面有了较全面的了解，才能更好地胜任所接受的代理业务。

代理与行纪相比较，既有共同点，又有区别。其共同点有两个：一是开展活动都必须接受委托人的委托，并需要在委托人的授权范围内开展活动；二是在业务活动中都可以与第三方直接成交。但是，两者之间也有明显的区别。第一，两者对外开展活动的名义不同。代理人以被代理人的名义进行活动。代理人的任务就是代替被代理人进行商务活动，以实现被代理人的权利和义务，这种商务活动的主体仍然是被代理人。而行纪是以行纪人自己的名义对外开展活动的。第二，两者承担法律责任的主体不同。由于代理人不是以自己的名义进行活动，而是以被代理人的名义进行活动的，因此，代理行为所产生的法律后果是由被代理人承担的，而不是由代理人承担。

居间、行纪、代理作为农产品经纪人三种不同的活动方式，广泛存在于社会经济活动中。这三者之间具有许多相同或相似之处：它们都是属于第三产业中特殊的服务业，除了为交易双方提供特定的服务外，都不从事直接的经营活动；除了拥有少量的经营资本外，一般都不拥有任何商品；都不从当事人的任何一方领取固定的酬金，而是在促成交易以后按照合同的约定获取佣金收入;开展业务活动投入的经营资本一般都不大,经营成本都不高,承担的经营风险相对都较小;都是社会主义市场经济健康发展过程中不可缺少的力量。但三者也存在明显的不同点。一是名义不同。居间和行纪一般都是以自己的名义对外进行活动,而代理则是以委托人的名义进行活动。二是责任不同。居间是居间人为交易双方提供交易信息及条件,在交易中起撮合成交的作用,因而活动中的权利与责任归交易双方当事人;行纪是行纪人在接受委托人的委托后,以自己的名义与第三方进行交易,活动中的权利与责任归行纪人自己;而代理则是代理人以被代理人的名义进行活动,活动中产生的权利和责任归被代理人。三是与委托者的关系不同。居间人与当事人没有固定的关系,业务也大多是一事一议,多为一次性业务往来,而且当事人也可以同时与第三者发生直接关系;行纪人和代理人在一定时间内都与当事人有着较为固定的关系,委托人在与行纪人、代理人签订合同后,就不能再与第三者发生直接关系。四是能否直接与第三方成交不同。居间只是为交易起到撮合作用,居间人不能直接与第三方成交;而行纪与代理在接受委托人的委托后,可以直接与第三方成交。五是获取收入的名称不同。农产品经纪人获取的收入,统一的法定名称叫佣金,但在日常经纪活动中,人们习惯地把居间业务获取的收入称为佣金,把行纪业务、代理业务中获得的收入称为代理费或服务费、手续费等,不称作佣金。

第二节　农产品经纪收入——佣金

农产品经纪人完成经纪活动后,不论采取何种经纪活动方式,都有权按照合同约定获得相应的经纪收入,在法律上叫佣金。农产品经纪人依法从事经纪活动所得佣金是其合法收入,国家保护农产品经纪人获得佣金的权利,但农产品经纪人收取佣金不得违反国家法律、法规和政策。

一、佣金的性质

佣金是指委托人依照法律规定或者双方约定,因经纪业务而支付给农产品经纪人的报酬,是农产品经纪人从事经纪活动的合法收入。农产品经纪人的佣金收入就其性质来说,是由劳动收入、资本收入、经营收入和风险收入等构成的综合性收入。农产品经纪人在开展经纪业务时,除了要付出艰辛的劳动,获得相应的劳动收入外,还需要投入一定量的资本,获得相应的投资收益。从事经纪业务活动是一种较为复杂的经营劳动,因而应获得相应的经营性收入。有时,经纪人还需要为货物损坏、灭失等承担责任。可见,佣金中包含着劳动收入、资本收入、经营收入和风险收入等多种收入成分。

目前,社会上对经纪活动收入的称呼有很多,如好处费、手续费、信息费、提成费、回扣、差价、酬金、报酬,等等。这些名称不仅很不规范,而且与正当的经纪活动是极不相称的。农产品经纪人收取的佣金与其他名称具有完全不同的法律性质。农产品经纪人是合法的,他们的劳务报酬——佣金自然也是合法的,得到国家的法律保护。而好处费、提成费、回扣、酬金与红包、馈赠等,不仅不规范,而且得不到法律的保护。农产品经纪人在与当事人签订经纪合同时必须注意使用规范的表述明确佣金条款,并使用佣金这一法定名称。

二、佣金的标准和办法

一般来说,佣金由经纪成本和经纪利润两部分构成。其表示公式:

佣金 = 经纪成本 + 经纪利润

由于经纪成本由经纪费用和税收构成,因此,佣金的公式也可以表示:

佣金 = 经纪费用 + 税收 + 经纪利润

可见,佣金标准的确定,要求上面三部分的构成必须是合理的。首先,经纪费用应在佣金中得到补偿。经纪费用包括经纪机构的开办费用、人员工资费用、交通费用、广告费用、场地租赁费用、样品保管费用、样品商检费用、固定资产折旧费用、管理费用、经营费用等。同时,经纪税收也应在佣金中得到补偿。经纪税收包括经纪机构的营业税、所得税等。经纪利润是在一定利润率下计算出的盈利。目前,对经纪机构的盈利水平还没有一个统一的规定。

佣金标准通常分为法定佣金和自由佣金两种。法定佣金是指农产品经纪人从事特定经纪业务时,按照国家对特定经纪业务规定的佣金标准获得的佣金。法定佣金具有强制效力,当事人各方都必须接受,不得高于或低于法定佣金。在经济生活中,法定佣金只适用于市场发育程度较高、分工明确、专业化程度高、经纪活动量大的经纪业务种类。自由佣金是指农产品经纪人按照农产品经纪人与委托人协商确定的佣金标准获得的佣金。自由佣金由当事人之间协商确定,并写入相应的经纪合同中,一经确定,即对当事人双方都具有法律约束力,违约者要承担违约责任。经纪活动中大量的佣金是自由佣金。自由佣金的确定和水平同市场价格一样,由供求双方协商确定,佣金的高低主要取决于农产品经纪人和当事人在经纪活动中所处的地位。此外，还有一种佣金标准，它是介于法定佣金和自由佣金之间的一种过渡形式，即行业规矩，这是约定俗成的一种佣金标准，对同业农产品经纪人具有一定的约束力，但又不具有法律效力。

佣金确定的办法也有多种，通常有固定佣金、比例佣金和差额佣金三种。固定佣金就是不论成交标的额的大小，按照经纪业务件数收取固定金额的佣金。这类佣金适合于交易额比较小或经纪业务独立性不是非常强的经纪业务。比例佣金就是按照成交额的一定比例提取的佣金。一般来说，交易额越大，提取的比例就越低，比例可以分段确定，逐段递减。如果交易额非常大，也可以采用封顶的办法，明确规定最多只能收取多少佣金。这类佣金比较适合于交易额比较大的经纪业务。差额佣金有的地方也称包价佣金，就是农产品经纪人代理委托人进行交易时必须满足委托人规定的卖出最低价，超出最低价部分的收入，可以作为佣金归农产品经纪人所有。这种计算佣金的方法也是国际上通用的一种方法，叫做净值协定。净值协定可以用在公开协定、独家代理和独家销售权合同中。这类佣金适合于买卖差价比较大的经纪业务中。

收取佣金是农产品经纪人的权利，但由于目前对佣金缺乏统一的规范，佣金收取的标准、办法和数量比较混乱。经纪活动作为一项经营活动，其目的就是要实现佣金最大化，进而实现利润最大化。因此，农产品经纪人在开展经纪活动中，必须在合法的前提下，根据不同经纪业务的特点，选择合适的佣金标准和收取办法。

三、佣金的支付

佣金的支付由经纪业务的委托方负担。它可以由农产品经纪人为其提供服务的双方当事人共同承担，也可由其中一方独自支付。由谁支付佣金必须在经纪合同中加以明确的规定，但农产品经纪人不得利用执业便利，收取佣金以外的报酬。

佣金可以用现金支付，也可以采用转账结算或用其他方式支付。农产品经纪人应该按照规定的结算和支付方式进行佣金的收付工作。农产品经纪人收取佣金应开具发票，并严格按照税法规定缴纳有关税金。一般情况下，佣金应该在经纪成功、交易双方在签订经纪合同后收取。在有些情况下，委托人可以提前支付给农产品经纪人部分佣金，待经纪业务成功后再支付剩余部分的佣金。如经纪活动的费用高、前期投入大或委托人认为经纪业务的难度较大时,为了激励经纪人,可以提前支付部分佣金,待经纪业务结束后再支付剩余部分的佣金。

为避免在支付佣金上与委托人发生纠纷,农产品经纪人在签订经纪合同时,应将佣金的数量、支付方式、支付期限及经纪不成功时业务费用的负担等方面明确写入经纪合同中。为了依法保护自己的合法权益,可以采取预付费用、预收佣金、公证或到工商行政管理机关进行合同鉴证等方式,以确保农产品经纪人获取佣金的正当权利。

按照《经纪人管理办法》的规定,如果在经纪活动中,农产品经纪人与当事人对佣金没有约定或者约定不明确的,可以依照《中华人民共和国合同法》和国家有关规定执行。但是,《经纪人管理办法》同时规定,经纪执业人员不得利用执业便利,收取当事人佣金以外的报酬。

第三节　农产品经纪人的组织形式

按照经纪人组织形式的不同,可以把农产品经纪人分为个体农产品经纪人、个人独资经纪企业、合伙经纪企业、经纪公司等。不同的经纪组织各自的特点不同,农产品经纪人应该根据自身的实践情况,选择合适的组织形式进行注册登记。

一、个体农产品经纪人和个人独资经纪企业

(一) 个体农产品经纪人

个体农产品经纪人是指依照《城乡个体工商户管理暂行条例》规定,向工商行政管理机关申请设立,以公民个人名义进行经纪活动的农产品经纪人。科学理解个体农产品经纪人的内涵,应着重把握以下两点。其一,个体农产品经纪人从性质上讲,仍然属于个体工商户,是个体工商户中专门从事经纪业务的一类人员。根据《经纪人管理办法》的规定,凡是符合《城乡个体工商户管理暂行条例》规定条件的人员,向工商行政管理机关申请领取个体工商户营业执照,都可以成为个体农产品经纪人;凡是个体工商户可以经营的行业和商品,个体农产品经纪人均可以涉足开展经纪业务。其二,个体农产品经纪人是在经纪活动中独立地享受权利、承担义务的自然人。按照《城乡个

体工商户管理暂行条例》规定，个体工商户可以个人经营，也可以家庭经营。如果个人经营的，以个人全部财产承担民事责任；家庭经营的，以家庭全部财产承担民事责任。这就要求个体农产品经纪人在开展经纪业务时，要严格控制风险，切实保护自己的合法权益。

个体工商户必须符合法定条件并依法登记注册，凡是字号名称、经营者姓名和住所、从业人数、资金数额、组成形式、经营范围、经营方式、经营场所等符合《城乡个体工商户管理暂行条例》规定条件的，都可以申请注册个体工商户，并成为个体农产品经纪人。凡是法律、行政法规对从事特定项目经纪业务的经纪执业人员实行资格管理的，从事该项经纪业务的经纪执业人员应当取得相应的执业资格。个体农产品经纪人的合法权益受到国家法律的保护。

（二）个人独资经纪企业

个人独资经纪企业是依照《中华人民共和国个人独资企业法》规定条件的人员，向工商行政管理机关申请设立的经纪企业。个人独资企业是指依照该法在中国境内设立，由一个自然人投资，财产为投资人个人所有，投资人以其个人财产对企业债务承担无限责任的经营实体。国家依法保护个人独资企业的财产和其他合法权益。

根据《经纪人管理办法》的规定，凡是符合《中华人民共和国个人独资企业法》规定条件的人员，向工商行政管理机关申请，都可以设立个人独资经纪企业。设立个人独资企业应当具备的条件：

（1）投资人为一个自然人；

（2）有合法的企业名称；

（3）有投资人申报的出资；

（4）有固定的生产经营场所和必要的生产经营条件；

（5）有必要的从业人员。

实践中，个人独资企业与个体工商户有很大的相似之处，但它们之间的区别也比较明显，如个人独资企业可以设立企业的分支机构，而个体工商户是不能设立分支机构的；个人独资企业的登记设立和解散清算的条件比个体工商户要高，程序比个体工商户复杂。

个体农产品经纪人和个人独资经纪企业都只有一个产权主体，它是业主的个人财产，由业主直接经营。其优点是一般规模较小，内部管理机构简单；所有者和经营者合一，经营方式灵活，决策迅速；产权关系明晰，经营者会精打细算并谨慎投资。它的弱点是本身的财力有限，受偿债能力的限制，融资困难，融资渠道不畅，因而无力从事需要大量投资的大规模工商业活动；业主承担无限责任，当经营失败、出现资不抵债时，法律强制企业主以个人财产来清偿企业债务，经营的风险性非常大；企业经营完全依赖于业主的个人素质，企业的信誉程度相对较低，雇员和债权人承受的风险较大。

个体农产品经纪人和个人独资经纪企业对从业人员的素质没有特别的要求，城镇待业人员、离退休人员、企业下岗人员、辞退停留人员、农民等，都可以在个体农产品经纪人和个人独资经纪企业中从业，大多数农产品经纪人属于这种类型。其经纪业务量与大公司相比显得微不足道，但对于扩大就业、活跃市场、方便人民生活起到了非常积极的作用。

二、合伙经纪企业

合伙经纪企业是依照《中华人民共和国合伙企业法》规定条件的人员，向工商行政管理机关申请设立的经纪企业。合伙经纪企业从本质上来说，是从事经纪业务的合伙企业，是企业的一种组织形式。所谓合伙企业，是指由各合伙人订立合伙协议，共同出资，合伙经营，共享收益，共担风险，并对合伙企业债务承担无限连带责任的盈利性经济组织。合伙企业及其合伙人的财产和合法权益受法律保护。

根据《经纪人管理办法》的规定，凡是符合《中华人民共和国合伙企业法》规定条件的人员，向工商行政管理机关申请，都可以设立合伙经纪企业。设立合伙企业应当具备的条件：

（1）有两个以上合伙人，并且都是依法承担无限责任者；

（2）有书面合伙协议；

（3）有合伙人实际缴付的出资；

（4）有合伙企业的名称；

（5）有经营场所和从事合伙经营的必要条件。

合伙农产品经纪人必须符合开设合伙企业的上述条件。合伙经纪企业是自然人的自愿联合，实际享受权利、承担责任的是每一个合伙人。合伙企业对其债务，应先以其全部财产进行清偿。合伙企业财产不足清偿到期债务的，各合伙人应当承担无限连带清偿责任。这方面与个体农产品经纪人和个人独资经纪企业十分类似。

一般来说，合伙经纪企业开展的经纪业务具有较强的专业性，合伙人员在资金、技术、经营等方面各自都有一定的优势，总体的资金实力、业务能力、经营手段等都要强于个体农产品经纪人和个人独资经纪企业,但又同经纪公司存在一定的差距。合伙经纪企业的经营机制比较灵活,其效率也比较高,合伙人对企业债务负有无限连带责任,他们必然都很关心企业经营状况,经营者的激励和约束机制合理有效。合伙经纪企业的弱点:企业筹资的规模仍受一定限制,一般达不到社会化大生产的要求;合伙人与经营者合一,几乎所有的决策都要经合伙人全体一致同意,协调困难,容易造成决策的延迟;企业存续期间难免有合伙人退出或进入,企业产权关系和合伙协议相应需要调整,使企业组织的稳定性较差;企业债务承担无限连带责任,这就使并不能对企业的经营活动单独行使完全控制权的合伙人面临相当大的风险。由于合伙经纪企业具有上述特点,所以现实生活中绝大多数投资者选择设立个人独资经纪企业或经纪公司,合伙经纪企业所占的比重极小。它们一般规模较小,并且只存在于那些业主个人信誉和个人责任起重要作用的行业,如各类专业事务所。

现阶段我国合伙经纪企业的发展尚处于起步阶段,其数量和规模都远远跟不上实际的需要,因此,大力发展合伙经纪企业,也是今后我国发展农产品经纪人队伍的一个方向。

三、经纪公司

经纪公司是依照《中华人民共和国公司法》规定条件的人员,向工商行政管理机关申请设立的经纪企业。所谓公司,是指依照《中华人民共和国公司法》在中国境内设立的有限责任公司和股份有限公司。不论是有限责任公司,还是股份有限公司,都是企业法人。有限责任公司,股东以其出资额为限对公司承担责任,公司以其全部资产对公司的债务承担责任。股份有限公司,其全部资本分为等额股份,股东以其所持股份为限对公司承担责任,公司以其全部资产对公司的债务承担责任。

根据《中华人民共和国公司法》的规定,设立有限责任公司应当具备的条件:

(1) 股东符合法定人数(由 2 个以上 50 个以下股东共同出资设立);

(2) 股东出资达到法定资本最低限额(以生产经营为主的公司和以商品批发为主的公司人民币 50 万元;以商业零售为主的公司人民币 30 万元;科技开发、咨询、服务性公司人民币 10 万元);

(3) 股东共同制定公司章程;

（4）有公司名称，建立符合有限责任公司要求的组织机构；

（5）有固定的生产经营场所和必要的生产经营条件。

设立股份有限公司应当具备的条件：

（1）发起人符合法定人数（应当有5人以上为发起人，其中须有过半数的发起人在中国境内有住所）；

（2）发起人认缴和社会公开募集的股本达到法定资本最低限额（注册资本的最低限额为人民币1000万元）；

（3）股份发行、筹办事项符合法律规定；

（4）发起人制定公司章程，并经创立大会通过；

（5）有公司名称，建立符合股份有限公司要求的组织机构；

（6）有固定的生产经营场所和必要的生产经营条件。

根据《经纪人管理办法》的规定，凡是符合《中华人民共和国公司法》规定条件的，向工商行政管理机关申请，都可以设立经纪公司。经纪公司不论是有限责任公司还是股份有限公司，都必须按照《公司法》规定的条件设立，并符合这样几个特点：第一，经纪公司是以公司为组织形式的；第二，农产品经纪公司实行企业法人制度；第三，经纪公司负有限责任，公司以其全部资产为限对债务承担责任，股东以其出资额为限对公司承担有限责任。经纪公司与个体农产品经纪人、个人独资经纪企业、合伙经纪企业相比较，最大的区别就在于经纪公司是法人，而其他农产品经纪人则是自然人。其最大的优点是公司以其全部资产对公司的债务承担责任，股东以其所持股份为限对公司承担责任，降低了投资者的投资风险，因不存在承担无限责任可能导致倾家荡产之忧，投资者可以放心地进行投资，从而有效地解决了财产归私人所有状态下个人资本规模有限和企业生产经营大规模发展之间的矛盾。但经纪公司也存在一定的问题，主要表现为公司设立的程序比较复杂，机构设置比较复杂，营运成本比较高，特别是当公司发展到一定的规模，出现所有与控制的相分离时，容易出现“内部人控制”的现象，这就要求经纪公司也要以建立完善的法人治理结构为目标。

从我国目前经纪业务的实际情况来看，个体农产品经纪人和个人独资经纪企业的从业人数和注册登记的企业数量最多，他们是农产品经纪人市场上最为活跃的力量。而经纪公司在证券、期货、保险、房地产、旅游、技术、文化、广告、体育等领域居多。

第四节　农产品经纪合同的订立和履行

一、农产品经纪合同的订立

(一) 合同订立的概念

合同的订立是指两个或两个以上的当事人,依法就合同的主要条款经过协商一致达成协议的法律行为。

(二) 合同订立的形式

《合同法》规定,当事人订立合同有以下几种形式:

1. 书面形式

书面形式是指合同书、信件、数据电文(包括电报、电传、传真、电子数据交换和电子邮件)等可以有形地表现所载内容的形式。

2. 口头形式

口头形式是指当事人双方就合同内容面对面或以通讯设备交谈达成的协议。口头形式合同直接、简便、迅速,但发生纠纷时难以取证,不易分清责任,所以对于不即时清结的和金额较大的合同不宜采用口头形式。

3. 其他形式

合同还可以根据当事人的行为或特定情形推定合同的成立。

(三) 合同订立的方式

《合同法》第 13 条规定:"当事人订立合同,采取要约、承诺方式。"

1. 要约

要约又称为报价、发价、发盘、出盘等。要约是希望和他人订立合同的意思表示。发出要约的当事人称为要约人,要约所指向的人称为受要约人。意思表示是指把内心旨在发生一定效果的意思对外表示出来的行为。一项要约,欲取得法律效力,必须具备以下两个条件:一是内容具体确定,即内容表达必须具体明确,不能含糊不清;二是表明经受要约人承诺,要约人即受该意思表示约束,即要约必须向受要约人表明,该要约一旦由受要约人承诺,合同即告成立,要约人就要受到约束。要约到达受要约人时即告生效。要约发出以后,可以要求撤回,但必须符合法定的条件。但根据《合同法》第 19 条的规定,有下列情形之一的,要约不得撤销:一是要约人确定了承诺期限或者以其他形式明示要约不可撤销;二是受要约人有理由认为要约是不可撤销的,并已经为履行合同作了准备工作。

2. 承诺

所谓承诺,是指受要约人同意要约的意思表示。一项有效的承诺,必须符合以下条件:一是承诺必须由受要约人向要约人作出;二是承诺必须是对要约明确表示同意的意思表示;三是承诺必须在要约有效的期限内作出;四是承诺的内容必须与要约的内容一致。承诺应当以通知的方式作出,但根据交易习惯或者要约表明可以通过行为作出承诺的除外。所谓"通知的方式",是指受要约人以口头形式或者书面形式明确告诉要约人同意要约内容。通知的方式是承诺方式中采用最多的方式,其优点在于受要约人是否同意要约的内容很明确,不容易发生争议。除了通知的方式以外,承诺的表示还可以通过"行为"作出,该行为必须是人们依照交易习惯或者要约的规定能判断受要约人作出承诺的行为。根据《合同法》的规定,如果要约确定了承诺期限的,受要约人应当在要约确定的承诺期限内作出承诺并使该承诺到达要约人;否则,承诺为过时的承诺,不发生合同成立的效力。如果要约没有明确规定承诺期限,要约是以对话的方式作出的,应当即时作出承诺,但当事人另有约定的除外;要约以非对话的方式作出的,承诺应当在合理的期限内到达。承诺通知到达要约人时即告生效。承诺可以撤回。所谓承诺的撤回,是指受要约人对要约作出承诺后,又撤回了承诺。但承诺的撤回是有条件的,即撤回承诺的通知应当在承诺生效之前或者与承诺通知同时到达要约人。在此种情况下,要约人由于在接到承诺的同时也已经知道承诺人撤回了承诺,因此,要约人不可能对承诺加以信赖而遭受什么经济损失。

(四) 合同成立的时间和地点

1. 合同成立的时间

一般来说,合同谈判成立的过程,就是要约、反要约、直到承诺的过程。在一般情况下,合同承诺生效时即告成立,当事人于此开始享有合同权利、承担合同义务。合同成立的具体时间依不同情况而定:

(1) 当事人采用合同书形式订立合同的,自双方当事人签字或者盖章时合同成立,在签字或者盖章之前,当事人一方已经履行主要义务并且对方接受的,该合同成立。

(2) 当事人采用信件、数据电文等形式订立合同的,可以在合同成立之前要求签订确认书,签订确认书时合同成立。

（3）当事人以直接对话方式订立的合同，承诺人的承诺生效时合同成立；法律、行政法规规定或者当事人约定采用书面形式订立合同，当事人未采用书面形式但一方已经履行主要义务并且对方接受的，该合同成立。

（4）当事人签订要式合同的，以法律、法规规定的特殊形式要求完成的时间为合同成立时间。

2. 合同成立的地点

合同成立的地点关系到合同的管辖权，直接影响到当事人的权利义务。一般来说，承诺生效的地点为合同的成立地点，具体有以下几种情况：

（1）采用数据电文形式订立合同的，收件人的主营业地点为合同成立地点，没有主营业地点的，其经常居住地为合同成立的地点。

（2）当事人采用合同书、确认书形式订立合同的，双方当事人签字或盖章的地点为合同成立的地点。

（3）合同需要完成特殊的约定或法律形式才能成立的，以完成合同的约定形式或法定形式的地点为合同成立的地点。

（4）当事人对合同成立的地点另有约定的，按照其约定。

（五）合同的主要内容

这里所说的合同内容，是指据以确定合同当事人权利、义务和责任的合同条款。订立合同应当包括的内容，要根据合同的种类、标的的大小等多种因素确定，很难有一个统一的规定。所以，《合同法》第 12 条规定“合同的内容由当事人约定”，并规定合同“一般包括”以下条款：

1. 当事人的名称或者姓名和住所

这是关于合同主体的规定。只有明确主体，才能确定合同约定的权利、义务的享有者和承担者。一旦发生纠纷，才能准确地确定责任人。当事人的住所则与合同的履行、法院的管辖等有密切关系。

2. 标的

标的也就是合同确定的权利、义务指向的对象。在农产品买卖合同中，就是买卖的具体的农产品种类。

3. 数量

这是合同中最重要的条款之一，即买卖农产品的具体数量。

4. 质量

即合同所指向对象的性质、规格、样式、标准等。在农产品买卖合同中，即指农产品的具体等级、规格等。

5. 价款或者报酬

这也是合同的一个重要内容。合同关系是当事人为了确定权利、义务而进行的经济活动。既然是经济活动,就必然有经济利益。农产品买卖合同须约定价格,农产品经纪合同须约定佣金。

6. 履行期限

当事人在订立合同时对履行期限作出约定,对于合同的顺利履行有重要意义,可避免拖延履行合同。

7. 履行的地点和方式

如交货地点、付款方式等。当事人在异地订立合同时,明确这一点非常重要,可避免履行合同时出现争议。

8. 违约责任

这也是合同的一个重要条款。在订立合同时约定违约责任,对于纠纷的处理,可以提供依据,也可以督促当事人尽力履行合同。

9. 解决争议的方法

在合同中约定解决争议的方法,可以避免出现合同争议以后各执一词、互不相让,有利于争议的顺利解决。当事人可以在合同中约定是否提交仲裁、由哪个仲裁机构仲裁等。

《合同法》第 12 条第 2 款还规定:"当事人可以参照各类合同的示范文本订立合同。""合同的示范文本",是指由一定机关事先拟定的对当事人订立合同起示范作用的合同文本。此类合同文本上的合同条款,有些内容是拟定好的,有些内容没有拟定,需要当事人自己商定填入。合同的示范文本不是格式合同,也不要求当事人必须采用该文本,它只是对当事人订立合同起指导、参考作用。

二、农产品经纪合同的履行

(一) 合同履行的概念

合同的履行是指合同生效后,双方当事人按照合同规定的各项条款,完成各自承担的业务和实现各自享受的权利,使双方当事人的合同目的得以实现的行为。

(二) 合同履行的规则

1. 当事人就有关合同内容约定不明确时的履行规则

合同生效后,当事人就质量、价款、报酬、履行地点等内容没有约定或约定不明确的，可以协议补充；不能达成补充协议的，按照合同有关条款或者交易习惯确定；仍不能确定的，适用以下规定：

（1）质量要求不明确的，按照国家标准、行业标准履行；没有国家标准、行业标准的，按照通常标准或者符合合同目的的特定标准履行。

（2）价款或者报酬不明确的，按照订立合同时履行地的市场价格履行；依法应当执行政府定价或者政府指导价的，按照规定履行。

（3）履行地点不明确，给付货币的，在接受货币一方所在地履行；交付不动产的，在不动产所在地履行；其他标的在履行义务一方所在地履行。

（4）履行期限不明确的，债务人可以随时履行，债权人也可以随时要求履行，但应当给对方必要的准备时间。

（5）履行方式不明确的，按照有利于实现合同目的的方式履行。

（6）履行费用的负担不明确的，由履行义务一方负担。

2. 执行政府定价或者政府指导价的合同履行规则

执行政府定价或者政府指导价的，在合同约定的交付期限内政府价格调整时，按照交付时的价格计价。逾期交付标的物的，遇价格上涨时，按照原价格执行；价格下降时，按照新价格执行。逾期提取标的物或者逾期付款的，遇价格上涨时，按照新价格执行；价格下跌时，按照原价格执行。

第五节　农产品经纪合同的变更、转让

一、农产品经纪合同的变更

依法订立的合同成立后，即具有法律约束力，任何一方都不得擅自变更或解除合同。但是，在合同的履行过程中，由于主、客观情况的变化，需要对原有的权利义务关系重新进行调整和规定时，合同当事人可以依法变更合同。

合同的变更仅指合同内容的变更，是指合同成立后，当事人双方根据客观情况的变化，依照法律规定的条件和程序，对原合同进行修改或补充。合同的变更是在合同的主体不改变的前提下对合同内容或标的的变更，合同性质和标的的性质并不改变。例如，农产品买卖数量的增加或减少、质量标准的修改、履行地发生变动、标的物包装的改变等，都属于合同的变更。当事人在变更合同时，也应本着协商的原则进行。当事人可以依据法律规定，就变

更合同事项达成协议。

合同的变更必须具备以下条件:一是当事人之间已存在合同关系;二是合同内容发生了变化;三是必须遵守法律要求的方式。

合同变更的方式主要有三种:一是当法律规定的情形出现时,合同内容当然发生变化,如遇有不可抗力导致债务不能履行时,债务人的债务数额减少或可以延期履行;二是依法院或仲裁机构的裁判而变更,如因重大误解订立的合同或显失公平的合同,当事人一方有权请求人民法院或仲裁机构变更或撤销;三是当事人达成变更合同的协议。

合同变更后,变更后的内容就取代了原合同的内容,当事人就应当按照变更后的内容履行合同,合同各方当事人均应受变更后的合同的约束。为了减少在合同变更时可能发生的纠纷,当事人对合同变更的内容约定不明确的,推定为未变更。合同变更后的效力原则上仅对未履行的部分有效,对已履行的部分没有溯及力,但法律另有规定或当事人另有约定的除外。

二、农产品经纪合同的转让

合同的转让是指合同当事人一方将其合同的权利、义务全部或部分转让给第三人。合同的转让仅指合同主体的变更,一般由当事人自主决定。

(一)合同权利的转让

合同权利转让是指不改变合同权利的内容,由债权人将合同权利的全部或部分转让给第三人。这里,转让权利的人称为让与人,接受权利的人称为受让人。合同权利全部转让的,原合同关系消灭,受让人取代原债权人的地位,成为新的债权人,原债权人脱离合同关系。合同权利部分转让的,受让人作为第三人加入到合同关系中,与原债权人共同享有债权。债权人转让主权利时,附属于主权利的从权利也一并转让,受让人在取得债权时,也取得与债权有关的从权利,但该从权利专属于债权人自身的除外。

(二)合同义务的转让

合同义务转让是指在不改变合同义务的前提下,经债权人同意债务人将合同的业务全部或部分转移给第三人。

债务人将合同的义务全部或部分转移给第三人,应当经债权人同意,否则,债务人转移合同义务的行为对债权人不构成效力,债权人有权拒绝第三人向其履行,同时有权要求债务人履行义务并承担不履行或迟延履行合同的法律责任。

债务人全部转移合同义务时，新的债务人完全取代旧的债务人的地位，承担全面履行合同义务的责任，享有债务人所应享有的抗辩权，可以主张原债务人对债权人的抗辩。同时，与所转移的主债务有关的从债务，也应当由新债务人承担，但该从债务专属于原债务人自身的除外。债务人部分转移合同义务时，新的债务人加入到原债务中，和原债务人一起向债权人履行义务。

（三）合同权利义务的一并转让

合同权利义务的一并转让是指当事人一方经对方同意，将自己在合同中的权利和义务一并转让给第三人。合同关系的一方当事人将权利义务一并转让时，除了应当征得另一方当事人同意外，还应当遵守《合同法》有关转让权利和义务时的其他规定；不得转让法律禁止转让的权利；转让合同权利和义务时，从权利和从债务一并转让，受让人取得与债权有关的从权利和从债务，但该从权利和从债务专属于让与人自身的除外；转让合同权利和义务不影响债务人抗辩权的行使；债务人对让与人享有债权的，可以依照有关规定向受让人主张抵消。

第六节　农产品经纪合同的违约责任

一、违约责任的概念

违约责任即违反合同的民事责任，是指合同当事人一方不履行合同义务或者履行合同义务不符合约定时，依照法律规定或者合同约定所承担的法律责任。依法订立的有效合同对当事人双方来说，都具有法律约束力。如果不履行或者履行义务不符合约定，就要承担违约责任。

二、承担违约责任的主要形式

《合同法》规定，当事人一方明确表示或者以自己的行为表明不履行合同义务的，对方可以在履行期限届满之前要求其承担违约责任。当事人一方不履行合同义务或者履行合同义务不符合约定的，应当承担继续履行、采取补救措施或者赔偿损失等违约责任。具体适用哪种违约责任，由当事人根据自己的要求加以选择。

（一）继续履行

订立合同的目的是为了实现合同的约定，即实际履行合同。继续履行合同既是为了实现合同目的，又是一种违约责任。当事人一方未支付价款或者报酬的，对方可以要求其支付价款或者报酬。当事人一方不履行非金钱债务或者履行非金钱债务不符合约定的，对方可以要求履行，但有下列情形之一的除外：

（1）法律上或者事实上不能履行；

（2）债务的标的不适于强制履行或者履行费用过高；

（3）债权人在合理期限内未要求履行。

（二）采取补救措施

履行质量不符合约定的，应当按照当事人的约定承担违约责任。受损害方可以根据标的物的性质以及损失大小，合理选择要求对方采取修理、更换、重作、退货、减少价款或者报酬等补救措施。

（三）赔偿损失

当事人一方不履行合同义务或者履行合同义务不符合约定的，在履行义务或者采取补救措施后，对方还有其他损失的，应当赔偿损失。损失赔偿额应相当于因违约所造成的损失，包括合同履行后可以获得的利益，但不得超过违反合同一方订立合同时预见到或者应当预见到的因违反合同可能造成的损失。

当事人一方违约后，对方应当采取措施防止损失进一步扩大；没有采取适当措施致使损失进一步扩大的，不得就扩大的损失要求赔偿。当事人因防止损失扩大而支出的合理费用，有违约方承担。

（四）支付违约金

为了保证合同的履行，保护自己的利益不受损失，合同当事人可以约定一方违约时应当根据情况向对方支付一定数额的违约金，也可以约定因违约产生的损失赔偿额的计算方法。

违约金是指当事人一方由于不履行合同或者履行合同不符合约定时，按照合同的约定，向对方支付的一定数额的货币。违约金是对不能履行或者不能完全履行合同行为的一种带有惩罚性的经济补偿手段，不论违约的当事人一方是否已给对方造成损失，都应当支付。约定的违约金低于造成的损失的，当事人可以请求人民法院或者仲裁机构予以增加；约定的违约金过分高于造成损失的，当事人可以请求人民法院或者仲裁机构予以适当减少。当事人就迟延履行约定违约金的,违约方支付违约金后,还应当履行债务。

(五)给付或者双倍返还定金

定金是合同当事人一方为了担保合同的履行而预先向另一方支付一定数额的金钱。当事人可以依照《担保法》约定一方向另一方给付定金作为债权的担保。债务人履行债务后,定金应当抵作价款或者收回。给付定金的一方不履行约定的债务的,无权要求返还定金;收受定金的一方不履行约定的债务的,应当双倍返还定金。

当事人既约定违约金,又约定定金的,一方违约时,对方可以选择适用违约金或者定金条款,但由于二者在目的、性质、功能等方面具有共性而不能并用。当事人执行定金条款后不足以弥补所受损害的,仍可以请求赔偿损失。

三、违约责任的免除

一般来说,在合同订立之后,如果一方当事人没有履行合同或者履行合同不符合约定,不论是自己的原因,还是第三人的原因,都应当向对方承担违约责任。但如果是由于免责事由的出现造成的,则可以根据情况免除违约方的违约责任。

《合同法》规定的免责事由主要有:

(一)法定事由

《合同法》规定,因不可抗力不能履行合同的,根据不可抗力的影响,部分或者全部免除责任;如合同订立后,发生地震、火灾等自然灾害和意外事故,致使货物灭失,当事人无法交货,则可免除当事人不能交货的违约责任。如果订立合同后,发生水灾等意外事故,致使当事人无法按时交货,则应免除当事人交货延迟的违约责任。当事人迟延履行后发生不可抗力的,不能免除责任。不可抗力造成违约的,违约方虽然没有过错,但法律规定因不可抗力造成的违约也要承担违约责任,违约方也要承担无过错的违约责任。当事人一方因不可抗力不能履行合同的,应当及时通知对方,以减轻可能给对方造成的损失,并应当在合理期限内提供证明。

(二)免责条款

免责条款是指合同双方当事人在合同中约定,当出现一定的事由或条件时,可免除违约方的违约责任。

第七节　常见的农产品经纪合同格式

一、农产品经纪委托合同的格式

委托合同的主要条款包括：委托人和受托人的姓名、委托事项、委托权限、双方的权利和义务、报酬和委托终止等。书面形式的委托合同应包括标题、双方当事人的基本情况、正文和结尾4个部分。标题一般为“委托合同”或“代理协议”、“委托书”等。具体的合同格式如下所示：

农产品经纪委托合同

合同编号：　　　　字第　号

受委托人(经纪人或代理人，简称甲方)：

委托人(简称乙方)：

甲乙双方为实现委托代理事项，根据国家法律、法规的有关规定，本着平等、自愿、诚信、有偿的原则，在充分协商的基础上订立如下协议：

1. 委托事项：(略)
2. 代理权限：(略)
3. 酬金的数额和支付时间：甲方全部完成乙方的委托事项，可得酬金　　元。
4. 违约责任：甲乙双方中的任何一方未全面履行此合同，都视为违约；违约方应向对方支付酬金　　%的违约金；守约方有权解除合同；给对方造成损失的，应由违约方赔偿。
5. 合同的有效期限：本合同自双方签字之日起生效，至合同全部事项清结时终止。
6. 纠纷的解决方式：本合同如发生纠纷，双方应本着互谅互让的原则协商解决。协商不成时，可通过　　　　(仲裁、诉讼)途径解决。
7. 其他约定：

甲方(签字盖章)　　　　　　　　乙方(签字盖章)

合同订立时间：　　年　月　日

二、农产品行纪合同的格式

行纪合同的主要条款包括：代办事项、佣金和违约责任等。农产品行纪合同的格式如下：

农产品行纪合同

合同编号：　　字第　号

受委托人(经纪人或代理人，简称甲方)：

委托人(简称乙方)：

甲乙双方为实现委托代理事项，根据国家法律、法规的有关规定，本着平等、自愿、诚信、有偿的原则，在充分协商的基础上订立如下协议：

1. 委托事项：(略)

2. 代理权限：(略)

3. 酬金的数额和支付时间：甲方全部完成乙方的委托事项，可得酬金　　元。

4. 违约责任：甲乙双方中的任何一方未全面履行此合同，都视为违约；违约方应向对方支付酬金　　%的违约金；守约方有权解除合同；给对方造成损失的，应由违约方赔偿。

5. 合同的有效期限：本合同自双方签字之日起生效，至合同全部事项清结时终止。

6. 纠纷的解决方式：本合同如发生纠纷，双方应本着互谅互让的原则协商解决。协商不成时，可通过　　　　(仲裁、诉讼)途径解决。

7. 其他约定：

甲方(签字盖章)　　　　乙方(签字盖章)

合同订立时间：　　年　月　日

三、农产品居间合同的格式

居间合同的主要条款包括：当事人的名称和地址、委托事项、佣金、完成委托事项的时间和违约责任等。农产品居间合同的格式如下：

农产品居间合同

合同编号：

受委托人(简称甲方)：

居间人(简称乙方)：

乙方接受甲方的委托，双方本着平等、自愿、诚信原则，就委托事项协商一致，签订本合同。

第一，委托事项(需具体约定所委托的是提供订约机会还是媒介合同的成立，以及委托事项的具体要求、完成委托事项的时间等)：

第二，居间酬金的计算方法及支付的时间、地点、方式：

第三，违约责任：

第四，其他约定事项：

委托方：　　　　居间方：

单位(人)名称：　　　　单位(人)名称：

地址：	地址：
法定代表人或委托代理人：	法定代表人或委托代理人：
电话：	电话：
传真：	传真：
邮政编码：	邮政编码：
开户银行：	开户银行：
账号：	账号：
签约地点：	签约地点：

签约时间：　年　月　日

合同有效期自　　年　月　日至　　年　月　日

第三章　农产品商品基础知识

农产品涉及的范围非常广泛，而且随着市场经济的发展，农产品细分化的趋势愈加明显。从一定的意义上说，农产品经纪人应该是某一项农产品领域的专业人士。所以，农产品经纪人应根据自己的实际情况，有针对性地掌握自己所经纪的农产品的分布范围、品种类别等，做到心中有数。同时，农产品经纪人还要掌握农产品储运知识、包装知识等操作技能。只有熟知农产品的性能和操作技能，才能使自己的经纪工作顺利进行。

第一节　农产品的概念和品种类别

一、农产品的概念

农产品是指种植业、养殖业、林业、牧业、水产业生产的各种植物、动物的初级产品及初级加工品。

二、农产品的品种类别

按传统和习惯，一般把农产品分为粮油、果蔬及花卉、林产品、畜禽产品、水产品和其他农副产品六大类。

（一）粮油

粮油是对谷类、豆类、油料及其初加工品的统称。粮油产品是关系到国计民生的农产品，它不仅是人体营养和能量的主要来源，也是轻工业的主要原料，还是畜牧业和饲养业的主要饲料。粮食是人类生存和发展的最基本的生活资料。离开粮食，人类就无法生存，整个社会再生产就无法进行。我国人口众多，耕地面积少，解决和保证吃饭问题显得尤为重要。我国粮食有二十多种，产地分布广泛，长江流域和长江以南是稻米主要产区，黄河两岸是小麦主要产区，东北、内蒙古和华北地区盛产玉米、大豆和杂粮，东北水稻、玉米、大豆誉满全国。我国利用植物种子作油料原料的有大豆、芝麻、花生仁、棉籽、菜子、葵花籽、玉米胚等，而芝麻油是一种香料油，又称为香油。

按粮油植物学科属或主要性状、用途，可将粮油分为原粮（禾谷类、豆类、薯类）、成品粮、油料（草本油料、木本油料及非食用油料、食用油料）、油脂（食用油脂、非食用油脂）、粮油加工副产品、粮食制品和综合利用产品等七大类。

农业是我国国民经济的基础，而粮油产品的生产是农业的基础。研究粮油产品的生产、加工、检验、储存和养护，对有效利用粮油产品资源，充分发挥粮油原料及其产品在人民生活和工业生产、农业生产中的作用，是我国经济建设的一项重要任务。

（二）果蔬及花卉

1. 蔬菜和果品

蔬菜和果品，尤其蔬菜是人们日常生活中不可缺少的副食品，它们所含有的营养成分对人类有特殊的食用意义。新鲜果蔬含有丰富的维生素和矿物质。食用果蔬不仅可使人体摄取较多的维生素来预防维生素缺乏症，而且大量的钠、钾、钙等矿物质的存在使果蔬成为碱性物质，在人体的生理活动中起着调节体液酸碱平衡的作用。果蔬中所含有的糖和有机酸可以供给人体热量，并能形成鲜美的味道。果蔬中的纤维素虽不能被人们很好地吸收，但它们能促进胃肠蠕动，刺激消化液分泌，有助于人体的消化吸收及废物的排泄。很多果蔬还能调节人体生理机能，有辅助治疗疾病的作用。

我国地域辽阔，地跨寒、温、热三带，自然条件优越，气候、土壤和地形等自然环境条件适合于果蔬的生长发育。果树和蔬菜资源极其丰富，也培育了许多优良品种，使我国以果蔬种类多、品种全、品质佳而闻名于世界，如胶州大白菜，章丘大葱，北京心里美萝卜，四川榨菜，湖南冬笋，山东香蕉、苹果，山东大樱桃，辽宁国光苹果，河北鸭梨，吉林延边苹果梨，山东和辽宁山楂，浙江奉化玉露水蜜桃，山东肥城佛桃，广东和台湾的香蕉、菠萝，广东和福建的荔枝、龙眼，四川江津鹅蛋橘，江西南丰蜜橘，广西沙田柚，等等。这些果蔬风味各异，是享有盛誉的名果蔬。近年来，我国培育和改良了很多果蔬品种，同时引进了很多国外果蔬品种，丰富了国内果蔬资源，更加满足了市场需要。

蔬菜按食用习惯可分为：① 根菜类：如萝卜、豆薯。
② 茎菜类：如莴笋、竹笋、莲藕、芋头。
③ 叶菜类：如小白菜、大白菜、大蒜、大葱。
④ 果菜类：如茄子、黄瓜、菜豆。

⑤ 花菜类：主要有黄花菜、菜花。
⑥ 食用菌类：如香菇、木耳。

果品按果实构造可分为：① 仁果类：如苹果、梨、山楂。
② 核果类：如桃、枣。
③ 浆果类：如葡萄、香蕉。
④ 坚果类：如核桃、板栗。
⑤ 柑橘类：如柑、橘、甜橙、柚、柠檬。
⑥ 复果类：如菠萝、菠萝蜜、面包果。
⑦ 瓜类：主要指甜瓜、西瓜。

2. 花卉

花卉中的花和卉是两个含义不同的词，花是高等植物繁殖后代的器官，卉是百草的总称。花卉一词从字面上讲，就是开花的植物。《辞海》解释花卉是"可供观赏的花草"。随着科学技术的发展和人们审美意识的增强，欣赏已不仅限于花，因而花的概念也随之扩大。广义上讲，凡是花、叶、果的形态和色彩、芳香能引起人们美感的植物都包括在花卉之内，统称为观赏植物。但人们已形成习惯，花卉一词可一并使用。

根据形态特征和生长习性，花卉可分为：

① 草本花卉：又可分为一年生草花（如一串红、鸡冠花等）、二年生草花（如金鱼草、石竹等）、多年生草花（如菊花、荷花、大丽花等）。

② 木本花卉：又可分为乔木花卉（如梅花、白玉兰等）、灌木花卉（如月季、牡丹等）、藤本花卉（如凌霄、紫藤等）。

③ 多肉类花卉：常见的有仙人掌科的昙花、令箭荷花、蟹爪兰，龙舌兰科的龙舌兰、虎尾兰，萝藦科的大花犀角、吊金钱，凤梨科的小雀舌兰等。

④ 水生类花卉：常见的有荷花、睡莲、王莲、凤眼莲、水葱、菖蒲等。

⑤ 草坪类植物：常见栽培的有红顶草、早熟禾、野牛草等。

根据经济用途，花卉可分为：

① 观赏用花卉：又可分为花坛用花（如一串红、金盏菊等）、盆栽花卉（如菊花、月季等）、切花花卉（如菊花、百合等）、庭院花卉（如芍药、牡丹等）。

② 香料用花卉：如白兰、水仙化、玫瑰花等。

③ 熏茶用花卉：如茉莉花、珠兰花、桂花等。

④ 医药用花卉：如芍药、牡丹、金银花等。

⑤ 环境保护用花卉：具有吸收有害气体、净化环境的花卉，如美人蕉、月

季、罗汉松等。

⑥ 食品用花卉：如菊花、桂花、兰花等近百种。花粉食品业方兴未艾。

（三）林产品

林产品是指把开发森林资源变为经济形态的所有产品，可分为两大类，一类是木材及各种木材加工制品；另一类是经济林及森林副产品。木材是林业的基本产品。由于木材有良好的物理性能和多种化学成分，它成为经济建设和人们生活中用途最广的材料。工业、农业、交通运输、建筑业等行业的生产都需要木材，如煤矿的坑木、铁路的枕木、建筑用木材、纸浆造纸原料、机械工业用材料、化工业材料，人们日常生活中所需的家具、工具、器皿、文化体育用具、乐器等。木材不仅是国民经济各方面基本的原料，而且自古以来就是人类社会重要的能源之一。虽然随着科学技术的进步，煤、石油、天然气、原子能、太阳能等飞速发展，但随着人口的增加，在今后较长的时期内，薪材的需要量仍然相当大。综上所述，木材及其加工品是国民经济中最广的一种基本材料，与国民经济各方面都有着密切的联系，木材的充分供给，是保证国民经济迅速发展的重要条件。

中国经济林分布广泛，从南到北、从东至西，各处都有，主要有乌柏、油桐、漆树、杜仲、毛竹、油棕、椰子、油橄榄、巴旦果、油楂果、香榧、油茶、山苍子、青檀、五倍子等。经济林产品主要有：

① 木本油料，如核桃、茶油、橄榄油、文冠果油等木本食用油及桐油、乌柏油等工业用油；

② 木本粮食，如板栗、柿子、枣、银杏及多种栎类树种的种子；

③ 特用经济林产品，如紫胶、橡胶、生漆、咖啡、金鸡纳等。林化、林副产品种类更是繁多，如松香、栲胶、栓皮及各种药材、芳香油、纤维原料、编织原料、淀粉、食用菌等。此外，林区丰富的野生动物资源所提供的动物蛋白质、毛皮、药材以及观赏动植物等，都有着重要的经济意义和科研价值。

我国劳动人民从事经济林产品和林副产品的生产有着悠久的历史。这些产品对国计民生有着重大意义，很多产品是机械、电器、化工、国防军工、医药、食品、日用品加工等工业部门的重要原料，而且有的还是我国传统的出口物资。例如：

① 油桐是我国特有的油料树种，早在唐朝就有栽培记载。采用桐籽生产的桐油是优质工业用油，为制造油漆、防水制品、人造汽油等产品的重要原料，此外，在农业、医药上也有广泛用途。我国油桐林面积约 133 万公顷，每年

可产桐油 15 万吨，占世界桐油产量的比重很大，是我国换汇率很高的大宗出口物资之一，在国际市场上享有很高的声誉。

② 松香是重要的化工原料，用于肥皂、造纸、油漆、塑料、医药、电气、化工、橡胶等行业，也是我国重要的出口物资。目前，世界松香年产量约 100 万吨，我国年产量约 30 万吨，占世界的 1/3 左右。

③ 紫胶也是重要的工业原料，广泛用于国防、电气、油漆、塑料、医药等 30 多个工业部门。由于其绝缘性强，粘合力大，易溶于酒精和易干坚固等优点，其他原料无法代替。世界原胶产量约 3 万吨，我国约产 3500 吨，其中云南占全国产量的 80% 以上。

④ 油茶是我国特有的木本油料树种。我国油茶林近 50 种，面积约 367 万公顷，分布面积很广，年产油茶 15 万吨。茶油色清味香，不饱和脂肪酸的含量高，是优质的食用油。目前，世界上已经有一些国家实现或基本实现了食油木本化，所以积极发展油茶、核桃、油橄榄等木本油料，是解决我国食用油不足的重要途径。

⑤ 生漆也是我国著名特产，为传统出口商品。我国漆树林面积约 46 万公顷，年可产生漆 2800 吨。此外，林区出产的木耳、香菇、竹笋、干鲜果品、禽兽野味及珍贵毛皮、中草药材及野生观赏植物等产品，除了满足人们生活多方面的需要外，也是出口换汇的重要物资。

（四）畜禽产品

畜禽产品从广义上讲，主要是指肉、乳、蛋、禽、脂、肠、皮张、绒毛、鬃尾、细尾毛、羽毛、骨、角、蹄壳及其初加工品等。但从狭义上讲，即从我国商品经营分工的角度来看，肉、乳、蛋、脂、禽属食品和副食品范畴，也就是我们这里所说的畜禽产品。皮张、绒毛、鬃尾、细尾毛、羽毛、肠衣属畜产品，而骨、角、蹄壳分别属废旧物资和中药材商品。

畜禽产品作为食品，是人类动物蛋白的主要来源，为人类提供丰富的营养。但这类食品由于富含蛋白质、脂肪、糖等，故易于腐败变质，人们食用这类腐败变质的食品后会发生中毒，并且患病动物还带有致人患病的病源，动物肿瘤与人的癌症有一定的相关性。肉食品加工烹调不当，常使人的健康遭受严重损坏，故需要严格的卫生检验。近几年来，由于国民经济的迅猛发展，农业和运输业逐渐实现了机械化，促进了饲养业的发展，为畜禽产品资源开辟了广阔的道路。我国解决了人民温饱后，生活水平必然会向更高标准发展，对畜禽产品的需求量愈来愈大，因而对畜禽产品的质量也提出了更高的要求。

(五) 水产品

水产品是指水生的具有一定食用价值的动植物及其腌制、干制的各种初加工品。水产品,特别是鱼、虾、贝类等,自古以来一直是人们的重要食物之一。随着人们生活水平的不断提高和对蛋白质需求量的不断增长,水产品作为动物性蛋白质的来源,其重要性日益显著。

水产业是以栖息、繁殖在海洋和内陆淡水水域的鱼类、虾蟹类、贝类、藻类和海兽类等水产资源为开发对象,进行人工养殖、合理捕捞和加工利用的综合性社会生产部门。我国海洋渔场总面积281万平方公里,我国海洋鱼类约有1700种以上。我国淡水鱼类有800种以上,其中有经济价值的有250多种,体型较大、产量较高的有50多种。我国发展水产业的方针是以养殖为主,养殖、捕捞、加工并举,因地制宜,重在保护。近年来,我国采取了积极有效的措施,严格采取休渔制度,使我国的海水、淡水捕捞和海水、淡水养殖业持续稳定健康发展。

水产品按生物学分类法可分为藻类植物(如海带、紫菜等)、腔肠动物(如海蜇等)、软体动物(如扇贝、鲍鱼、鱿鱼等)、甲壳动物(如对虾、河蟹等)、棘皮动物(如海参、海胆等)、鱼类(如带鱼、鲅鱼、鲤鱼、鲫鱼等)、爬行类动物(如中华鳖等);按商业分类可分为活水产品(包括海水鱼、淡水鱼、元鱼、河蟹、贝类等)、鲜水产品(含冷冻品和冰鲜品,包括海水鱼、淡水鱼、虾、蟹等)、水产加工品;按加工方法分为水产腌制品和水产干制品,包括淡干品、盐干品、熟干品;按加工原料分为咸干鱼、虾蟹加工品、海藻加工品、其他水产加工品。

(六) 其他农副产品

其他农副产品主要是指烟叶、茶叶、蜂蜜、棉花、麻、蚕茧、畜产品、生漆、干菜和调味品、中药材、野生植物原料等产品。

1. 烟叶

烟叶是烟草的叶片,是制作卷烟、雪茄烟、斗丝、鼻烟和嚼烟等烟制品的主要原料。烟叶经过初步加工(烤、晒、晾)即可供人们吸用,有兴奋神经、解除疲劳的作用;烟叶是卷烟、雪茄烟、皮丝烟、鼻烟、嚼烟等烟制品的基本原料;烟、烟蒂、烟籽、烟结、烟筋经过加工可提取烟碱,有杀虫、灭菌功效,烟茎可用于造纸、压制纤维板和提取活性炭等。

2. 茶叶

茶叶是从茶树上采摘下来的鲜叶或嫩叶,经过加工,制成可供人们饮用、具有色香味和形状各异的成品茶。茶树属于茶科，属多年生常绿植物，按树型可分为乔木型、灌木型和半乔木型三种。

茶叶、咖啡和可可是世界三大饮料，其中茶叶作为饮料的历史最久、饮用的地区和人口最广、最多。我国是饮用和生产茶叶历史最悠久的国家，也是传统的茶叶出口国，享有"茶的祖国"之誉。

茶叶按制茶方法结合成品茶的品质特征分为七大类：

① 鲜茶叶经萎凋揉捻或揉切、发酵、干燥制成的红茶类，按制法分为工夫红茶、小种红茶和红碎茶三种。

② 鲜茶叶经高温杀青，揉捻、干燥制成的绿茶，按制法分为锅炒杀青绿茶，如珍眉、贡熙、雨茶、秀眉、龙井；烘青绿茶，如毛峰、瓜片、碧螺春；蒸气杀青绿茶，如玉露、蒸青。

③ 鲜茶叶经晒青、做青、炒青、揉捻、干燥制成的乌龙茶类，按制法和成品茶品质特征分为水仙（如武夷山水仙、闽北水仙、凤凰水仙、闽南水仙）、奇种（武夷奇种）、铁观音、色种、乌龙。

④ 茶叶经萎凋、干燥制成的白茶类，按茶树品种及叶子老嫩可分为白毫银针（大白茶顶芽制成）、白牡丹（大白茶，小叶种一芽二、三叶制成）、贡眉（大白茶，小叶种一芽二、三叶制成）、寿眉（小叶种单片制成）。

⑤ 素茶（即花茶坯）经花窨制成的花茶类，按所用素茶品种可分为绿茶花茶（如茉莉花茶、珠兰花茶、白兰花茶、玳玳花茶等）、乌龙花茶（如桂花铁观音、树兰色种、茉莉乌龙等）、红茶香茶（如玫瑰红茶、荔枝红茶等）。

⑥ 毛茶经筛分整形、蒸压成型的紧压茶类（如米砖、青砖、黑砖、茯砖、沱砖、花砖、紧茶、六堡茶等）。

⑦ 用毛茶或鲜茶直接制成，可用于冷水或温水而无残渣的速溶茶类（如速溶红茶、速溶绿茶、调味速溶茶等）。

3. 蜂产品

蜂产品主要包括蜂蜜、蜂王浆和蜂蜡。蜂蜜是蜜蜂采集蜜源植物花中蜜腺上的花蜜或其他分泌物，经过充分酿造而储存在巢脾中的甜物质。

按蜜源可将蜂蜜分为花卉蜜（又称自然蜜）和甘露蜜。花卉蜜就是我们日常所说的蜂蜜，是从花卉中获取的花卉蜜，可分为单花蜜和杂花蜜。单花蜜如椴树蜜、枣花蜜、荔枝蜜等，杂花蜜又称混合蜜和百花蜜。甘露蜜是从同翅目的蚜虫、介壳虫等一类昆虫的排泄物中采集的蜜。此外，还有一种毒蜜，虽很少见，但危害较大。一般认为雷公藤、藜芦、乌头、杜鹃蜜等是有毒的，要特别注意。

4. 棉花

棉花是纺织工业的重要原料,又是人们生活资料的必需品。商品棉花指的是棉农出售的籽棉、皮棉和絮棉。带有棉籽的棉纤维叫籽棉。籽棉不能直接使用,需进行轧花加工,使纤维与棉籽分离。经过轧花机把棉籽扎掉,所得的棉纤维叫皮棉,也叫原棉。皮棉是纺织工业的重要原料。皮棉经再加工可弹成絮棉。

按棉花的类别(即按棉纤维的粗细、长短)可将棉花分为细绒棉(又称陆地棉:细度为 18 ~25 微米,长度为 25 ~31 毫米)、长绒棉(又称海岛棉:细度为 14 ~22 微米,长度为 33 毫米以上)、粗绒棉(又称亚洲棉或非洲棉:细度为 20 ~30 微米,长度为 13 ~25 毫米);按棉花色泽可将棉花分为白棉、黄棉和灰棉;按棉花的初步加工状态可将棉花分为皮辊棉、锯齿棉。

5. 麻

麻是麻类植物的总称,属于一年或多年生草木纤维植物。麻纤维是指麻的韧皮纤维和叶纤维或经过加工(剥制和脱胶)制成的可用纤维。麻纤维是纺织工业的重要原料之一,在国民经济中占有重要地位。麻按采用的部位不同可分为韧皮纤维和叶纤维。韧皮纤维是从双子叶植物茎部剥下来的纤维,质地柔软,又称软质纤维,如萱麻、黄麻、红麻、亚麻、大麻、青麻等。叶纤维是从单子叶或叶鞘中取出来的管束纤维,质地粗硬,又叫硬质纤维,如剑麻、蕉麻、假菠萝麻等。韧皮纤维根据含木质纤维的多少分为木质纤维和非木质纤维两种。木质纤维比较粗硬,如红麻、黄麻、青麻,可制成麻布、麻袋、绳索等。非木质纤维品质柔软,如萱麻、亚麻、大麻等,可作为纺织原料。叶纤维粗硬,主要用于制绳索、造纸、织渔网等原料。

6. 蚕茧

蚕茧是蚕在化蛹前用吐出的丝结成的茧。用蚕茧缫得的生丝称为蚕丝。我国是蚕茧的发源地。远在五千年前,我们的祖先就利用蚕茧取丝织帛了。蚕丝纤维强韧而富弹性、细而柔软,具有良好的吸湿性、保暖性、绝缘性、耐腐性和化学稳定性。其制品光滑优美,染色鲜艳,穿着舒适,是优质纺织原料,是我国传统的出口商品。蚕茧按蚕的品种可分为改良蚕、土改良蚕(又称自留蚕)、土蚕;按生产季节可分为春蚕、秋蚕、夏蚕;按蚕的初步加工可分为鲜蚕、半干蚕、干蚕;按蚕的质量可分为上蚕、次蚕、下脚蚕;按蚕的大小可分为大蚕、中蚕、小蚕、特大蚕和特小蚕。

7. 畜产品

畜产品是畜禽产品的副产品，是指具有实际经济意义的皮张、绒毛、鬃尾、细尾毛、羽毛、肠衣等产品。畜产品在国民经济中有着重要的作用。畜产品是工业的重要原料，如毛纺、地毯、制革、毛皮及制刷、制肠衣等轻工业都少不了畜产品。畜产品也是国防建设的重要物资，如背带、炮衣、马鞍用皮、武装带、子弹盒、军用皮包、飞行服、皮大衣、皮帽、皮靴、皮鞋、皮手套、滤油皮、拖拉重武器的皮带、各种炮刷、军舰卫生用刷、油漆刷等都和畜产品有关。畜产品能满足人们生活的需要。人们生活水平的提高不仅表现在对肉、乳、蛋等动物性蛋白的需求量上，而且很大程度反映在人们对畜产品的占有量上，如人们日常穿戴的毛衣、毛料服装、长短皮大衣、皮帽、皮手套、镶头围巾、皮鞋、皮包、腰带和作为工具的毛笔、水彩笔、油画、化妆笔、胡刷、牙刷、衣服刷、油漆刷以及各种丝竹乐器的弓弦、各种劳保服装和多种药品等都是畜产品制品。畜产品是我国传统的出口商品，如猪鬃、肠衣、小湖羊皮、山羊板皮、山羊绒、兔毛、羽毛等。大力发展畜产品的生产不仅能满足我国现代农业、工业、国防、人民生活的需要，还能换回大量外汇，促进国民经济的发展。

畜产品可分为皮张、绒毛、鬃尾、细尾毛、羽毛、肠衣六大类。

8. 生漆

生漆是天然漆，也称国漆、大漆。生漆是从漆树的韧皮部内割流出来的乳白色黏稠液体，是漆树的一种生理分泌物。漆树属于漆树科漆树属，是一种落叶乔木。生漆是我国著名的特种林产品，产区遍布全国十几个省，主要产地是湖北、四川、陕西、贵州和云南等省。

生漆漆膜坚硬而富有光泽，具有独特的耐久性、耐磨性、耐油性、耐水性、耐溶剂性、耐腐蚀性以及绝缘性等优良性能。这些优良性能是目前合成涂料所不能比拟的，故有“涂料之王”之称。生漆可广泛用于国防工业、石油化工工业、采矿工业和地下工程、纺织印染工业以及漆制工艺品、研制新型涂料、修缮古代文物建筑等，经炮炙后的干漆可作为中药用于治疗疾病和外伤止血等。

生漆按产地可分为毛坝漆（湖北利川、恩施、宣恩、咸丰、来凤等地）、建始漆（湖北建始、巴东、鹤峰、五峰、长阳、宜都等地）、西北漆（我国西北部）；按生漆的特性可分为大木漆和小木漆两类。

9. 干菜和调味品

干菜和调味品包括干菜、食用菌和调味三类。食用菌是指能形成显著的肉质或胶质子实体并可供人类食用的大型真菌。人们从古至今都以菇、蕈、菌、蘑、耳等称之，如香菇、平菇、玉蕈、木耳、银耳、口蘑、松口蘑、凤尾蘑、猴头菌、羊肚菌、牛肝菌等。目前，全世界可食用的大型真菌有2000多种，被人类所利用的有400多种，能进行人工栽培的有50多种，其中形成大规模商业性栽培的有20多种。按照我国经营习惯，可将食用菌分为木耳类和蘑菇类，木耳类包括黑木耳、银耳、黄木耳、金耳等，蘑菇类包括除木耳类以外所有的大型食用菌类，如香菇、口蘑、猴头菌等。

干菜和调味品在我国有着丰富的自然资源，广泛分布于全国的山林、草原和农村，是一项重要的农副产品。干菜和调味品不仅是国内的消费品，也是传统的、享有盛誉的出口产品。

10. 中药材及野生植物原料

中药材是指中医作为调剂处方、配制中成药所用的原料，其中大部分是只经过初步加工的原生药。根据不同性质，可分为植物药、动物药和矿物药三大类。

我国地大物博，自然条件优越，中药材资源及其丰富，是巨大的天然药库。已知可供药用的植物、动物和矿物药有5000多种，其中植物药约占90%。中药材的用途广泛，除了主要供医疗保健用外，在食品、饮料、香料、化妆品、染料以及农药等方面也广为应用。同时，中药材又是重要的出口物资，全国可供出口的中药材近500种。

野生植物原料种类繁多，分类方法很多。根据用途可分为以下几类：野生纤维类、野生脂肪油料及芳香油料。

第二节　主要农产品的地理分布

一、粮食类

1. 稻谷

稻谷是我国主要粮食作物之一。我国种植稻谷有着悠久的历史，是世界上产稻谷最多的国家。稻谷在全国粮食生产和人民生活消费中均占第一位。稻谷按其对土壤、水分的适应性大小，可分为旱稻和水稻两类。我国主要生产水稻，旱稻种植极少。水稻按其品种不同，可分为籼稻、粳稻和糯稻；按其成熟期可分为早稻、中稻和晚稻。水稻在我国分布很广，除了个别高寒或干旱地区以外，从北纬18.5°的海南岛到北纬52°的黑龙江呼玛县，从东部的台湾到西部的新疆都有分布。水稻的分布广而不均，南方多而集中，北方少而分散。其大致分为两大产区。

（1）南方稻谷集中产区。秦岭、淮河以南、青藏高原以东的广大地区，水稻面积占全国的95%左右。按地区差异，又可分为三个区。华南双季籼稻区，包括南岭以南的广东、广西、福建、海南和台湾等五省区。该区属于热带和亚热带湿润区，水、热资源丰富，生长期长，复种指数大，是我国以籼稻为主的双季稻产区。海南等低纬度地区有三季稻的栽培。长江流域单、双季稻区，包括南岭以北、秦岭——淮河以南的江苏、浙江、安徽、江西、湖北、湖南、重庆、四川、上海等省市和豫南、陕南等地区。该区地处亚热带，热量比较丰富，土壤肥沃，降水丰沛，河网湖泊密布，灌溉方便，历年来水稻种植面积和产量分别占全国的2/3左右，是我国最大的水稻产区。该区以长江三角洲、里下河平原、皖中平原、鄱阳湖平原、赣中丘陵、洞庭湖平原、湘中丘陵、江汉平原以及成都平原等最为集中。长江以南地区大多种植双季稻，长江以北地区大多实行单季稻与其他农作物轮作。籼稻和粳稻均有分布。云贵高原水稻区。本区地形复杂，气候垂直变化显著，水稻品种也有垂直分布的特点，海拔2000米左右地区多种植籼稻，1500米左右地区是粳、籼稻交错区，1200米以下种植籼稻。本区以单季为主。

（2）北方稻谷分散区。秦岭——淮河以北的广大地区属单季粳稻分散区，稻谷播种面积占全国稻谷总播种面积的5%左右，具有大分散、小集中的特点。其主要分布在以下三个水源较充足的地区：东北地区水稻主要集中在吉林的延吉、松花江和辽河沿岸；华北主要集中于河北、山东、河南三省及安徽北部的河流两岸及低洼地区；西北主要分布在汾渭平原、河套平原、银川平原和河西走廊、新疆的一些绿洲地区。北方分散产区的水稻以一季粳稻为主，稻米质量较好。

2. 小麦

小麦是我国仅次于稻谷的第二大粮食作物。我国也是小麦栽培最古老的国家之一，约有4500年的历史。小麦是温带性旱地作物，品种较多，耐旱，适应性强，我国大部分地区适宜种植小麦。小麦可分为春小麦和冬小麦两大类，我国以冬小麦分布面积最广，约占小麦播种面积的80%以上。

（1）春小麦区。我国春小麦占全国小麦总产量的10%以上，主要分布于长城以北，岷山、大雪山以西气候寒冷、无霜期短的地区，只能在春天播种，当年收割，是一年一熟制作物。其中，黑龙江、内蒙古、甘肃和新疆为主要产区。

(2) 北方冬麦区。分布在长城以南、六盘山以东、秦岭——淮河以北的各省区，包括山东、河南、河北、山西、陕西等省，是我国最大的小麦生产区和消费区。该区小麦的播种面积和产量均占全国的2/3以上，有我国的“麦仓”之称。

(3) 南方冬麦区。分布在秦岭——淮河以南、横断山以东地区。安徽、江苏、四川和湖北等省为集中产区，大部分为棉麦和稻麦两熟制。本区居民以稻米为主食，故小麦商品率较高。

3. 玉米

玉米属高产作物，经济价值较高，是我国最主要的杂粮，在粮食作物中仅次于水稻、小麦，居第三位。产量仅次于美国，居世界第二位。玉米对自然条件要求不严格，在我国分布很广，各地都有分布，其中以吉林、山东、河北、辽宁、四川产量最多。

二、经济作物类

经济作物又称技术作物，是轻工业的主要原料和人民生活吃、穿、用的农作物。经济作物种类繁多，可分为纤维作物、油料作物、糖料作物、水果和其他经济作物。

(一) 纤维作物

纤维作物是纺织工业的重要原料，主要有棉花、麻类和蚕茧等。

1. 棉花

我国是世界主要产棉国之一。棉花是重要的经济作物，其种植面积居经济作物之首，约占经济作物播种面积的1/3左右。棉花是纺织工业的重要原料，国防、化工、医药等工业也离不开棉花。棉杆可造纸，棉籽可榨油，棉籽饼是优质饲料。所以，棉花生产在国家建设和人民生活等方面都有重要意义。我国棉花产地分布广泛，按照自然条件、栽培管理水平和种植的历史条件，全国划分为三个主要棉区。

(1) 黄河流域棉区，包括秦岭——淮河以北、长城以南、六盘山以东的山东、河北、河南、山西、陕西及北京、天津七省市。棉花产量以山东、河南、河北三省最多。本区植棉历史悠久，自然条件优越，区内地势平坦，秋雨少，日照充足，有利于棉花的生长，成为我国最大的棉花产区，其种植面积占全国棉田面积的1/2。

(2) 长江流域棉区,包括上海、浙江、江苏、安徽、江西、湖南、湖北等省、市,湖北、江苏两省产量最多。本区植棉历史悠久,技术水平较高,劳动力充足,区内纺织业发达,运输条件便利,使该区成为全国棉花单产和商品率最高的棉区,也是我国第二大产棉区,但秋天雨多,湿度大,日照较少,影响棉花吐絮,棉花质量不如黄河流域棉区。

(3) 西北内陆棉区,包括新疆和甘肃河西走廊地区。本区地处干旱地区,降水少,光照条件优越,温差大,病虫害少,棉花品质好,是我国第三大产棉区,也是我国优质长绒棉产区。

2. 麻

麻类是一种古老的纤维作物。我国是世界上主要产麻国之一,也是麻类品种最多的国家,主要品种有黄麻、红麻、苎麻、亚麻等。黄麻适于高温和多雨气候地区生长,主要分布在我国广东、浙江、台湾等省。红麻主要分布在黄河、淮河流域、长江中下游和华南地区。以河南、安徽、江西、福建、广西、广东及新疆等省区面积较大,其中河南、安徽两省是我国最大的红麻生产省份,其种植面积和产量均占全国60%以上;而广西、广东、江西等省区是我国红麻种子产区,每年向红麻原料生产基地提供种源,同时兼收红麻纤维。苎麻主要产地分布在北纬19°~39°之间,南起海南省、北至陕西省均有种植苎麻的历史,一般划分为长江流域麻区、华南麻区、黄河流域麻区。其中,长江流域麻区是我国苎麻的主要产区,其种植面积和产量占全国90%以上。亚麻主要产于东北,以黑龙江产量最多,集中于哈尔滨附近,其次是吉林,集中于延边地区。

3. 蚕茧

我国桑蚕茧的几个主要产区是浙江、江苏、四川、广西、广东、山东、安徽和重庆,广西已经替代以前的三个老产区成为我国最大的桑蚕茧产地。而柞蚕茧的主要产区是辽宁、山东、河南、贵州、吉林和黑龙江,辽宁省的柞蚕茧产量占全国产量的70%以上(我国柞蚕茧产量占世界的80%以上)。其中,江苏省吴江市的震泽镇和浙江省的桐乡市是著名的丝绸之乡。

(二) 油料作物

油料作物品种繁多,主要有花生、油菜籽、芝麻、胡麻、大豆、向日葵等。我国油料作物的种植面积在经济作物中居首位,是世界上油料作物种植最多的国家。

1. 花生

在各种油料作物中，花生的单产高，含油率高，是喜温耐瘠作物，对土壤要求不高，以排水良好的沙质土壤为最好。花生生产分布广泛，除西藏、青海外，全国各地都有种植，主要集中在山东、广东、河南、河北、江苏、安徽、广西、辽宁、四川、福建等省区，其中山东的产量居全国首位，其次是广东。目前，全国花生产地主要集中在两个地区：一是渤海湾周围的丘陵地及沿河沙土地区，是我国最大的花生生产基地和出口基地；二是华南福建、广东、广西、台湾等地的丘陵及沿海地区。

2. 油菜

油菜是我国播种面积最大、地区分布最广的油料作物。我国是世界上生产油菜籽最多的国家。油菜是喜凉作物，对热量要求不高，对土壤要求不严。根据播种期的不同，可分为春油菜和冬油菜，春、冬油菜分布的界限，相当于春、冬小麦的分界线而略偏南。我国以种植冬油菜为主。长江流域是全国冬油菜最大产区，其中四川省的播种面积和产量均居全国之首。其次为安徽、江苏、浙江、湖北、湖南、贵州等省。春油菜主要集中于东北、西北北部地区。

3. 芝麻

芝麻是一种含油率很高的优质油料作物。我国是世界上生产芝麻最多的国家之一。分布广泛，主要分布在河南、湖北、安徽、山东等省，其中河南省产量居全国首位。

4. 大豆

我国是大豆的故乡。早在5000年前，大豆就扎根于华夏沃土。中世纪以后，大豆经阿拉伯传入西方。大豆既是粮食作物，又是油料作物，同时也是副食品的重要原料，营养价值高，因而大豆在农业中具有特殊的地位。大豆是喜温作物，生长旺季需要高温，收获季节以干燥为宜，很适宜在我国北方温带地区栽培。我国大豆分布广泛，而以东北松辽平原和华北的黄淮平原最为集中。松辽平原是我国最主要的大豆生产基地，主要集中于松花江、辽河沿岸和哈大线沿线。其中，哈尔滨、辽源、长春被称作我国大豆的“三大仓库”，其单产和商品率居全国之冠。

5. 向日葵

向日葵是一种出油率和营养价值都很高而又高产的油料作物，分布范围很广。东北、西北、华北为向日葵油商品生产基地。其中，内蒙古的产量最高。

（三）糖料作物

糖料作物主要包括甘蔗和甜菜，其中以甘蔗为主。甘蔗主要分布在南方沿海各省区，甜菜分布在北方各省区，所以有“南蔗北菜”的特点。

1. 甘蔗

甘蔗是热带和南亚热带经济作物，具有喜高温、喜湿、喜肥的特性，生长期长。我国甘蔗主要分布在北纬24°以南的地区，其中以广东、广西、台湾、福建、海南、云南、四川等省区种植面积最大，广东是大陆上种植甘蔗最多的省份。

2. 甜菜

甜菜喜温凉气候，有耐寒、耐旱、耐碱等特性。我国甜菜主要分布在北纬40°以北各省区。黑龙江、内蒙古、新疆、吉林、甘肃、宁夏为主要产地。黑龙江是我国甜菜的最大产区。甜菜生产基地有黑龙江松嫩平原西部、吉林西部、内蒙古河套地区和新疆玛纳斯地区。

（四）其他作物

1. 茶叶

我国茶区辽阔，广泛分布在秦岭——淮河以南的广大山地和丘陵地带，浙江、湖南、安徽、四川、福建五省产量最多，是我国著名的五大产茶省，其次是云南、广东、湖北等省。

2. 蜂产品

蜂产品包括蜂蜜、蜂胶、蜂王浆、蜂花粉等，蜂产品分布于全国各地，主要产地有湖南、湖北、广东、广西、河南、河北、四川、甘肃、青海、山东、黑龙江、吉林、辽宁等。

三、畜牧业及其产品

（一）牧区畜牧业

中国有12个省区的119个县（旗）是牧业地区，这些牧业区面积约占国土面积的37%。其中，面积较大的有内蒙古、新疆、青海、西藏、四川5个省区，天然草场面积占中国草场面积的75%以上。牧区经营的牲畜以绵山羊、牛（包括黄牛、牦牛）、马和骆驼为主。

（二）农区畜牧业

农区是指中国牧区、半农半牧区以外的以农作物栽培为主的地区，拥有全国95%以上的农业人口和90%以上的耕地，尤其以东北、华北、长江中下游平原、四川盆地和珠江三角洲最为集中，包括河北、山西、江苏、浙江、安徽、福建、江西、山东、河南、湖北、湖南、广东、广西、海南、贵州、云南、陕西、北京、天津及上海21个省、自治区、直辖市以及农牧交错的辽宁、吉林、黑龙江、四川、甘肃、宁夏6个省、自治区的一部分。主要畜禽种类有猪、牛、羊和各种家禽，以舍饲为主，是中国畜产品的主要来源地。

（三）半农半牧区畜牧业

半农半牧区介于农区和牧区之间，自然形成一个农区和牧区的过渡地带，它以大兴安岭斜向内蒙古高原的南侧，连接黄土高原，再斜向康藏高原的东侧。这一地区兼有农区和牧区的某些特点，既有一定的天然草场，又有相当数量的耕地；既放牧较多的牛、羊等牲畜，又饲养一定数量的猪、禽；在收入上种植业和畜牧业都占有相当比重。

（四）城市郊区畜牧业

城市郊区畜牧业是伴随城市经济的发展，从农区畜牧业分化出来，而集约化程度较高的畜牧业。城市郊区畜牧业主要为城市提供新鲜的乳、蛋、肉等畜产品，一般以饲养奶牛、羊、鸡或猪为主。

（五）畜种区域化布局

1. 生猪产业带

生猪产业带主要以长江中下游地区和华北地区为主，东北地区由于粮食转化潜力大，正在形成养猪新区。

2. 肉牛肉羊产业带

肉牛产业带主要以黄海、淮海平原为中心，包括河南、山东、河北和安徽四省，其次是东北三省和内蒙古东部的东北肉牛带。肉羊产业带主要分布于新疆和内蒙古，其产量约占全国肉羊产量的25%，河南、山东、河北、四川、江苏和安徽五省农区肉羊产量约占全国的45%。

3. 奶牛产业带

奶牛产业带主要集中在东北、华北和大中城市郊区。牛奶主产区为黑龙江、河北、内蒙古、山东、新疆、陕西和山西。

4. 家禽产业带

家禽产业带主要集中在东部、南部省份，山东、广东为最大，其次为江苏、吉林、辽宁、河北和安徽。

5. 禽蛋产业带

禽蛋产业带主要集中在长江以北，山东、河北、河南为最多，其次为江苏、辽宁、安徽、湖北和四川。

四、水产业及其产品

（一）淡水产品

我国淡水水产资源以鱼类为主，约有40余种，此外，还有大量的虾、蟹和贝类以及龟鳖类。水生经济植物有莼菜等。我国是世界淡水鱼类产量最多的国家，也是发展淡水鱼业历史最悠久、池塘养鱼最早的国家。我国淡水产品遍及全国各地，主要产地为湖北、广东、江苏、安徽、湖南、江西、山东、广西、浙江等省或自治区。

（二）海水产品

我国主要海产经济动植物共有700种以上，水生动物主要有鱼类、贝类、虾类、蟹类、乌贼类 、海胆类、海参类、海蜇类、龟鳖类等，水生植物主要有海带、紫菜等。

我国的四大渔场是：黄渤海渔场（主要分布在渤海、黄海）、舟山渔场（舟山群岛附近）、南部沿海渔场（分布在广东沿海）、北部湾渔场（北部湾海域）。

五、林产、土特产

1. 树坚果类

中国树坚果的种植和生产有着悠久的历史。在世界树坚果类产品中，如栗子、核桃仁、杏仁、腰果、开心果、夏威夷果、榛子、松子、苦杏仁、巴西果、碧根果（PECAN，又名长山核桃），除了巴西果外，中国都有种植和生产。栗子主要生产区在华北、华东和西南各省区。核桃主要产区为山西、陕西、甘肃、云南和河北，五省的核桃产量约占全国产量的70%。杏仁的主产区在新疆、甘肃、陕西、河北、辽宁、山东和北京。松子主要生长在东北的长白山和小兴安岭一带的原始森林里。

其他树坚果在国内均有试验性种植和广泛性种植。如腰果自1973年以来在海南省进行了广泛性种植。目前，每年有2000～3000吨左右产量，主要分布在海南省的乐东、三亚、陵水、东方、昌江等县市。夏威夷果在广西和云南省有试验性种植。开心果在甘肃省试验性种植。榛子在中国辽宁省有野生品种。

2. 干菜类

（1）银耳。银耳是我国一种经济价值很高、很珍贵的胶质食用菌和药用菌，其形状似鸡冠或花瓣，白色半透明，干燥后淡黄色或黄色。野生银耳主产于我国南方高山林地，富含蛋白质、维生素、氨基酸等，是传统的滋补品。中国是世界上最早栽培银耳的国家，银耳产地分布于四川、贵州、湖北、湖南、陕西、浙江、福建、台湾等地，"通江银耳"、"漳州雪耳"驰名世界。

（2）黄花菜。黄花菜又名金针菜、安神菜等，分布较广，营养丰富，富含蛋白质、脂肪、钙、磷、铁及多种维生素，是一种珍贵名菜，与香菇、木耳、冬笋并列为山中珍品，我国南北方都有栽种，主要产区是湖南、四川、甘肃、陕西、山西、江苏、安徽等地。

（3）笋干。笋干是由新鲜的毛笋经煮熟、晾干、压扁，渍以石灰水形成的产品，主要产于福建、江西、皖南等山区，春季为生产旺季。上等笋干具有肉质肥厚、色泽金黄、笋花明显的特点，是一种营养丰富、清鲜可口的山珍。

（4）桂圆。桂圆又称龙眼，主产地在广西、福建、广东、台湾、四川等地，营养成分之高为一般水果"望尘莫及"。桂圆味甘性平，为滋补佳品，具有开胃健脾、养血安神、壮阳益气、补虚健脑等功效。在福建莆田，桂圆70%用于焙干，年销售额上亿元；上海、温州、无锡、南京、苏州是全国主要的龙眼干生产和消费集散地。

3. 水果类

（1）苹果。我国苹果有黄土高原产区、渤海湾产区、黄河故道产区和西南冷凉高地四大产区，根据气候和生态适宜标准，西北黄土高原产区和渤海湾产区是我国最适苹果发展的产区，出口量占全国的90%以上。黄河故道产区属于苹果生产的次适宜区，西南冷凉高地苹果生产规模小、产业基础差，无法满足苹果生产优势区域的要求。

（2）梨。我国梨产量最多的省是河北、山东、辽宁、江苏、四川、云南等。主要梨产区有山东烟台，栽培品种为黄县长把梨、栖霞大香水梨、莱阳慈梨、莱西水晶梨和香水梨；河北省保定、邯郸、石家庄、邢台一带，主要品种为鸭梨、雪花梨、圆黄梨、雪青梨、红梨；辽宁省绥中、北镇、义县、锦西、阜新等地主产秋白梨、鸭梨和秋子梨系统的一些品种；安徽省砀山及周围一带为酥梨产区；山西高平为大黄梨产区，原平则以黄梨和油梨为主栽品种；甘肃兰州以出产冬果梨闻名；四川的金川雪梨和苍溪雪梨，新疆的库尔勒香梨和酥梨，烟台、大连的西洋梨，洛阳的孟津梨也都驰名中外。

（3）柑橘类。中国柑橘分布在北纬16°～37°之间，海拔最高达2600米（四川巴塘），南起海南省的三亚市，北至陕、甘、豫，东起台湾省，西到西藏的雅鲁藏布江河谷。但中国柑橘的经济栽培区主要集中在北纬20°～33°之间，海拔700米以上1000米以下。全国生产柑橘的地区,包括台湾省在内有19个省、自治区、直辖市。其中主产柑橘的有:① 四川省:主要分布在长江流域,乐山地区的7个县、绵阳地区、攀枝花地区,主栽品种有红橘(11月上中旬采收)、温州蜜柑、锦橙(又名鹅蛋柑,主产万县、江津、12月上中旬成熟上市)、脐橙、红橘(大红袍)。② 湖南省:主要分布在岳阳所辖的山区、绥化地区、张家界周围的几个乡、长沙南到衡阳的狭窄山区,主栽品种有温州蜜柑,其次是蕉柑、十月红、红江橙、脐橙、大红甜橙。③ 福建省:主栽品种有芦柑(主产地漳州,以九湖、永泰、永春等地的品质较好)、雪柑(实际上是橙)、红橘(福橘)蕉柑。④ 广东省:蕉柑(12月中旬~1月中旬采收)、红江橙(主产地廉江、湛江、茂名,12月中旬成熟,为优质柑橘品种)柳橙、血橙、佛橙、芦柑(12月中旬采收)、雪柑、脐橙(11月中下旬上市)、新会橙(原产新会县,主产新会及珠江三角洲一带,12月上中旬成熟)。⑤ 浙江省:温州蜜柑(10月中旬~11月中下旬采收)、酸橙、芦柑(主产衢州等地)、金枣、八月红、早橘。⑥ 广西自治区:蕉柑、芦柑、血橙、柳橙、温州蜜柑、乌龙柑、枸头柑。⑦ 湖北省:分布在长江流域,主栽品种有红橘、脐橙、温州蜜柑、早红橘、芦柑、锦橙。⑧ 江西省:南丰蜜橘、锦橙。⑨ 陕西省:主要分布在陕南的关中地区、城固为主的周边地区,主栽品种为红橘。

4. 花卉类

目前,中国最主要的鲜花产地为昆明、凌源、广州。云南昆明有两个主要的鲜花市场,是目前全国最大的鲜花产地,一是昆明斗南花卉市场,二是昆明国际花卉拍卖交易中心。这两个市场主要出产玫瑰、康乃馨、百合、非洲菊、满天星、情人草、勿忘我等几十种鲜花,大部分鲜花质量在国内属于上乘。同时,两个市场各有特色。昆明斗南花卉市场是传统的鲜花交易市场,昆明国际花卉拍卖交易中心则与国际交易方式接轨,为先进的一对多鲜花拍卖。两市场均在云南省呈贡县斗南镇,相距几百米,国内外花商及专业鲜花代理商在这两个市场采购好鲜花后,分级包装,并委托航空、铁路、邮政等各种运输部门运到全国以至世界各地销售。专业鲜花代理商提供了鲜花采购、分级、包装、运输等一条龙服务,所以一般各地鲜花批发店都委托专业鲜花代理商作为鲜花供应商。

广州的鲜花市场位于广州芳村岭南,是目前国内的第二大鲜花产地,主要优势产品为菊花、剑兰及部分切叶、玫瑰。广州岭南花卉市场内同样有很多专业的鲜花代理商,为广大花店省去了不少麻烦。

凌源的鲜花市场位于辽宁省凌源市郊，交通方便，是目前国内的第三大鲜花产地，东北最好的产地切花交易市场。主要优势产品为百合系列、剑兰系列及郁金香系列，同样有很多专业的鲜花代理商，航空、铁路、汽运辐射全国各地，目前，已经形成东到佳木斯、西到拉萨、北到乌鲁木齐、南到香港的客户销售网络，在鲜花行业闯出了“南有云南，北有凌源”的美称。

另外，其他各地分布有零散的鲜切花基地，种植适宜各自气候的鲜花，如海南是中国主要的切叶及热带花卉的产地，上海有非洲菊、康乃馨出产，甘肃产有百合、郁金香等。

5. 药材类

（1）东北区。本区包括黑龙江省大部分、吉林省和辽宁省的东半部及内蒙古自治区的北部。地貌上包括大、小兴安岭和长白山地区，以及三江平原。全区的中药资源有2000余种，其中植物类1700种左右，动物类300多种，矿物类50余种。特点是野生的种群数量大，蕴藏量丰富。野生的关黄柏、刺五加、五味子、关升麻、牛蒡子、桔梗、地榆、朝鲜淫羊藿、辽细辛、槲寄生、赤芍、草乌、关木通、平贝母、关龙胆以及熊胆、蛤蟆油等一批“关药”，蕴藏量分别占全国同品种蕴藏量的50%以上。本区还是我国野山参及种植人参的最主要产地，产量占全国人参总产量95%以上。鹿的饲养及鹿茸的生产在全国也占有重要地位。

（2）华北区。本区包括辽宁南部、河北中部及南部、北京市、天津市、山西省中部及南部、山东省、陕西省北部和中部，以及宁夏自治区中南部、甘肃省东南部、青海省、河南省、安徽省及江苏省的小部分。地貌上西北高，东南低，夏季较热，冬季寒冷，大部分地区属于暖温带。植物种类以华北植物区系为主，森林植被是以松、柏为主的针叶林和以栎树为主的阔叶林。全区的中药资源有1800余种，其中植物类1500种左右，动物类约250种，矿物类约30种。野生资源中较丰富的有酸枣仁、北苍术、远志、北柴胡、黄芥、知母、连翘、葛根、柏子仁、银柴胡、玉竹等。栽培药材产量较大者有地黄、杏仁、金银花、黄芪、党参、山药、怀牛膝、板蓝根、山楂、紫菀、菊花、栝楼、北沙参，以及近年得到飞速发展的栽培西洋参。动物类药物主要有全蝎。矿物类中药主要有龙骨、赫石、磁石、炉甘石及阳起石等。

（3）华东区。本区包括浙江省、江西省、上海市、江苏省中部和南部、安徽省中部和南部、湖北省中部和东部、湖南省中部和东部、福建省中部和北部，以及河南省及广东省的小部分。全区有中药资源约3000种，其中植物类

2500 余种，动物类 300 余种，矿物类约 50 种。著名的道地药材有种植的浙八味：浙贝母、麦冬、玄参、白术、白芍、杭菊花、延胡索和温郁金。尚有产于安徽的霍山石斛、宣州木瓜、铜陵牡丹皮，江苏的茅苍术，江西的清江枳壳，湖南的平江白术，福建的建泽泻和建莲。其他较著名的中药还有：山茱萸、茯苓、薄荷、太子参、粉防己、海风藤、女贞子、栀子、夏枯草，动物药则有鳖甲、龟甲、蜈蚣等。

（4）西南区。本区包括贵州省、四川省、云南省的大部分、湖北及湖南省西部、甘肃省东南部、陕西省南部、广西壮族自治区北部及西藏自治区东部。全区绝大部分为山地、丘陵及高原，属于北亚热带及中亚热带，前者的植被主要为常绿落叶阔叶混交林，后者则主要为常绿阔叶林。本区自然条件复杂，生物种类繁多，为我国中药材的主要产地。全区中药资源约 5000 种，其中植物类约 4500 多种，动物类 300 多种，矿物类约 80 种。且有众多的道地药材。例如，属川产道地药材的主要有：川芎、川附子、川牛膝、川麦冬、川郁金、川白芷、黄柏、川黄连、川贝母、川大黄、独活等。属云南产道地药材的主要有：云木香、云南三七、云黄连、云当归、云天麻等。属贵州产道地药材的主要有：天麻、杜仲、半夏、吴茱萸等。野生药材中占全国产量 50% 以上的主要品种有：茯苓、厚朴、胡黄连、猪苓、天麻、半夏、川续断、川楝子、天门冬及矿物药雄黄、朱砂等。动物药则有乌梢蛇、穿山甲及熊胆等。

（5）华南区。本区包括海南省、台湾省及南海诸岛、福建省东南部、广东省南部、广西壮族自治区南部及云南省西南部。本区大陆部分的地势为西北高，东南低。气温较高，湿度也大，属南亚热带及中亚热带。植被为南亚热带常绿阔叶林、热带季雨林以及赤道热带珊瑚岛植被。全区有中药资源近 4000 种，其中植物类 3500 种，动物类 200 多种，矿物药 30 种左右。区内多道地南药，著名的有：广藿香、巴戟天、钩藤、槟榔、诃子、肉桂、降香、胡椒、荜茇、沉香、安息香、儿茶、广豆根、千年健、鸦胆子、狗脊、使君子以及一批姜南药，如干姜、砂仁、益智仁、高良姜、草果、山柰、草豆蔻、郁金、姜黄、莪术以及大量引种的白豆蔻等。动物药中较重要的有蛤蚧、金钱白花蛇及穿山甲。

（6）内蒙古区。本区包括黑龙江省中南部、吉林省西部、辽宁省西北部、河北及山西省的北部、内蒙古自治区中部及东部。其东部有山脉及平原，中部有山脉及高坝，南部地势也高，而北部则为大草原。大部分地区冬季干燥寒冷，而夏季凉爽。本区的北部及西部植被以蒙古植物区为主，东部及南部则有华北及长白山区系成分。全区有中药资源 1200 余种，其中药用植物

1000余种，绝大部分为草本植物。著名的道地药材有：野生及栽培的内蒙古黄芪，产量占全国黄芪产量的4/5左右；多伦赤芍、关防风及知母也是本区著名的大宗药材。其他产量较大的还有麻黄、黄芩、甘草、远志、龙胆、郁李仁、蒲黄、桔梗、酸枣仁、苍术、柴胡、秦艽等。动物类药材主要有熊胆、鹿茸以及饲养的乌鸡。矿物类药材主要有石膏、芒硝、麦饭石、龙骨、白石英等。

（7）西北区。本区包括新疆维吾尔自治区全部、青海及宁夏回族自治区的北部、内蒙古自治区西部以及甘肃西部和北部。本区内高山、盆地及高原相间分布，但高平原占绝大部分，沙漠及戈壁也有较大面积。本区日照时间长，干旱少雨，气温的日差较大，从北到南地跨干旱中温带、干旱南温带及高原温带。全区中药资源约2000余种，其中植物类近2000种，动物类160种，矿物类约60种。不少种类的中药蕴藏量较大，其中在全国占重要地位的有：肉苁蓉、锁阳、甘草、麻黄、新疆紫草、阿魏、枸杞子、伊贝母、红花、罗布麻、大叶白麻等，均有很大的产量。其他蕴藏量较大的中药材还有：雪荷花、苦豆子、马蔺子、银柴胡及沙棘等。动物类药材主要有马鹿茸。

（8）青藏区。本区包括西藏自治区大部分、青海南部、四川西北部和甘肃西南部。本区海拔高，山脉纵横，多高山峻岭，地势复杂。气候属高寒类型，日照强烈，光辐射量大。植被主要有高寒灌丛、高寒草甸、高寒荒漠草原、湿性草原以及温性干旱落叶灌丛。全区有中药资源1100余种，多高山名贵药材。其中蕴藏量占全国60%～80%以上的种类有：冬虫夏草、甘松、大黄、胡黄连。其他主要的药材还有：川贝母、羌活、藏黄连、天麻、秦艽。动物类药材主要有麝香及鹿茸。矿物类药材主要有石膏、云母、芒硝。

（9）海洋区。本区包括我国东部和东南部广阔的海岸线，以及我国领海海域各岛屿的海岸线，总面积达420万平方公里。海底的地貌由西南向东北倾斜；气候由北至南逐渐由暖温带向亚热带再向热带过渡。本区蕴藏着十分丰富的药用生物，总数近700种，其中海藻类100种左右，药用动物类580种左右，矿物及其他类药物4种。主要的海洋中药有昆布、海藻、石决明、牡蛎、海马、海龙，以及海螵蛸、海狗肾、斑海豹等。我国在沿海所开展的水产养殖业取得了很大的成功，使石决明、海带、紫菜、牡蛎、珍珠等中药资源有了充分保证。

6. 香料类

（1）麝香。麝香是雄性獐子腹部靠近阴囊上生长的囊包，是有广泛用途的贵重药材和制香精、香料、化妆品的重要原料。我国西南、西北、华北、东北都有出产。其中,以云南、青海等省产量最大。

(2) 八角。八角又称茴香,是制造香水、香皂、牙膏、茴香油、香酒和化妆品的主要原料,同时又是上等调味品。主要产于广西和云南两省区。

第三节　农产品的包装

一、农产品包装的重要性

商品的包装是商品生产的继续,凡需要包装的商品,只有经过包装,商品才能进入流通领域和消费领域,才能实现商品的使用价值。这是因为,包装是保护商品在流通过程中质量完好和数量完整的重要措施,有些商品甚至根本离不开包装,它同包装成为不可分割的统一体。例如,流汁食品必须盛入容器内才能进入流通领域和消费市场。经过适当包装,不仅便于装卸、搬运、储存、保管、清点、陈列和携带,而且不易丢失或被盗,为各方面提供了便利。

许多人的观念中,都以为包装是精美商品的专利,不认为它和看似粗笨的农产品有多大关系,觉得那些从田里地里种出来的东西,是和工厂出来的商品不一样的,没必要加以更多的打扮。所以,大多数时候,就随随便便地用担子挑了,用筐子装了,摆在地上叫卖。俗话说:靓女先嫁。农产品也是商品,也需要进行适当的包装。因此,对于农产品种植者来说,除了栽培出优质的产品外,为产品找到优质的包装也是一个重要的问题。

由于我国包装和产品的保鲜技术不甚理想,在农产品销售和出口中造成的损失惊人。如我国农产品的出口基本没有经过初级的加工,其出口运输包装多用传统的纸箱,没有广泛使用高密度聚乙烯透气性好的运输箱、周转箱,不仅导致在运输时不能装载完满,达不到额定载量和体积,从而使运输成本大大增加;而且运输过程中腐烂和损耗率相当惊人。据商务部的数据显示,我国每年水果蔬菜总产量的20%在运输储存过程中被损耗掉,损失达到700亿美元。我们可以算一笔账:如果将700亿美元用于改进包装,不但能使出口水果蔬菜损耗率降到最低,而且经过妥善包装的食品、农产品本身的品质会更高,其新鲜程度、卫生情况、运输仓储寿命、货架寿命将得到提高,其商品附加值将大大提升,市场竞争力也会大大提高,其利润将更加可观。由于我国食品、农产品包装简陋,造成产品价格较低。一些国家在进口我国的食品、农产品后还需要再重新包装，进入本国市场，其市场价格远比进口时高。尤其是水果、蔬菜、茶叶等农产品的运输包装和国外相比，差距很大。在销售茶叶包装方面，应该向“雀巢”这样的国际品牌学习。不过，上述情况目前已有所改观，一些具有先进管理理念的企业已经开始行动。如山东莒南县对农副产品进行“洋”包装，将板栗去皮制成包装精美的罐头，将草莓制成酱、汁后按国际标准进行包装，将蒜薹由捆扎变成真空小包装，使之既经得起食品安全性检测，又因包装精美而提高了身价，产品直销日本、韩国、欧美、东南亚等国家和地区。

二、农产品包装的分类

根据在流通过程中所起作用的不同，包装可分为运输包装（即外包装）和销售包装（即内包装）两种类型。

1．运输包装

运输包装又称大包装、外包装。它是将货物装入特定容器，或以特定方式成件或成箱的包装。其作用，一是保护货物在长时间和远距离的运输过程中不被损坏和散失；二是方便货物的搬运、储存和运输。

（1）单件运输包装。它是指农产品在运输、装卸、储存中作为一个计件单位的包装，如纸箱、木箱、铁桶、纸袋、麻袋等。

（2）集合运输包装。它是指将一定数量的单件包装组合成一件大的包装或装入一个大的包装容器内，包括托盘、集装袋等。

2．销售包装

销售包装又称小包装、内包装或直接包装。是指产品以适当的材料或容器所进行的初次包装。销售包装除了保护农产品的品质外，还有美化农产品，宣传推广，便于陈列展销，吸引顾客和方便消费者识别、选购、携带和使用，从而能起到促进销售，提高农产品价值的作用。

三、农产品包装的要求

1．标准化

标准化是指对农产品包装所用的材料、结构造型、规格、容量及农产品的盛放、衬垫、封装方法、名词术语、印刷标志和检验要求等加以统一规定的一项技术性措施，是根据产品的理化性质、生物性质、形状、体积、重量，在有利于农产品的生产、流通、安全和节约的原则下制定的统一标准，使同种同类产品的包装趋于一致。

2. 系列化

系列化是指在同类产品的标准包装中，为了满足不同盛量的需要，并适应盛装其他产品的通用范围，按照一定的规律和经济技术要求，确定一系列不同规格、不同容量的包装形式，组成一套产品包装标准系列。

3. 通用化

通用化是指在设计包装时，不仅要适应一种产品的要求，而且要尽可能地考虑到能够在多种产品之间通用。

产品包装的“化”不仅可以扩大产品包装的使用范围，促使回收复用，节约包装材料，而且对保护产品安全，适应运输工具的装载能力，便于装卸搬运、交换、堆码、提高劳动生产率，便于实行储运作业机械化，降低物流费用等，都具有重要作用。

四、农产品包装决策

1. 相似包装决策

相似包装决策是指在所销售的农产品包装上采用相似的图案、颜色，体现共同的特征。其优点是能节约设计和印刷成本，树立良好的形象，有利于新产品的推销。但有时也会因为个别产品质量下降而影响到其他产品的销路。

2. 差异包装决策

差异包装决策是指所经营的各种产品都有自己独特的包装，在设计上采用不同的风格、色调和材料。它能避免由于某品种推销失败而影响其他品种的声誉，但会增加包装设计费用和新产品促销费用。

3. 复用包装决策

复用包装决策是指包装内的产品用过之后，包装物本身还可作其他用途使用。

4. 分等级包装决策

分等级包装决策是指对同一种农产品采用不同等级包装，以适应不同的购买力水平，如送礼用的水果包装和自用的水果包装，即可采用不同档次的包装。

5. 改变包装决策

改变包装决策是指当某种产品销路不畅或长期使用一种包装时，可以改变其包装设计、包装材料，使用新的包装。这可能使顾客产生新鲜感，从而扩大产品销售。

第四节　农产品的储运

一、农产品储存期间易出现的各种损失

只要农产品还没有送到客户的手中，农产品经纪人就要对其所经营的产品负责。首先是对农产品进行储存。农产品经纪人需要运用自己掌握的有关农产品仓储知识来对自己经营的每一种农产品进行储存。农产品储存在仓库期间，经纪人的主要责任就是根据不同农产品的特性，最大限度地保持农产品的品质、外观等。农产品储存期间易出现下列各种损失：

1. 由氧化而造成的损失

某些农产品，如毛、棉、麻、丝等天然纤维，由于长期接触阳光和空气，与氧发生化学作用，会使这些天然纤维褪色、变色、老化、脆化、分子链裂解，造成纤维强度大大下降，这就是氧化。氧化严重损害农产品的使用价值，进而影响其销售，造成损失。为此，在储存过程中要防止产品裸露在外，避免暴晒和阳光照射，保持仓库内的通风散热，阴凉干燥。

2. 由农产品自燃而造成的损失

有些农产品，如粮食、棉花在氧化过程中产生热量，有时热量达到一定程度，会发生自燃，因此会带来损失。例如，棉花的阴燃，其主要原因是不适宜地加工了超水分的籽棉，生产出的成品皮棉超过 8% 的安全水分。棉纤维中含有部分腊质脂肪和果胶，这些物质都是微生物的养料。而微生物（如霉菌）在呼吸繁殖过程中产生热量。由于加工的皮棉榨包成形后的导热性能差，其内部热量散发不出去，内在温度便逐渐升高，便会引起棉纤维霉变酸败，进一步分解氧化。如果它的内在温度继续升高，反应速度加快，由于积热散发不出，它的内热达到 150℃ ~200℃，这时，就会自内部发生燃烧并向外伸延，即阴燃。在堆存码垛后察觉不了，它在包垛内通过细小的棉纤维孔隙内的氧气形成阴燃，一时不见烟，也看不到火。它的持续时间很长，短时可待 6 ~7 天，长时能达一个多月才能被发现。待其内部温度越来越高，热量产生自燃向四

周蔓延，这时可嗅到焦臭味。发现棉包失火，抢救时需先往包垛内注水，然后挪包，将阴燃的包挪到另一角落。先往四周注水，再拆包检查扑灭。因此，籽棉入库验收要严格按正常含水率验级收购，绝对不能入库超水分的棉花。

3．溶化造成的损失

当吸收水分达到一定程度时，有些农产品，就会发生溶化现象，部分或全部变为液体，造成损失。这是由空气湿度大引起的。空气湿度越大，吸湿性越强，吸湿速度越快，溶化速度也越快，损失也越大。因此，要防止发生溶化，其基本措施是降低空气湿度。

4．由于农产品破碎造成的损失

有些农产品如鸡蛋、鲜果、鲜花、蔬菜等，受到机械力的碰撞，挤压时便会破碎，造成货物的损失。为此，要采用适当的包装材料和包装方式，要坚固结实，使货物不至于受挤压，装卸、搬运、翻堆倒垛时要轻拿轻放。

5．由于虫害造成的损失

仓库害虫有飞翔和爬行的能力，会爬进或飞进仓库而危害储存的货物。此外，仓储的机械和用具、包装、交通工具等，都可以成为仓库害虫的载体，将害虫由此地传播到彼地。仓库害虫主要有：黑皮蠹，危害粮食、皮革、羊毛等。竹长蠹，危害竹、藤，成虫危害木竹。星天牛，主要危害树木。这些害虫的繁殖、生存会使仓库中的农产品遭受到损失。为此，在仓储管理中要贯彻“以防为主，防治结合”的方针，同时对仓库害虫的防治要采取治早、治少、治了的原则。具体措施有：

（1）禁止有危害性的害虫由国外传入或由国内传出，做好进出口农产品的检疫，对出入境人员携带的来自疫区的农产品要坚决不能使之进入我国国境。

（2）对国内已经发生害虫的局部地区进行一定范围的封锁，防止传播。

（3）对已经传播来的害虫采取措施，控制扩展，及早消灭。

（4）对入库货物要严格入库前验收，若发现货物上或包装上有害虫，应及早处理。此外，货物在保管期间要定期进行检查。

（5）测报虫情。有关人员必须加强虫情观察，掌握害虫的生存、繁殖规律，尤其在成虫活动季节，加强在库货物的检查。

（6）低温、高温杀虫。仓库害虫一般在环境温度为 8 ~ 15℃时，开始停止活动；4 ~ 8℃时，处于冷麻痹状态，延长这种状态的时间，害虫就会死亡。高温杀虫即利用害虫畏怕高温的特点，提高温度，杀死害虫，一般害虫在 50℃以上的高温下，包括各个发育期的害虫，卵、蛹均可杀死，70℃时，只需要30分钟，即可杀死害虫。可利用日光曝晒，但晒后的货物要充分散热，才能装入包装上垛。而且晒的货物应是不怕溶化、褪色、干裂的，如中药材。

（7）机械和人工清理。对于粮食及部分粒状药材类，一般在曝晒后利用风车、筛子和其他人工器械进行扇、筛。对筛出的碎屑与害虫要集中烧掉。

（8）远红外线防治害虫。利用远红外线的光辐射以及所产生的高温，快速干燥粮食并杀死害虫。

（9）微波防治害虫，根据微波的热效应原理，由于虫体内有一定量的水分，害虫经微波加热处理，体内的水分子发生振动摩擦而产生热量，微波被水吸收转变成热能，从而促使害虫迅速死亡。采用这种方法时，操作人员要采取必要的防护措施，因为微波对人体的健康有一定影响。

此外，在不影响农产品的使用价值的前提下，可采取一些安全的、无残留的化学药剂杀灭害虫，还可利用害虫的天敌来防治害虫。

6. 由于鼠害造成的损失

老鼠喜食啃咬多种农产品，会给储存的农产品造成损失。因此，要加强预防，全面堵塞，大力捕杀。可以在库内投放安全的鼠药。保持门窗严紧，一切角落墙根可用碎玻璃渣拌水泥白灰抹死。易招鼠咬的货物放在门窗严密、地面坚固的仓库内，要经常检查，发现迹象，及时捕捉。仓库内外经常打扫，不留存杂草、包装物、散碎砖块、垃圾等杂物，不给老鼠栖身穴居之处。经常检查货场、货台四周各处，对发现有老鼠在库外部货台货棚地面上所盗的洞口，可往鼠洞内灌浇用灭鼠药拌好的食物，然后用水泥白灰泥浆灌注，断其出路。凡捕到的活鼠，注意不能用油浇鼠身点火烧它，防止其身着火后猛力挣扎、逃脱，身带火种窜入货垛、仓库或货物之内而引起火灾。

7. 渗漏造成的损失

有些农产品，如食油、蜂蜜等，若包装破损或封闭不严，可使内装的货物漏出。应选用结实不易渗漏的包装盛具盛装并封严出口，同时要勤于检查，及时发现和补救。

8. 由微生物引起的霉变造成的损失

与霉变有关的微生物主要有细菌、酵母菌、霉菌等。只要温、湿度适宜，微生物就会在农产品中吸收蛋白质、脂肪等营养物，迅速繁殖，造成货物的变质或腐烂，失去其使用价值。防止霉变，要控制储存环境的温、湿度，使其适合不同的农产品的特性。还可采用化学药剂抑制，但要注意化学药剂不会对货物有损害或残留。此外，还可采用射线照射等方法杀灭微生物，防止霉变。

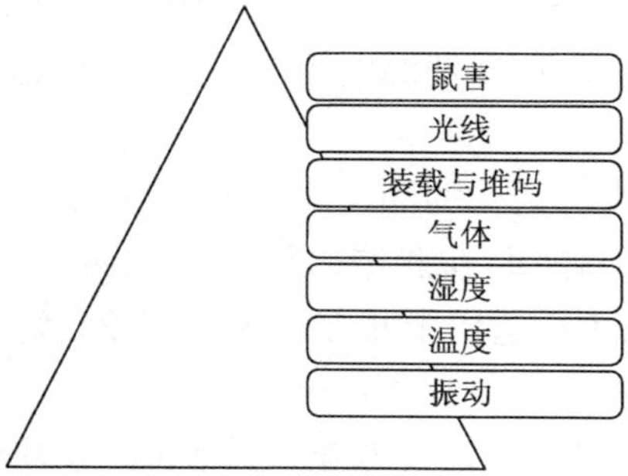

图 3-1　选择储运方式需考虑的因素

二、农产品的储存方法

1. 常规储存

常规储存是指采用一般库房，不配备其他特殊技术设施的储存方式。其特点是简单易行，适宜储存含水分较少的干性耐储货物。常规储存应注意一是要通风，二是储存时间不宜过长。

2. 沟藏和堆藏

沟藏是将农产品如蔬菜堆放在沟或坑内，达到一定的厚度，面上一般只用土覆盖。沟藏的保温保湿性能比堆藏好，广泛应用于我国北方地区，多用来储藏根菜，如北京的沟藏萝卜，山东、江苏、浙江等地的姜。贮藏沟的宽、深度也要根据当地的气湿及农产品本身对温度的要求而定。如各地萝卜和胡萝卜贮藏沟的深度从南方到北方可逐渐加深：徐州、开封一带为 0.6 米，济南约 1.0 米，北京 1.0 ~ 1.2 米，沈阳约 1.5 米。沟越深，保温越好，降温则越困难。埋藏沟的宽度一般为 1.0 ~ 1.5 米。堆藏是将农产品如蔬菜直接堆放在田间地面或浅坑中，或在荫棚里堆成圆形或长条形的垛，表面用土壤和席子、秸杆等覆盖。贮藏堆的宽度和高度应根据当地气候特点、产品本身的种类和用途而定。

3. 窖窖储存

这种储藏方式在我国南北方各地都有，有多种形式，如棚窖、井窖和窑窖（西北的黄土高原常采用这种方式）。窑窖通常是在土质坚实的山坡或土丘上挖窑洞。为避免阳光直射，窖身多是坐南朝北或坐西朝东。这是民间的传统储存农产品的方法。其特点是：储存环境氧气稀薄，二氧化碳浓度大，既能抑制微生物活动和各种害虫的繁殖，又不易受外界温、湿度和气压变化的影响，可采用散堆、架堆、筐贮。产品中间应保持适当的空间距离，以利于空气流通和散热，可测定其温度，并把温度控制在适宜的范围之内。

4. 通风库储存

通风库是砖、木、水泥结构的固定式建筑。它利用空气对流的原理，引入外界的冷空气而起降温作用，在建造时设置了完善的通风系统和隔热结构，可以常年和长期使用，主要适用于北方地区，但上海、南京等地也有使用。

5. 冷藏储存

在温暖的地区和季节，缺乏自然条件降温时，就须采用人工降温的方法以达到低温，即人工冷藏。其方法包括：

（1）冰藏。主要在华北、东北地区采用较多，西北地区也有应用。产品在加冰贮藏时，它散发出来的热量被冰块溶化而吸收。冰不断溶化，就使产品温度不断地下降。目前，蒜薹多用冰窖贮藏或恒温库气调贮藏。冰窖最好建在冰源附近。

（2）机械冷藏。机械冷藏是指利用机械设备，将库内的热传到库外，使库内温度降低，以延长农产品的储存时间。其特点是效果好，但费用较高。常见的有冷库、冷藏车、冷藏柜、电冰箱，一般多用于储存动物类鲜活农产品和鲜果类农产品。

6. 气调保鲜储存

气调保鲜储存是调整储存环境气体成分的冷藏方法，是一种由冷藏、减少环境中的氧气、增加二氧化碳构成的综合保鲜方法。气调保鲜的方法主要有快速降氧、自然降氧和减压降氧。在气调中要恰当地掌握每一种农产品的贮藏温度和气体成分的含量，这是气调保鲜的关键。具体方法有塑料小包装、硅橡胶窗（可使袋内的二氧化碳通过硅窗向外扩散，使氧气进入袋内）、充氮降氧及气调冷库等。适用范围较广，特别适宜储存鲜活农产品，如果品、蔬菜等。随着塑料工业的兴起和发展，果蔬自发气调贮存的容器已被各种类型的塑料薄膜所代替，并且迅速推广。有些单位选用不同配方和厚度的塑料薄膜做成袋或大帐，将水果或蔬菜封闭在袋或帐中贮存。由于薄膜有一定的透气性，在比较稳定适宜的低温下，袋或帐内可较长期地保持二氧化碳和氧的衡定浓度和比例，符合果蔬贮存的气调环境要求。

三、农产品的各种运输方式

农产品运输，是实现产品从生产到消费的空间转移，是生产在流通过程中的延续。农产品经纪人需要根据农产品的地理分布、客户的地理位置选择合理的运输路线；还要结合农产品的特性，选择合理的运输工具和运输方式。

1. 铁路运输

我国的铁路运输包括国内铁路运输；国际铁路货物联运，对香港、澳门特别行政区的铁路运输视作对外贸易铁路运输。铁路运输具有运量大、安全可靠、运输准确及连续性强等优点。

2. 公路运输

公路运输机动灵活，简捷方便，可以深入到乡（镇）、村，但公路运输载货有限，运输成本高，运输风险也较大。

3. 航空运输

这种运输方式具有交货迅速、包装简化、减少保险和储存费用，保证运输质量且不受地面条件限制等优点，适宜于易腐、鲜活和季节性强的商品运输。

4. 海洋运输

海洋运输是指利用船舶在海上行驶来运输货物，具有运量大、运费低廉、不受道路和轨道限制的优点。

5. 内河运输

内河运输是水上运输的一个组成部分。我国有着广阔的内河运输网。内河运输具有投资少、运量大、成本低的优点。

6. 邮政运输

付清邮资，把货物交给邮局，取得邮政包裹收据后，货物即由邮局发出。收件人可凭邮局到件通知去邮局提取货物。手续简便，费用不高，适用重量轻、体积小的货物的传递。

7. 国际多式运输

国际多式运输是在集装箱运输的基础上产生和发展起来的一种综合性的连贯运输方式，它一般以集装箱为媒介，把各种单一的运输方式有机地结合起来，组成一种国际性的连贯运输。此种方式有简化手续、加快货运速度、方便运输费用计算、缩短发货人收回货款时间的优点，而且有助于货运质量的提高。货物的交接也可以做到门到门、门到港站、港站到港站、港站到门等。

四、农产品运输应注意的问题

1．合理选择运输工具

不同的运输工具，具有不同的特点。运输工具的选择使用，要分别根据不同农产品的特点、不同运程、不同地区的地理与交通条件，按照农产品的数量及其价值的大小、性质特点、运输远近以及市场需求缓急，合理选择使用。

2．提高运输工具的使用效能

在合理选择运输工具的同时，要积极有效地提高运输工具的使用效能，用同样的运费，装运更多的农产品，节约运力。提高运输工具使用效能的方法通常有以下几种：

（1）提高技术装载量。农产品在车船上配装、积载、堆码的方法和技巧，称为农产品装载技术。运用农产品装载技术，在各种运输工具上所装载的农产品数量，称为技术装载量。提高车船技术装载量常用的方法：

① 组织轻重配装。车船装载重载农产品，可以装足重量，但浪费容积；装载轻泡农产品，能装满容积，又浪费吨位。组织轻重配装，就是要达到装满容积，载足吨位。

② 货物解体装载，在不影响农产品质量的前提下，可将农产品拆解成几个部分，分别包装，然后装运。这不但便于装卸，而且可以大大压缩农产品的占用空间，提高运输工具的装载量，从而也减轻运输费用，节约运力。

③ 改进堆码方法。在运输工具上堆码农产品，一要重视采用机械捆包，压缩农产品体积。二要重视农产品包装标准化，以便利堆码。三要重视改变农产品包装形态，以减少包装间的空隙。堆码农产品时，要根据车船类型、农产品性质、包装形状等特点，分别采取压缝堆码、多层装载等堆码形式，做到巧装密摆，码牢装紧，增加车船实载数量。

（2）加速车船运转。要逐步实现装卸机械化，不断提高装卸效率，缩短车船装卸农产品的停留时间；要不断改进装卸技术和方法，做到快装快卸，提高装卸工作效率，加速车船运转。

（3）开展捎脚运输。即利用未满载的车船或回空运力，在不增加过多的停留时间的情况下，见缝插针，捎带顺路货物的一种提高运输工具使用效能的方式。它能够在不增加车船或其他运输设备的情况下，挖掘运输潜力，提高运输工具的使用率，完成更多的货运任务。

第五节 我国铁路、公路主干线的分布

一、我国十大主要铁路干线

铁路网是由相互联结的铁路干线、支线、联络线和铁路枢纽构成的铁路网系统。目前我国已形成了全国以北京为中心，各省以省会为中心伸展线路的铁路网骨架，连接着许多不同规模的铁路枢纽。构成我国铁路网骨架的主要干线有：

1. 南北交通的中枢：京广线

从北京南下经石家庄、郑州、武汉、长沙直达祖国南大门广州。沿途纵贯六省市，跨越五大流域，途经华北平原、两湖平原、江南丘陵，穿越南岭山地，连接珠江三角洲，沿线人口稠密，物产富饶，经济发达，城镇密布，运输十分繁忙。南运货物主要有煤炭、钢铁、木材及出口物资，北运货物主要有稻米、有色金属及进口物资。

2. 东西沿海地区交通大动脉：京沪线

京沪线始于北京，经天津、济南、徐州、南京直抵我国最大城市上海。贯穿京、津、沪三个直辖市和冀、鲁、苏、皖四省，跨越四大水系，连接华北平原、江淮平原和长江三角洲。京沪线北接京沈线，南接沪杭。京沪线沿线地势低平，人口稠密，城镇众多，煤炭资源丰富，经济发达，是我国重要的工农业生产基地。南运的货物主要是煤炭、钢铁、木材、棉花等，北运货物主要有机械、仪表、百货等。

3. 纵贯南北的第二大交通中枢：北同蒲——太焦——焦柳

全线北起山西大同，经太原、焦作、枝城达柳州。基本上与京广线平行。沿线经过五省区，跨越三大流域，纵贯黄土高原、豫西山地、江汉平原、湘西山地和两广丘陵，全长2395公里。沿线盛产粮、棉、油、烟叶等农副产品及煤、有色金属等矿产。该线对改善我国铁路布局，提高晋煤外运能力，分流京广运量，都具有重要作用。

4. 纵贯南北的第三大交通中枢：京九线

京九线始于北京，从天津、河北、山东、河南、安徽、湖北、江西、广东直抵香港九龙，全长2538公里。沿线跨越海河、黄河、淮河、长江、珠江五大水系，纵贯华北平原、鄱阳湖平原、大别山、井冈山、两广丘陵。沿线地区不仅是我国粮棉油等农副产品的重要产区，也是矿产资源、旅游资源非常丰富的地区。该线对促进沿线经济的发展，维持香港的长期稳定的繁荣，都有重要作用。

5. 纵贯西南地区的南北干线：宝成——成昆线

该线北起宝鸡，翻越秦岭、大巴山，穿越川西平原，飞越岷江，横跨金沙江，到达昆明，全长1754公里，沿途多崇山峻岭、急流险滩，有许多“地下铁路”、“空中车站”。成昆铁路桥、隧道总长度占线路总长度的40%，工程之艰巨为世界铁路建筑史上所罕见。该线在宝鸡与陇海线衔接，在成都与成渝线相接。沿线是我国特产丰富的多民族聚居地区，蕴藏着丰富的矿产资源和森林资源，铁路的建成促进了西南地区的经济建设。它也是连接西北地区的重要通道。

6. 横贯中原和西北的大动脉：陇海——兰新线

该线东起黄海之滨的连云港，经郑州、西安、兰州进抵乌鲁木齐，途径六省区，横贯黄淮平原、豫中平原、关中平原、黄土高原，穿过河西走廊、吐鲁番盆地，翻越天山山脉到达北疆，全长3652公里，是我国最长的一条铁路干线。沿途经过我国许多古都和历史文化名城，沿线有丰富的煤炭、石油等矿产和棉花、畜产品等。这条铁路的修建，对于沟通经济发达的东部地区和正在发展的西北地区的经济联系、促进西部地区经济和旅游事业发展、巩固边防有重大意义。另外，由此铁路西行经中亚地区可直抵波罗的海沿岸及大西洋沿岸，成为世界上最重要的一条“亚欧大陆桥”，是我国通往中亚、中东、欧洲的捷径。这条陆桥的沟通，对发展我国外贸事业、加速沿边开放将起重要作用。

7. 京包——包兰线

京包线自北京西行经呼和浩特至包头，全长833公里。包兰线自包头西行南下经银川至兰州，全长980公里。该线东起北京，越冀北山地，跨张北高原、内蒙古高原、过河套平原、宁夏平原至兰州，连接六省（市、区），沟通华北和西北。沿线煤、铁、池盐、磷矿等资源丰富，又分布着我国重要的畜牧业基地和商品粮基地。西运货物主要有钢铁、机械、木材等；东运货物以煤炭、矿石、畜产品为主。

8. 横贯江南的东西干线：沪杭——浙赣——湘黔——贵昆线

全线东起上海，经浙江、江西、湘、黔、滇等六省市，连接长江三角洲、江南丘陵和云贵高原，全长 2677 公里，是横贯江南的东西大动脉。该线东段人口密集，工农业发达，西段煤、铁等资源丰富。东运的货物主要有粮食、木材、有色金属等，西运的货物主要有钢铁、机械、水泥、日用百货等。

9. 自成体系的东北铁路网主干线：哈大、滨洲——滨绥线

东北铁路网以哈尔滨、沈阳为中心，由哈大、滨洲——滨绥线相接构成“丁”字形骨架，联接全区 70 多条干支线，独具一格，自成体系。哈大线北起哈尔滨，经长春、沈阳、鞍山到大连，全长 944 公里。哈大线联结东北三省主要的工业中心、政治中心和最大海港，通过重要的农业区和人口密集地带，是我国通运能力最强、客货量最大的主干线之一，成为东北地区经济发展的支柱。滨洲——滨绥线西起满洲里，经哈尔滨至绥芬河，全长 1483 公里。两端都与俄罗斯的铁路接轨，是一条重要的国际铁路线。沿途特产极为丰富，是我国木材、粮食、畜产品供应基地，也是石油、煤炭、木材等产地。

10. 沟通关内外的干线：京沈线、京通线

京沈线南起北京，经天津、秦皇岛出山海关，沿辽西走廊到沈阳，全长 850 公里，是我国客货运密度最大的铁路干线之一，也是联系关内外的最主要通道。沿途是我国重要城市以及煤炭、钢铁、机械、石油等生产基地集中的地区。京通线自北京郊区昌平，经内蒙古赤峰至通辽，全长 870 公里，是晋煤出关和东北木材外运的重要铁路，也是沟通华北和东北的第二条铁路干线，对减轻京沈线的运输压力和促进内蒙古东部的经济开发有很大意义。

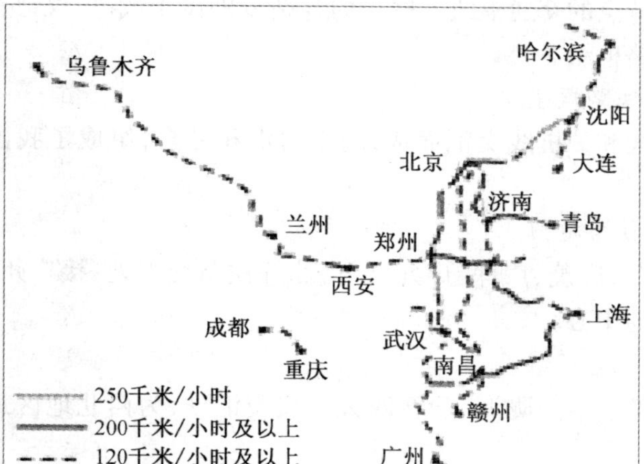

图 3-2　中国主要铁路干线和铁路枢纽分布示意图

二、我国的主要铁路枢纽

铁路枢纽是指在两条或两条以上的铁路线交汇处，由若干个车站、线路及一系列设备组成的运输生产综合体。铁路枢纽的任务是办理各线间大量客货列车的解体、编组、转线等业务。铁路网就是由众多的大大小小性质不同的铁路枢纽和铁路线组成的。我国铁路枢纽众多，重要的铁路枢纽有北京、郑州、天津、广州、株州、武汉、上海、徐州、石家庄、哈尔滨、沈阳、贵阳、重庆、昆明、成都、柳州、西安、乌鲁木齐、兰州、呼和浩特等。

1. 北京铁路枢纽

由京广、京沈、京包、京九、京秦、京承、京通、京原等铁路线交汇而成，是我国最大的铁路枢纽，负责通向全国各地的列车编组作业。

2. 天津铁路枢纽

地处津沪和京沈两大重要干线交汇处，并与天津港相衔接，为北方最大的水陆联运中心，承担着繁重的运输任务。天津站既是客货混合站，又是编组站。

3. 郑州铁路枢纽

位于陇海和京广两条重要铁路干线交汇处，居全国铁路网的中心。郑州北站是全国著名的大型编组站。

4. 武汉铁路枢纽

位于京广、汉丹和武九等铁路线的交汇处，并与长江航道相连，是一个以水陆中转为特点的交通枢纽。枢纽的各站分别设于武昌、汉口、汉阳，是一个延伸式的铁路枢纽。

5. 上海铁路枢纽

由津沪线和沪杭线交汇而成，与上海港相结合，组成了我国最大的水陆交通枢纽。

6. 广州铁路枢纽

地处京广、广茂、广深、广九、广梅汕等铁路交汇处，接广州港，是南方最大的水陆交通中心。

7. 兰州铁路枢纽

位于包兰、兰青、陇海、兰新四大干线交汇处，为西北地区最重要的铁路枢纽。

8. 沈阳铁路枢纽

地处哈大、京沈、沈丹和沈吉等铁路线交汇处，是东北南部地区最大的铁路枢纽。

9. 哈尔滨铁路枢纽

位于哈大、滨洲、滨绥、滨北、滨吉、滨佳等铁路线交汇处,是东北北部地区最大的铁路枢纽。

10. 成都铁路枢纽

地处宝成、成昆、成渝等铁路线交汇处,为一环形枢纽。

11. 重庆铁路枢纽

地处襄渝、成渝、川黔等铁路线交汇处,联接重庆港,是西南地区最大的水陆交通中心。

12. 贵阳铁路枢纽

位于黔桂、贵昆、川黔和湘黔等铁路干线交汇处,系新中国成立后形成的铁路枢纽。

三、我国的公路主干线

公路运输是一种投资少、运量小、耗能多、速度快、运费高、灵活性强、门到门的运输方式。一般用作短途运输和铁路、水运的辅助运输,但在边远地区和缺乏铁路的地区,则为运输主力。由于汽车大型化、高速化和高速公路的建设,国外许多国家的公路运输已成为运输业的主力。

(一)以北京为中心的放射线国道

其编号为1××。主要道路:

1. 101国道:北京、承德、朝阳、沈阳,全长909公里。

2. 102国道:北京、山海关、沈阳、长春、哈尔滨,全长1297公里。

3. 103国道:北京、天津、塘沽,全长162公里。

4. 104国道:北京、德州、济南、徐州、南京、湖州、杭州、温州、福州,全长2420公里。

5. 105国道:北京、沧州、济宁、商丘、亳州、黄梅、九江、南昌、赣州、广州、顺德、中山、珠海,全长2717公里。

6. 106国道:北京、濮阳、东明、新蔡、麻城、鄂州、醴陵、韶关、广州,全长2466公里。

7. 107国道:北京、石家庄、郑州、武汉、长沙、广州、深圳,全长2698公里。

8. 108国道:北京、太原、西安、成都、昆明,全长3346公里。

9. 109国道:北京、大同、清水河、银川、兰州、西宁、拉萨,全长3901公里。

10. 110 国道:北京、呼尔浩特、银川,全长 1176 公里。

11. 111 国道:北京、赤峰、通辽、乌兰浩特、加格达奇,全长 2123 公里。

12. 112 国道:北京环线,宣化、唐山、天津、涞源,全长 899 公里。

(二) 南北走向国道

其编号为 2××。主要道路有:

1. 201 国道:鹤岗、牡丹江、通化、丹东、大连,全长 1919 公里。

2. 202 国道:黑河、哈尔滨、吉林、沈阳、大连,全长 1774 公里。

3. 203 国道:明水、松原、沈阳,全长 720 公里。

4. 204 国道:烟台、莱阳、赣榆、连云港、盐城、南通、上海,全长 1031 公里。

5. 205 国道:山海关、昌黎、唐山、淄博、莱芜、淮阴、南京、马鞍山、芜湖、黄山、开化、建瓯、三明、上杭、梅州、惠州、深圳,全长 3104 公里。

6. 206 国道:烟台、潍坊、徐州、宿州、合肥、景德镇、梅州、丰顺,全长 2302 公里。

7. 207 国道:锡林浩特、张家口、阳泉、晋城、登封、襄阳、醴陵、梧州、雷州、徐闻、海安,全长 3738 公里。

8. 208 国道:二连浩特、乌兰察布、太原、长治,全长 990 公里。

9. 209 国道:呼尔浩特、清水河、运城、三门峡、恩施、怀化、柳州、北海,全长 3435 公里。

10. 210 国道:包头、延安、西安、重庆、贵阳、南丹、马山,全长 2967 公里。

11. 211 国道:银川、西安,全长 691 公里。

12. 212 国道:兰州、广元、广安、重庆,全长 1302 公里。

13. 213 国道:兰州、茂县、成都、昆明、普洱、磨憨,全长 2827 公里。

14. 214 国道:西宁、昌都、香格里拉、大理、景洪,全长 3256 公里。

15. 215 国道:红柳园、敦煌、格尔木,全长 641 公里。

16. 216 国道:阿勒泰、乌鲁木齐、巴伦台,全长 857 公里。

17. 217 国道:阿勒泰、克拉玛依、奎屯、库车、墨玉,全长 1753 公里。

18. 218 国道:伊宁、库尔勒、若羌,全长 1067 公里。

19. 219 国道:叶城、日土、昂仁、拉孜,全长 2342 公里。

20. 220 国道:东营、济南、菏泽、开封、郑州,全长 585 公里。

21. 221 国道:哈尔滨、佳木斯、富锦、同江,全长 668 公里。

22. 222 国道:哈尔滨、绥化、铁力、伊春,全长 363 公里。

23. 223 国道:海口、琼海、三亚,全长 328 公里。

24. 224 国道:海口、通什、三亚,全长 309 公里。

25. 225 国道:海口、儋州、三亚,全长 429 公里。

26. 226 国道:楚雄 、双柏、墨江,全长 288 公里。

27. 227 国道:西宁、大通、民乐、张掖,全长 347 公里。

(三) 东西走向的国道

其编号为 3 × ×。主要道路有:

1. 301 国道:绥芬河、哈尔滨、大庆、齐齐哈尔、满洲里,全长 1680 公里。

2. 302 国道:珲春、吉林、长春、乌兰浩特,全长 1028 公里。

3. 303 国道:集安、四平、通辽、锡林浩特,全长 1263 公里。

4. 304 国道:丹东、本溪、沈阳、通辽、霍林郭勒,全长 889 公里。

5. 305 国道:庄河、营口、盘锦、哈拉道口、林西,全长 815 公里。

6. 306 国道:绥中、建昌、宁城、克什克腾旗,全长 497 公里。

7. 307 国道:黄骅港、沧州、石家庄、阳泉、太原、汾阳、银川,全长 1351 公里。

8. 308 国道:青岛、潍坊、淄博、清河、石家庄,全长 637 公里。

9. 309 国道:荣成、莱阳、淄博、济南、邯郸、临汾、兰州,全长 2208 公里。

10. 310 国道:连云港、砀山、商丘、开封、洛阳、潼关、宝鸡、天水,全长 1613 公里。

11. 311 国道:徐州、亳州、许昌、鲁山、西峡,全长 748 公里。

12. 312 国道:上海、苏州、无锡、常州、南京、全椒、合肥、固始、南阳、商南、西安、长武、平凉、兰州、张掖、酒泉、哈密、吐鲁番、乌鲁木齐、石河子、霍城、伊宁,全长 4967 公里。

13. 314 国道:乌鲁木齐、库尔勒、库车、阿克苏、喀什、红其拉甫,全长 1948 公里。

14. 315 国道:西宁、若羌、和田、泽普、喀什,全长 3063 公里。

15. 316 国道:福州、邵武、资溪、南昌、大冶、襄阳、白河、安康、汉中、两当、天水、陇西、兰州,全长 2915 公里。

16. 317 国道:成都、都江堰、甘孜、昌都、那曲,全长 2043 公里。

17. 318 国道:上海、湖州、广德、安庆、英山、武汉、利川、万州、南充、成都、雅安、巴塘、芒康、林芝、拉萨、日喀则、拉孜、友谊桥,全长 5476 公里。

18. 319 国道:厦门、漳州、长汀、瑞金、井冈山、浏阳、长沙、吉首、秀山、重庆、安岳、成都,全长 2984 公里。

19. 320 国道:上海、嘉兴、杭州、衢州、上饶、鹰潭、南昌、萍乡、醴陵、湘潭、芷江、玉屏、贵阳、普安、富源、楚雄、保山、瑞丽,全长 3695 公里。

20. 321 国道:广州、肇庆、梧州、荔浦、桂林、榕江、贵阳、毕节、泸州、内江、资阳、成都,全长 2220 公里。

21. 322 国道:衡阳、祁阳、全州、桂林、柳州、南宁、凭祥友谊关,全长 1039 公里。

22. 323 国道:瑞金、赣州、南康、韶关、贺州、柳州、巴马、百色、普洱、临沧,全长 2915 公里。

23. 324 国道:福州、泉州、漳州、汕头、惠州、广州、容县、玉林、南宁、百色、兴义、罗平、石林、昆明,全长 2712 公里。

24. 325 国道:广州、佛山、开平、电白、合浦、南宁,全长 868 公里。

25. 326 国道:秀山、德江、遵义、毕节、石林、开远、河口,全长 1562 公里。

26. 327 国道:菏泽、济宁、曲阜、临沂、连云港,全长 424 公里。

27. 328 国道:海安、扬州、仪征、南京,全长 224 公里。

28. 329 国道:杭州、绍兴、慈溪、宁波、舟山、普陀区,全长 292 公里。

29. 330 国道:温州、丽水、永康、金华、兰溪、寿昌,全长 327 公里。

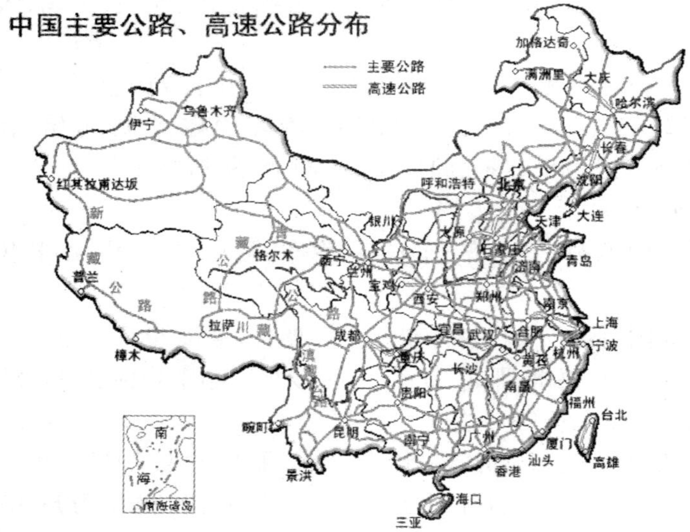

图 3-3　中国主要公路、高速公路分布图

第四章　农产品食品安全

“吃荤的怕激素,吃素的怕毒素,喝饮料怕色素,吃什么心里都没数……”这是网上流传的段子。近几年,我国食品安全事件频发,“苏丹红”、“毒豇豆”、“问题奶粉”、“地沟油”……这些问题食品不仅直接危害人类的健康,而且还严重影响经济和社会的发展。要解决中国食品的安全问题,应该大力发展无公害食品、绿色食品和有机食品。

第一节　无公害食品

一、无公害食品标准体系

无公害食品标准主要包括无公害食品行业标准和农产品安全质量国家标准,二者同时颁布。无公害食品行业标准由农业部制定,是无公害农产品认证的主要依据;农产品安全质量国家标准由国家质量技术监督检验检疫总局制定。

无公害农产品是指产地环境、生产过程、产品质量等符合国家有关标准和规范的要求,经认证合格获得认证证书并允许使用无公害农产品标志的未经加工或初加工的食用农产品。由于无公害农产品认证是政府行为,认证不收费。

无公害农产品标志图案主要由麦穗、对勾和无公害农产品字样组成,麦穗代表农产品,对勾表示合格,金色寓意成熟和丰收,绿色象征环保和安全。

二、无公害食品行业标准

建立和完善无公害食品标准体系,是全面推进“无公害食品行动计划”的重要内容,也是开展无公害食品开发、管理工作的前提条件。农业部 2001 年制定、发布了 73 项无公害食品标准,2002 年制定了 126 项、修订了 11 项无公害食品标准,2004 年又制定了 112 项无公害标准。无公害食品标准内容包括产地环境标准、产品质量标准、生产技术规范和检验检测方法等。标准涉及 120 多个(类)农产品品种,大多数为蔬菜、水果、茶叶、肉、蛋、奶、鱼等关系城乡居民日常生活的"菜篮子"产品。

无公害食品标准以全程质量控制为核心,主要包括产地环境质量标准、生产技术标准和产品标准三个方面,无公害食品标准主要参考绿色食品标准的框架而制定。

1. 无公害食品产地环境质量标准

无公害食品的生产首先受地域环境质量的制约,即只有在生态环境良好的农业生产区域内才能生产出优质、安全的无公害食品。因此,无公害食品产地环境质量标准对产地的空气、农田灌溉水质、渔业水质、畜禽养殖用水和土壤等的各项指标以及浓度限值作出规定:一是强调无公害食品必须产自良好的生态环境地域,以保证无公害食品最终产品的无污染、安全性;二是促进对无公害食品产地环境的保护和改善。

无公害食品产地环境质量标准与绿色食品产地环境质量标准的主要区别是:对无公害食品同一类产品不同品种制定了不同的环境标准,而这些环境标准之间没有或有很小的差异,其指标主要参考了绿色食品产地环境质量标准;绿色食品是同一类产品制定一个通用的环境标准,可操作性更强。

2. 无公害食品生产技术标准

无公害食品生产过程的控制是无公害食品质量控制的关键环节。无公害食品生产技术操作规程按作物种类、畜禽种类和不同农业区域的生产特性分别制定,用于指导无公害食品生产活动,规范无公害食品生产,包括农产品种植、畜禽饲养、水产养殖和食品加工等技术操作规程。

从事无公害农产品生产的单位或者个人,应当严格按规定使用农业投入品,禁止使用国家禁用、淘汰的农业投入品。

无公害食品生产技术标准与绿色食品生产技术标准的主要区别是:无公害食品生产技术标准主要是无公害食品生产技术规程标准,只有部分产品有生产资料使用准则,其生产技术规程标准在产品认证时仅供参考。由于无公害食品的广泛性,决定了无公害食品生产技术标准无法坚持到位。绿色食品生产技术标准包括了绿色食品生产资料使用准则和绿色食品生产技术规程两部分,这是绿色食品的核心标准。绿色食品认证和管理重点坚持绿色食品生产技术标准到位,也只有绿色食品生产技术标准到位才能真正保证绿色食品质量。

3. 无公害食品产品标准

无公害食品产品标准是衡量无公害食品产品质量的指标尺度。它虽然跟普通食品的国家标准一样,规定了食品的外观品质和卫生品质等内容,但其卫生指标不高于国家标准,重点突出了安全指标,安全指标的制定与当前生产实际紧密结合。无公害食品产品标准反映了无公害食品生产、管理和控制的水平,突出了无公害食品无污染、食用安全的特性。

无公害食品产品标准与绿色食品产品标准的主要区别是:二者卫生指标差异很大,绿色食品产品卫生指标明显严于无公害食品产品卫生指标。以黄瓜为例,无公害食品黄瓜卫生指标 11 项,绿色食品黄瓜卫生指标 18 项;无公害食品黄瓜卫生要求敌敌畏≤0.2 mg/kg,绿色食品黄瓜卫生要求敌敌畏≤0.1 mg/kg。另外,绿色食品蔬菜还规定了感官和营养指标的具体要求,而无公害蔬菜没有。绿色食品有包装通用准则,无公害食品没有。

按照国家法律法规规定和食品对人体健康、环境影响的程度,无公害食品的产品标准和产地环境标准为强制性标准,生产技术规范为推荐性标准。

三、农产品安全质量国家标准

为提高蔬菜、水果的食用安全性,保证产品的质量,保护人体健康,发展无公害农产品,促进农业和农村经济可持续发展,国家质量监督检验检疫总局特制定农产品安全质量 GB18406 和 GB/T18407,以提供无公害农产品产地环境和产品质量国家标准。农产品安全质量分为两部分:无公害农产品产地环境要求和无公害农产品产品安全要求。

(一) 无公害农产品产地环境要求

《农产品安全质量》产地环境要求 GB/T18407 – 2001 分为以下四个部分:

1.《农产品安全质量 无公害蔬菜产地环境要求》(GB/T18407.1 – 2001)

该标准对影响无公害蔬菜生产的水、空气、土壤等环境条件按照现行国家标准的有关要求,结合无公害蔬菜生产的实际作出了规定,为无公害蔬菜产地的选择提供了环境质量依据。

2.《农产品安全质量 无公害水果产地环境要求》(GB/T18407.2 – 2001)

该标准对影响无公害水果生产的水、空气、土壤等环境条件按照现行国家标准的有关要求,结合无公害水果生产的实际作出了规定,为无公害水果产地的选择提供了环境质量依据。

3.《农产品安全质量 无公害畜禽肉产地环境要求》(GB/T18407.3－2001)

该标准对影响畜禽生产的养殖场、屠宰和畜禽类产品加工厂的选址和设施,生产的畜禽饮用水、环境空气质量、畜禽场空气环境质量及加工厂水质指标和相应的试验方法、防疫制度、消毒措施按照现行标准的有关要求,结合无公害畜禽生产的实际作出了规定,从而促进我国畜禽产品质量的提高,加强产品安全质量管理,规范市场,促进农产品贸易的发展,保障人民身体健康,维护生产者、经营者和消费者的合法权益。

4.《农产品安全质量 无公害水产品产地环境要求》(GB/T18407.4－2001)

该标准对影响水产品生产的养殖场、水质和底质的指标及相应的试验方法按照现行标准的有关要求,结合无公水产品生产的实际作出了规定,从而规范我国无公害水产品的生产环境,保证无公害水产品正常的生长和水产品的安全质量,促进我国无公害水产品生产。

(二)无公害农产品产品安全要求

《农产品安全质量》产品安全要求 GB18406－2001 分为以下四个部分:

1.《农产品安全质量 无公害蔬菜安全要求》(GB18406.1－2001)

该标准对无公害蔬菜中重金属、硝酸盐、亚硝酸盐和农药残留给出了限量要求和试验方法,这些限量要求和试验方法采用了现行的国家标准,同时也对各地开展农药残留监督管理而开发的农药残留量简易测定给出了方法原理,旨在推动农药残留简易测定法的探索与完善。

2.《农产品安全质量 无公害水果安全要求》(GB18406.2－2001)

该标准对无公害水果中重金属、硝酸盐、亚硝酸盐和农药残留给出了限量要求和试验方法,这些限量要求和试验方法采用了现行的国家标准。

3.《农产品安全质量 无公害畜禽肉安全要求》(GB18406.3－2001)

该标准对无公害畜禽肉产品中重金属、亚硝酸盐、农药和兽药残留给出了限量要求和试验方法,并对畜禽肉产品微生物指标给出了要求,这些有毒有害物质限量要求、微生物指标和试验方法采用了现行的国家标准和相关的行业标准。

4.《农产品安全质量 无公害水产品安全要求》(GB18406.4－2001)

该标准对无公害水产品中的感官、鲜度及微生物指标作了要求,并给出了相应的试验方法,采用了现行的国家标准和相关的行业标准。

第二节　绿色食品

绿色食品是指在无污染的生态环境中种植及全过程标准化生产或加工的农产品，严格控制其有毒有害物质含量，使之符合国家健康安全食品标准，并经专门机构认定，许可使用绿色食品标志的食品。绿色食品在中国是对具有无污染的安全、优质、营养类食品的总称。

一、绿色食品的标志

标志图形为正圆形，意为保护、安全。整个图形描绘了阳光照耀下的和谐生机，告诉人们绿色食品是出自纯净、良好生态环境的安全、无污染食品，能给人们带来蓬勃的生命力。绿色食品标志还提醒人们要保护环境和防止污染，通过改善人与环境的关系，创造自然界新的和谐。

二、绿色食品的标准

1990 年 5 月，中国农业部发布的推荐性农业行业标准（NY/T），是绿色食品生产企业必须遵照执行的标准。该标准规定：

（1）产品或产品原料的产地必须符合绿色食品的生态环境标准。

（2）农作物种植、畜禽饲养、水产养殖及食品加工必须符合绿色食品的生产操作规程。

（3）产品必须符合绿色食品的质量和卫生标准。

（4）产品的标签必须符合中国农业部制定的《绿色食品标志设计标准手册》中的有关规定。绿色食品的标志为绿色正圆形图案，上方为太阳，下方为叶片与蓓蕾，标志的寓意为保护。

在许多国家，绿色食品又有着许多相似的名称和叫法，诸如“生态食品”、“自然食品”、“蓝色天使食品”、“健康食品”、“有机农业食品”等。由于在国际上对保护环境和与之相关的事业已经习惯冠以“绿色”的字样，所以，为了突出这类食品产自良好的生态环境和严格的加工程序，在中国统一被称作“绿色食品”。

三、绿色食品必须具备的条件

（1）产品或产品原料产地必须符合绿色食品生态环境质量标准。

（2）农作物种植、畜禽饲养、水产养殖及食品加工必须符合绿色食品生产操作规程。

（3）产品必须符合绿色食品标准。

（4）产品的包装、贮运必须符合绿色食品包装贮运标准。

四、绿色食品等级

1. 绿色食品的等级

目前，绿色食品标准分为两个技术等级，即AA级绿色食品标准和A级绿色食品标准。

AA级绿色食品标准要求：生产地的环境质量符合《绿色食品产地环境质量标准》，生产过程中不使用化学合成的农药、肥料、食品添加剂、饲料添加剂、兽药及有害于环境和人体健康的生产资料，而是通过使用有机肥、种植绿肥、作物轮作、生物或物理方法等技术，培肥土壤，控制病虫草害，保护或提高产品品质，从而保证产品质量符合绿色食品产品标准要求。

A级绿色食品标准要求：生产地的环境质量符合《绿色食品产地环境质量标准》，生产过程中严格按绿色食品生产资料使用准则和生产操作规程要求，限量使用限定的化学合成生产资料，并积极采用生物学技术和物理方法，保证产品质量符合绿色食品产品标准要求。

2. 绿色食品的识别

绿色食品产品的包装必须做到：

（1）"绿色食品的四位一体"，即标志图形、"绿色食品"文字、编号及防伪标签俱全。

（2）AA级绿色食品标志底色为白色，标志与标准字体为绿色；而A级绿色食品的标志底色为绿色，标志与标准字体为白色。

（3）"产品编号"正后或正下方写上"经中国绿色食品发展中心许可使用绿色食品标志"文字，其英文规范为"Certified Chinese Green Food Product"。

（4）绿色食品包装标签应符合国家《食品标签通用标准》（GB7718－94），标准中规定食品标签上必须标注以下几方面的内容：食品名称，配料表，净含量及固形物含量，制造者、销售者的名称和地址，日期标志（生产日期、保质期)和储藏指南,质量(品质等级),产品标准号,特殊标注内容。

绿色食品标准由农业部发布,属强制性国家行业标准,是绿色食品生产中必须遵循、绿色食品质量认证时必须依据的技术文件。绿色食品标准是应用科学技术原理,在结合绿色食品生产实践的基础上,借鉴国内外相关先进标准制定的。

五、申报绿色食品企业的条件及程序

1. 申报绿色食品企业的条件

《绿色食品标志管理办法》第五条规定:"凡具有绿色食品生产条件的单位和个人均可作为绿色食品标志使用权的申请人。"为了进一步规范管理,《办法》对标志申请人条件具体作了如下规定:

(1)申请人必须要能控制产品生产过程,落实绿色食品生产操作规程,确保产品质量符合绿色食品标准要求。

(2)申报企业要具有一定规模,能承担绿色食品标志使用费。

(3)乡、镇以下从事生产管理、服务的企业作为申请人,必须要有生产基地,并直接组织生产;乡、镇以上的经营、服务企业必须要有隶属于本企业的稳定的生产基地。

(4)申报加工产品企业的生产经营须一年以上。

国家对申报绿色食品标志的范围有明确的规定。以"食"字或"健"字登记的保健食品,均可申报绿色食品标志。经国家公告的既是食品又是药品的品种,如紫苏、菊花、白果、陈皮、红花等,可申报绿色食品标志。药品、香烟不可申报绿色食品标志。

按照绿色食品标准,暂不受理蕨菜、方便面、火腿肠、叶菜类酱菜的申报。为了推动绿色食品事业的发展,1992 年 11 月,经国家人事部批准成立的中国绿色食品发展中心,为绿色食品的具体管理部门,并先后在全国 29 个省、自治区、直辖市成立了绿色食品管理机构,开展绿色食品的质量检验和绿色食品标志使用的审核工作。在受理的几千个产品品种中,按照《绿色食品标志管理办法》的规定严格审定,到 2010 年年底,全国累计有效使用绿色食品标志的企业总数为 6391 家,产品总数为 16748 个。2010 年,全国已有 340 个单位(1 个地市州、262 个县、44 个农场)创建了 479 个绿色食品原料标准化生产基地,种植面积 1 亿多亩,总产量 6547 万吨,基地带动农户 1686 万个农户,对接龙头企业 1256 家,每年直接增加农民收入在 8.4 亿元以上。

2. 绿色食品的申请程序

根据《绿色食品标志管理办法》第六条的规定，申请在产品上使用绿色食品标志的程序：

第一，申请人填写《绿色食品标志使用申请书》一式两份（含附报材料），报所在省（自治区、直辖市、计划单列市，下同）绿色食品管理部门。

第二，省绿色食品管理部门委托通过省级以上计量认证的环境保护监测机构，对该项产品或产品原料的产地进行环境评价。

第三，省绿色食品管理部门对申请材料进行初审，并将初审合格的材料报中国绿色食品发展中心。

第四，中国绿色食品发展中心会同权威的环境保护机构，对上述材料进行审核。合格的由中国绿色食品发展中心指定的食品监测机构对其申报产品进行抽样，并依据绿色食品质量和卫生标准进行检测；对不合格的，当年不再受理其申请。

第五，中国绿色食品发展中心对质量和卫生检测合格的产品进行综合审查（含实地核查），并与符合条件的申请人签订“绿色食品标志使用协议”，由农业部颁发绿色食品标志使用证书及编号，报国家工商行政管理局商标局备案，同时公告于众。对卫生检测不合格的产品，当年不再受理其申请。

中国绿色食品发展中心对企业的申报材料进行审核，如材料合格，将书面通知省绿色食品管理机构并委托其对申报产品进行抽样。省绿色食品管理机构接到中心的委托抽样单后，将委派两名或两名以上绿色食品标志专职管理人员赴申报企业进行抽样，并将抽样品送绿色食品定点食品监测中心，依据技术监测报告，得出终审结果。终审合格后，中国绿色食品发展中心将书面通知申报企业前往中国绿色食品发展中心办理领证手续，并交纳标志服务费。服务费原则上每个产品 1 万元（系列产品优惠）。

绿色食品标志管理人员对所辖区域内绿色食品生产企业每年至少进行一次监督检查，将企业种植、养殖、加工等规程执行情况向中心汇报。

中国绿色食品发展中心每年年初下达抽检任务，指定定点的食品监测机构、环境监测机构对企业使用标志的产品及其原料产地生态环境质量进行抽检，抽检不合格者取消其标志使用权，并公告于众。所有消费者对绿色食品都有监督的权利。消费者有权了解市场中绿色食品的真假，对有质量问题的产品可直接向中心举报。

图 4-1 无公害农产品、绿色食品、有机食品标志

第三节 有机食品

一、有机食品的定义

“有机”不是化学上的概念，而是指采取一种有机的耕作和加工方式。有机食品是指按照这种方式生产和加工的、产品符合国际或国家有机食品要求和标准并通过国家有机食品认证机构认证的一切农副产品及其加工品，包括粮食、蔬菜、水果、奶制品、禽畜产品、蜂蜜、水产品、调料等。

二、有机食品技术规范中的相关定义

1. 有机农业

有机农业指在动植物生产过程中不使用化学合成的农药、化肥、生产调节剂、饲料添加剂等物质，以及基因工程生物及其产物，而是遵循自然规律生态学原理，采取一系列可持续发展的农业技术，协调种植业和养殖业的平衡，维持农业生态系统持续稳定的一种农业生产方式。传统农业指沿用长期积累的农业生产经验，主要以人、畜力进行耕作，采用农业、人工措施或传统农药进行病虫草害防治为主要技术特征的农业生产模式。

2. 有机产品

有机产品指按照本技术规范的要求生产并获得认证的有机食品和其他各类产品，如有机纺织品、皮革、化妆品、林产品、家具以及生物农药、肥料等有机农业生产资料。

3. 有机食品与绿色食品

绿色食品是中国政府主推的一个认证农产品，有绿色 AA 级和 A 级之分，而其 AA 级的生产标准基本上等同于有机农业标准。绿色食品是普通耕作方式生产的农产品向有机食品过渡的一种食品形式。有机食品是食品行业的最高标准。

三、有机食品主要品种

目前经认证的有机食品主要包括一般的有机农作物产品(如粮食、水果、蔬菜等)、有机茶产品、有机食用菌产品、有机畜禽产品、有机水产品、有机蜂产品、有机奶粉采集的野生产品以及用上述产品为原料的加工产品。国内市场销售的有机食品主要是蔬菜、大米、茶叶、蜂蜜、羊奶粉等。

四、有机食品判断标准

(1) 原料来自于有机农业生产体系或野生天然产品。

(2) 有机食品在生产和加工过程中必须严格遵循有机食品生产、采集、加工、包装、贮藏、运输标准,禁止使用化学合成的农药、化肥、激素、抗生素、食品添加剂等,禁止使用基因工程技术及该技术的产物及其衍生物。

(3) 有机食品生产和加工过程中必须建立严格的质量管理体系、生产过程控制体系和追踪体系,因此一般需要有转换期;这个转换过程一般需要 2 ~ 3 年时间,才能够被批准为有机食品。

(4) 有机食品必须通过合法的有机食品认证机构的认证。

五、有机食品的认证要求

有机食品必须是来自于有机农业生产体系,根据国际有机农业生产要求和相应的标准生产加工并通过独立的有机食品认证机构认证的一切农副产品,包括粮食、蔬菜、水果、奶制品、禽畜产品、水产品、调料等。

六、有机食品生产的基本要求

(1) 生产基地在最近三年内未使用过农药、化肥等违禁物质。

(2) 种子或种苗来自自然界,未经基因工程技术改造过。

(3) 生产单位需建立长期的土地培肥、植保、作物轮作和畜禽养殖计划。

(4) 生产基地无水土流失及其他环境问题。

(5) 作物在收获、清洁、干燥、贮存和运输过程中未受化学物质的污染。

(6) 从常规种植向有机种植转换需有两年以上转换期,新垦荒地例外。

(7) 生产全过程必须有完整的记录档案。

七、有机食品加工的基本要求

(1) 原料必须是自己获得有机颁证的产品或野生无污染的天然产品。

(2) 已获得有机认证的原料在最终产品中所占的比例不得少于95%。

(3) 只使用天然的调料、色素和香料等辅助原料,不用人工合成的添加剂。

(4) 在生产、加工、贮存和运输过程中应避免化学物质的污染。

(5) 加工过程必须有完整的档案记录,包括相应的票据。

八、有机食品标准

到目前为止,有机食品尚没有制定出一个统一的国际标准。现将有关国际组织和主要食品生产和贸易国家制定的有机食品标准的情况介绍如下:

(一) 国际组织的有机食品标准

1. IFOAM 的有机食品标准

国际有机农业运动联盟(International Federation of Organic Agriculture Movements,IFOAM)有110个国家700多个会员。IFOAM的基本标准属于非政府组织制定的有机农业/有机食品的标准,由于其标准具有广泛的民主性和代表性,加上每两年修改一次,因而具有权威性和先进性。此外,IFOAM的授权体系,即监督和控制有机农业检查认证机构的组织和准则(IOAS)和其基本标准一样具有很大的国际影响。

IFOAM的基本标准包括了植物生产、动物生产以及加工的各类环节。IFOAM制定的有机农业、有机食品的国际基本标准有以下四个方面。

(1) 前提条件。① 凡标上“有机”标签的产品,生产者和农场必须属IFOAM成员;② 不属于IFOAM的个体生产者不可声明他们是按IFOAM标准进行生产的;③ 不属于IFOAM标准包括农场审查和颁证方案的建议。

(2) 基本标准的框架。① 生产足够数量具有高营养的食品;② 维持和增加土壤的长期肥力;③ 在当地农业系统中尽可能利用可再生资源;④ 在封闭系统中尽可能进行有机物质和营养元素方面的循环利用;⑤ 给所有的牲畜提供生活条件,使它们按自然的生活习性生活;⑥ 避免由于农业技术带来的所有形式的污染;⑦ 维持农业系统遗传基质的多样性,包括植物和野生物环境的保护;⑧ 允许农业生产者获得足够的利润;⑨ 考虑农业系统广泛的社会和生态影响。

（3）采用的方法和技术。可采用遵循自然生态平衡的某些技术，禁止使用农用化学品，如合成肥料、杀虫剂等。

（4）如何使产品成为有机产品。原来不是有机产品，可进行转换，让其变为有机产品，在一定时期内按标准要求进行转换，由每个有机农业颁证机构确定转换过程的时间，并定期（每年）进行评价。转换计划包括：① 增强土地肥力的轮作制度；② 适当的饲料计划（养殖业）；③ 合适的肥料管理方法（种植业）；④ 建立良好环境，以减少病虫害转换周期时间。如果产品在两年之内满足所有标准，则第三年可作为有机产品出售。

2. CAC 的有机食品标准

1999 年，国际食品法典委员会（Codex Alimentarius Commission, CAC）通过了《有机食品的生产、加工、标签和销售导则》（CAC/LG32—1999），其中不包括畜牧生产；2001 年，又通过了该导则的“畜牧与畜牧产品”部分。这样就形成了基本完整的、国际性非政府组织的有机食品标准。

CAC 有机食品标准基本参考了欧盟有机食品标准（EU2092/91）和国际有机农业运动联盟（IFOAM）的《基本标准》。CAC 有机食品标准的制定表明，有机农业、有机食品已得到联合国粮农组织和世界卫生组织的认同，它将有力地推动有机农业、有机食品标准的统一，从而有利于有机农业、有机食品在全球的进一步发展。CAC 有机食品标准的具体内容包括定义、种子与种苗、过渡期、化学品使用、平行生产、收获、贸易和内部质量控制等。此外，标准还对有机农产品的检查、认证和授权体系作了非常具体的说明。

（二）美国的有机食品标准

美国农业部于 1997 年首次提出了一套管理有机食品的国家标准，但农场主和其他有机食品工业的从业人员强烈反对其中的某些规定，因为这些规定没有禁止将下水道的污泥用作肥料，同时允许食品中包含转基因和经过放射处理的成分。美国农业部随后撤消了这套国家标准。

2000 年年底，美国农业部颁布了新的有机食品国家标准。新标准规定，不使用杀虫剂、激素和抗生素；不使用放射线照射；不使用转基因等生物技术；为了提高环境的质量，必须保护土壤，善待家禽。上述规定不仅适用美国国内的食品，也适用从外国进口的食品。

美国的有机食品标准于 2001 年开始实施，对有机食品发放统一许可，由农业部授权的许可发放机构负责检测有机食品是否符合要求，并从 2002 年 10 月 21 日起，在全国范围内统一有机食品的标识，以此代替原来非正式使用的或各州制定的“有机”标识。美国的有机食品标签分为以下四种：

（1）“100% ORGANIC”，完全为有机食品，主要用于蔬菜及水果。

（2）“ORGANIC”，有机率达95%以上的产品。

（3）“MADE WITH ORGANIC INGEDIENTS”，有机率达70%以上的产品。此类产品不贴“有机”的标签，但可以列表显示有机的成分和材料。

（4）“CONTAING ORGANIC INGREDIENTS”，包含有机成分，即有机成分、材料在70%以下的产品。此类产品不贴“有机”标签，但可以列表显示有机的成分、材料。

有机率为100%和95%以上的有机食品上，可以贴上绿色的“USDA ORGANIC”标签。

根据美国有机农业法的规定，所有在美国市场出售有机产品者应由美国农业部认可的认证机构检查和认证，进口产品也必须遵守此规定。因此，向美国出口有机产品者有两种选择，一是出口国与美国达成等同协议，即出口国的认证机构根据本国法律进行检查和认证的产品可以销售到美国并按有机产品销售。二是非美国认证机构直接被美国农业部认可。

（三）欧盟的有机食品标准

欧盟于1991年7月22日就已开始实施由欧洲共同体颁布的NO. 2092/91农产品有机生产法令，从而统一了有机生产的农产品和食品的生产、加工、标签和认证标准。该法令关于有机食品定义涉及范围主要为“未经加工的农作物”和“由一种或多种植物材料制成，供人类消费用的产品”，包括牲畜产品，且用专门的标准。

1. 关于有机食品标准的规定

该法令关于有机食品标准规定主要包括：

（1）只有当某一产品100%的配料，农产、非农产和添加剂均符合该法令（包括附录）要求时，该产品才能在销售标签（产品名称）上注明有机产品。

如果95%的农产配料为有机，而剩余的5%为普通配料，而且尚未经有机生产，并在附录中列明，也可使用有机产品字样。

（2）从1998年1月1日起，表明有机农产配料的最低限度为70%，但并不是说有机配料比重为70%至95%即可使用有机产品标签，而只允许在成分说明中表明有机农产配料所占的比重。

（3）过渡期产品，一般在停止使用化肥后至第三个收获季节为止，只有为单一种农产品配料时，才可标明为有机食品，而且在收获季节前至少12个月必须符合该法令的要求。

2. 关于从非欧盟成员国进口有机食品的规定

该法令制定了从非欧盟成员国进口有机食品的原则,其中最重要的条款是不管有机产品产自何地,都必须符合欧盟规定的要求。由于各国对有机或生态农业的定义不尽相同,因此有必要对“有机”(Organic)一词的最基本含义作统一理解。但是,到目前为止,还没有对有机食品制定出一个权威的标准。不过,近年来以欧盟标准性为范本,美国和日本重新修正原有标准,使得欧美日的有机食品标准正在趋于一致。目前,有两种方式可获得欧盟对出口有机产品的许可:

方式一:根据欧盟法规第 11 章第 1—5 款的规定,非欧盟成员国(第三国)可依下列步骤使其产品在欧盟境内按有机产品出售:

(1) 某一国家或地区的认证代理机构可通过其在布鲁塞尔的官方代表向欧盟委员会申请,将该国列入有机产品出口认可国家的欧盟第三国名单。

(2) 提出申请的国家必须确认该国已建立运行良好的标准系统和监控程序(法规或规定),必须保证其生产、加工标准和系统监控与欧盟法规所要求相吻合。

(3) 所有最重要、最新和最完整的信息必须列明,如生产商、产品类别、种植面积(位置、范围)、未经加工和加工产品数量等。当地政府可以协助生产商、加工商和出口商起草上述文件。

(4) 欧盟委员会审核该申请,并可能要求提供附件资料。

(5) 欧盟委员会投票表决是否批准该申请。如同意,便在欧盟官方杂志上予以公告。

(6) 已列入第三国名单国家的出口商出口其产品时,仅需填写专门表格(specific form)所要求提供的情况。

(7) 根据欧盟上述法规的有关规定,现已获准进入的第三国包括阿根廷、澳大利亚、匈牙利、以色列和瑞士。

方式二:对于从未列入第三国名单的其他非欧盟成员国进口有机产品,根据该法规第六章第六款要求需单独许可,经认证机构核实进口商的情况,获得许可证后才可以进口。

(四) 日本的有机食品标准

1. 实施有机农产品认证

日本农林水产省于 1993 年 4 月制定并实施《有机农产品等青果物特别表

示准则》，力图规范有机农产品的标识，但由于该规定不具备强制性，所以标识仍处于较为混乱的状态。于是，日本农林水产省从20世纪90年代末着手重新为有机食品引进严格的认证制度，即设定严格的标准，使有关认证标准法制化，对违反者予以严厉惩罚，旨在保护有机食品的生产和消费者。新的有机食品认证制度，即修改后的《日本物资规格化和质量表示标准法规》（JAS）于1999年提交日本国会批准。2000年6月10日，日本颁布并开始实施修改后的有机农产品及有机农产品加工食品的JAS标准。

修改后的JAS规定，在日本市场上市的农产品有以下五种标志：

（1）有机农产品：要求必须在三年以上不使用化肥和农药；加工食品中使用95%以上的有机农产品才能标出经过认证的有机农产品标志。

（2）无农药栽培的农产品：完全不使用农药。

（3）无化肥栽培的农产品：完全不使用化肥。

（4）减农药栽培的农产品：农药投放量低于一般投放量一半的农产品。

（5）减化肥栽培的农产品：化肥投放量低于一般投放量一半的农产品。

新标准开始执行后，遗传基因转换技术生产的食品不被承认是有机食品。如通过基因转换技术栽培的大豆等，即使是三年以上不使用化肥和农药也不被承认为有机食品。

有机食品资格认证事务由农林水产省注册的日本国内的认证机构批准。

2. 实施有机畜产品认证

日本发现疯牛病后，消费者对食品安全日益关注。为此，日本农林水产省决定，自2002年起对肉、蛋等畜产品也实施“有机食品”认证制度。对用有机饲料喂养，未使用抗生物质的牛和鸡制作的食品给予“有机食品”的认证。

根据国际有机食品认定机构制定的标准，只使用有机饲料喂养，未使用抗生物质，开放式喂养的畜产品为有机畜产品，以有机畜产品为原料加工的食品为有机产品。日本农林水产省表示将在国际机构规定的标准基础上制定“有机畜产品”的标准。届时，日本农林水产省指定的检查机构将定期到农户检查饲养情况，并对符合标准的畜产品给予“有机畜产品”的认证。

九、有机食品国内外主要颁证机构

国内外有关有机食品的主要颁证机构有：

中国国家环境保护总局有机食品发展中心（OFDC）；

美国国际有机作物改良协会（Organic Crop Improvement Association,

OCIA)；

德国的 ECOCERT、BCS 和 GFRS；

荷兰的 SKAL；

国际瑞士生态研究所 IMO；

日本有机和自然食品协会(Japan Organic & Natural Foods Association，JONA)；

法国的国际有机农业运动联盟(International Federation of Organic Agriculture Movements，IFOAM)等。

美国　欧盟　中国　日本

图 4-2　部分国家和地区的有机产品标志

第四节　农产品贸易的技术性贸易壁垒

一、技术性贸易壁垒的定义

技术性贸易壁垒是指一国制定的一些强制性和非强制性的技术法规、标准以及检验商品的合格性评定程序所形成的贸易障碍，主要有法律、标准、认证制度、检验检疫制度等。

1. 技术法规

技术法规所包含的内容主要涉及劳动安全、环境保护、卫生与健康、交通规则、无线电干扰、节约能源与材料等。

2. 技术标准

工业发达国家对于产品规定了极为严格的技术标准，包括生产标准、试验、检验方法标准和安全卫生标准，既有工业品标准，也有农产品标准。发达国家往往把标准中的技术差异作为贸易保护主义的措施。

3. 质量认证

各国认证体系之间的差异会成为贸易中的技术壁垒。其主要原因有以下几点：一是依据的标准水平不同，二是质量认证体系的内容不同，三是认证机构的地位不同，四是检验机构的水平不同，五是强制性认证与自愿性认证的不同。

4. 商品包装和标签

对商品包装和标签规定苛刻的要求和烦琐的内容是许多国家设置贸易技术壁垒的又一手段。欧盟一直通过产品包装和标签的立法来设置外国产品的进口障碍。标签是商品上必要的文字、图形和符号。许多进口国对进口商品的标签作了严格的规定。

5. 检验程序和检验手续

有些国家为了推行贸易保护主义，当借用技术标准等措施达不到保护目的时，则在产品的试验、检验程序和检验手续上设置重重障碍。

6. 计量单位制

很多出口商品能否顺利销售，有时取决于所使用的计量单位制，如仪器、工具、夹具、模具等。有些国家抵制进口与本国计量单位不一致的商品。

7. 条码

条码是一种可供电子设备识别的符号系统。在一些发达国家，如果商品上没有条码，不能自动识别，就只能进入低档商店。因此，有无条码标志已成为事实上的贸易壁垒。

二、主要国家的农产品技术性贸易壁垒

据商务部调查，目前约有90%的农业及食品出口企业受国外技术性贸易壁垒影响，造成每年近百亿美元的损失。目前，食品土特产和畜牧产品出口行业有89.7%的受调查企业受到技术性贸易壁垒的影响，有82%的企业减少了市场份额，而35%的企业则被挤出市场。在2004年，中国土畜产品因遭受国外技术性贸易壁垒的限制，造成的损失达近百亿美元。中国出口受阻的产品从蔬菜、水果、茶叶到蜂蜜、畜产品和水产品，其中欧盟国家对我出口冻虾、水产品、茶叶、禽肉、果汁等产品设限，美国对我出口禽肉、水产品、蜂蜜等产品设限，日本对我出口蔬菜、蜂蜜、贝类等产品设限。

（一）美国农产品主要技术性贸易壁垒措施

1. 食品安全、动植物检验、检疫法规

发达国家都制定了完整的保障食品安全的法律、法规和标准体系。这些法律、法规既规范着国内农产品的生产加工，同时也将不符合标准的国外产品挡在了国门之外。比如，美国有《联邦食品、药品和化妆品法》、《联邦肉类

检验法》、《蛋类产品检验法》、《家禽食品检验法》、《食品质量保护法》、《公共卫生服务法》、《婴儿药法》、《茶叶进口法》、《婴儿食品法》等，构成了严密的食品安全保护法规网，对进口农产品的认证、包装、标识及检测、检验方法作了详细的规定。据了解，由于各种原因，每月被美国食品和药物管理局(U.S. Food and Drug Administration，FDA)扣留的各国进口商品平均高达3500批左右，如1989年FDA发现中国蘑菇罐头中存在葡萄球菌肠毒素污染而自动扣留了中国的蘑菇罐头。除了市场抽样外，对进口食品的管理主要是在口岸进行检验，不符合要求的将被扣留，然后以改进、退回或销毁等方式处理。从1987年以来，中国每年被美国海关扣留的食品批次中，25%左右是由于标签不符合《美国食品标签法》的规定，另有约8%的批次是因使用了未经FDA认可的添加剂。

1973年，美国FDA首次将"危害分析及关键点控制"(Hazard Analysis and Critical Control Point，HACCP)应用于罐头食品加工中，旨在确保从食品原料至最后消费的整个食品链过程的安全卫生。美国FDA1995年颁布的《加工和进口水产品安全卫生程序》规定，凡出口美国的水产品，其生产加工企业都必须实施HACCP体系，并在美国官方机构注册。美国于1997年12月在食品加工中引入HACCP管理体系，禁止进口未实施HACCP的水产品和肉类食品，要求所有对美国出口的水产品、肉类产品企业必须获得HACCP的认证资格。2001年1月，美国FDAX.颁布新法规，对果蔬汁产品实施HACCP管理。这是美国继水产、肉类和乳制品后又一强制实施HACCP管理的产品。美国是中国最大的果汁输出市场，中国浓缩果汁加工量每年约20万吨，出口占生产总量的85%。FDA颁布的这一新法规必然对中国浓缩果汁向美国的出口产生影响。目前，美国已将这一原理应用于食品、药物、化妆品、洗涤用品等产品。

2. 质量标准、食品标签和包装要求

美国的质量安全标准可分为三个层次：一是国家标准，有联邦农业部、卫生部和环境保护署等政府机构以及经联邦政府授权的特定机构制定；二是行业标准，由民间团体，如美国谷物化学师协会、美国苗圃主协会、美国奶制品学会、美国饲料工业协会等制定；三是由农场主或公司制定的企业操作规范，相当于中国的企业标准。美国涉及农产品的各种标准数量非常多。

美国是世界上食品标签要求最严格的国家之一，食品标签多达22种，且逐年修订补充。美国要求所有包装食品应有食品标签，强化食品还要有营养标签，必须标明至少14种营养成分的含量，据估计，仅此一项就使美国加工企业每年多支出10.5亿美元。显然,中国和其他发展中国家企业很难负担这一费用。日前,美国农业部作出规定,对有机食品实行标签制度。凡是有机程度达到或超过95%的食品,都可贴上一个印有英文“有机”和“美国农业部”字样的绿色圆形标记。有机程度在70% ~95%之间的食品,不能贴专门标记,但可在标签上注明本产品“包含有机成分”。食品是否具备贴上有机食品标签的资格,需经美国农业部批准的专门机构认证。新标签制度受到美国农业和食品零售业人士的欢迎。然而,对其他国家的农产品出口商来说,则可能是一个潜在的技术壁垒。据报道,丹麦等一些欧洲出口商已对此作出了反应,认为本国一些小农场将无法满足美国极其严格的有机食品新标准,其对美有机农产品的出口可能会因此而受到重创。

3. 环境保护要求

发达国家制定了一系列环境保护法规,对进口农产品形成了通常所说的“绿色壁垒”。绿色壁垒主要包括国际和区域性的环保公约、国别环保法规和标准、检验和检疫要求、绿色包装与标签要求、IS014000环境管理体系和环境标志等自愿性措施、生产和加工方法及环境成本内在化要求等。如1995年4月,发达国家要求实施《国际环境监察标准制度》,要求产品达到IS09000系列标准体系,还要求使用“绿色环境标志”。美国于1988年开始实行环境标志制度,有36个州联合立法,在塑料制品、包装袋、容器上使用绿色标志,还率先使用“再生标志”,说明它可重复回收,再生使用。

美国FDA规定,从1995年6月1日起,凡是出口到美国的鱼类及其制品,都必须贴上有美方证明的来自未污染水域的标签。目前,美国、德国、日本、加拿大、挪威、瑞典、法国、芬兰、澳大利亚等发达国家都已建立了环境标志制度,并趋向于协调一致,相互承认。它犹如无形的层层屏障,使发展中国家产品进入发达国家市场步履维艰,甚至受到巨大冲击。

4. “绿色补贴”

为了保护环境和资源,有必要将环境和资源费用计算在成本之内,使环境和资源成本内在化。发达国家将严重污染环境的产业转移到发展中国家,以降低环境成本。发展中国家的环境成本却因此提高。更为严重的是,发展中国家绝大部分企业本身无力承担治理环境污染的费用,政府为此有时给予一定的环境补贴,但发达国家却认为发展中国家的“补贴”违反GATT和WTO的规定,以此为由限制其产品进口。例如,美国就以环境保护补贴为由,对来自巴西的人造橡胶鞋和来自加拿大的速冻猪肉提出了反补贴起诉。从全世界范围来看，这种“绿色补贴”壁垒有日益增加的趋势。美国在1999年和2000年对中国苹果汁进行了反倾销调查，当此措施难以有效限制进口时，目前又提出了108种农药残留含量限制要求。

（二）日本的农产品技术性贸易壁垒

2006年5月29日，日本有关部门对所有进口农产品实施《食品残留农业化学品肯定列表制度》（以下简称《肯定列表制度》）。该制度涉及302种食品，799种农业化学品，54782个限量标准，涉及全部农产品、全部农兽药和饲料添加剂，涵盖了肉类、水产品、蔬菜、水果等几乎所有日本从我国直接进口的农产品，全面提高我国输日农产品技术门槛。

1. 技术法规和标准

日本的技术法规、技术标准种类繁多。很多技术标准不同于国际通行的标准，只有极少数是与国际标准一致的。当外国产品进入日本市场时，不仅要求符合国际标准，还要求与日本的标准相吻合。

《肯定列表制度》实施前，日本只对255种兽药和饲料添加剂在186种食品、农产品中设立9321个限量标准。而《肯定列表制度》实施后，分为“暂定标准”（又称为暂定最大残留限量标准）和“一律标准”，其中“暂定标准”对734种农药、兽药和饲料添加剂在264种食品、农产品中设立53862个限量标准，分别是过去全部规定的3倍、1.4倍和5.6倍。而“一律标准”则对尚不属于具体“暂定标准”的农药、兽药及饲料添加剂设定0.01ppm（即0.01毫克/千克），一旦输往日本的食品中残留物含量超过这一标准，就被禁止进口或流通。因此，“一律标准”也堪称“世界上最苛刻的农残比”，它是《肯定列表制度》的核心。

2. 产品质量认证和合格评定程序

日本不仅通过标准，而且通过认证制度和产品的合格检验等对进口商品设置重重障碍，利用复杂的进口手续、苛刻的检验，对进口商品设置壁垒。日本农林水产省根据《关于进口植物检疫规范化的通知》，自2001年4月1日起，要求有关海港及机场的植物防疫所以一年中进口量最多的两个月的检疫实绩为基准，将过去三年该检疫实绩的平均值定为今后每日检疫件数的上限。对超过该上限的检疫申请延迟至次日以后处理。《肯定列表制度》的实施，产品平均检测超过200项，在检验的程序上更加复杂，检验需要的时间也更加漫长。这对水产和蔬菜等时间敏感的产品出口带来了很大的障碍，输日蔬菜和食品抵达日本港口后，日方还要抽查检验，但每天只能检查2～4个柜，导致通关速度减慢。

3. 商品检疫和检验规定

日本凭借本国先进的技术水平和较高的生活标准，对进口工业产品和农产品在有关安全、卫生方面提出严格的要求和审核程序。这些要求表面上对本国产品、进口产品一视同仁，但由于执行过程中往往手续繁杂，并在做法上具有歧视性，因而对国外进口商品形成了贸易障碍。随着国际贸易的发展，日本法规中有关安全与健康标准所适用的范围越来越广，内容越来越细。如日本依据《食品卫生法》、《植物防疫法》、《家畜传染病预防法》对入境的农产品及食品实行近乎苛刻的检疫、防疫制度，不仅要通过农林水产省的动植物检疫，而且还要厚生省进行卫生防疫检查。

对于植物检疫，凡属日本国内没有的病虫害、来自或经过发生该病虫害国家的寄生植物和土壤均严禁进口。作为食品或食品原料的动植物、农产品还需要接受卫生防疫部门的食品卫生检查。在产品检验方面，日本规定对不同时间进口的同种商品，每一次都要有一个检验过程，而对本国同类商品，只需一次性对生产厂家作检验就可以了，这对国外进口产品显然具有歧视性。

4. 商品的包装和标签

日本对于进口的食品，要求在标签上标明品种、原材料名、制造年月、制造厂家、经营商名、原产地等。日本农林产品规格不仅由政府或权威组织对产品性能和档次作出规定，而且要求通过食品标签制度，保证消费者对各种规格产品有统一判断的依据。2004 年 4 月，日本农林水产省对加工食品的质量标签标准作出修正：扩大须标明原产地的加工食品范围；对无义务标明原产地的加工食品，规定须有防止对原产地产生误导性的标示。

（三）欧盟的农产品技术性贸易壁垒

1. 技术法规和标准

早在 1980 年，欧盟就颁布实施了《欧盟食品安全卫生制度》，如针对 90 年代中期频发的食品安全危机，欧盟于 2000 年 1 月发表了《食品安全白皮书》，提出 80 多项保证食品安全的计划，要求食品卫生责任首先由生产方承担，食品从饲料开始，经过农田到餐桌的整个链条都要保证安全，将现有各类法规、法律和标准加以体系化。后又提出“从田间到餐桌”的全程控制理论，强调食品生产者对食品安全所负的职责，并引进 HACCP 体系，要求所有的食品和食品成分具有可追溯性。近年来陆续制定了《通用食品法》、《食品卫生法》等 20 多部食品安全卫生方面的法规，形式了强大的法律体系。

2. 质量标准方面

欧盟的农产品质量标准体系包括两层:欧盟指令及其包含具体技术内容的可自愿选择的技术标准。凡涉及产品安全、工业安全、人体健康、消费者权益保护的标准,通常以指令的形式发布。属于指令范围的产品必须满足指令的要求才能在市场销售,达不到要求不许流通。目前拥有技术标准 10 万多个,涉及农产品的占 1/4。在农产品农药残留限量控制方面,欧盟共制定农药残留含量标准 17000 多项。

3. 环境保护和动物福利要求

发达国家制定了一系列环境保护法规,对进口农产品形成了通常所说的"绿色壁垒"。绿色壁垒主要包括国际和区域性的环保公约、国别环保法规和标准、检验和检疫要求、绿色包装与标签要求、ISO14000 环境管理体系和环境标志等自愿性措施、生产和加工方法及环境成本内在化要求等。1995 年 4 月,发达国家要求实施《国际环境监查标准制度》,要求产品达到 ISO9000 系列标准体系,还要求使用"绿色环境标志",如德国的"蓝天天使"、欧盟的"欧洲环保标志"等。动物福利问题则尤其为欧盟所重视,如鸡场饲养密度,一般为每平方米 12 只,欧盟提出只能养 10 只,理由是密度太大,鸡会感到不"舒适"。而这将增加鸡的养殖成本,无形中也成了贸易壁垒。

第五章　初级农产品经纪人应具备的品级鉴别知识

农产品经纪人应该是所代理的农产品领域的专业人士，所以，不仅要了解市场需求，掌握行情，还需运用合理的农产品规定质量标准和鉴定法对所经营的农产品进行品质的鉴别以及等级的评定。初级农产品经纪人应掌握主要的粮油产品，无公害蔬菜和水果、鲜切花和盆景、畜禽产品、水产品的质量标准和品质鉴别知识。

第一节　主要粮油产品的质量标准和品级鉴别

一、稻谷（GBB50—1999）的质量标准和品质鉴别

稻谷分为早籼稻谷、晚籼稻谷、粳稻谷、籼糯稻谷、粳糯稻谷五类。

1. 稻谷的质量指标

（1）籼稻（早籼稻谷、晚籼稻谷、籼糯稻谷）按出糙率和整精米率分等级（见表5-1）。

表5-1　籼稻谷质量指标

等级	出糙率，%	整精米率，%	杂质，%	水分，%	色泽、气味
1	≥79.0	≥50.0	≤1.0	≤13.5	正常
2	≥77.0	≥50.0			
3	≥75.0	≥50.0			
4	≥73.0	≥50.0			
5	≥71.0	≥50.0			

（2）粳稻（粳稻谷、粳糯稻谷）按出糙率和整精米率分等级（见表5-2）。

(3)各类稻谷以三等为中等标准,低于五等的为等外稻谷。

(4)稻谷中混有其他类稻谷不超过5.0%。

(5)各类稻谷中黄粒米不超过1.0%。

(6)各类稻谷中谷外糙米不超过2.0%。

(7)卫生检验和植物检疫按国家有关标准和规定执行。

表5-2 粳稻谷质量指标

等级	出糙率,%	整精米率,%	杂质,%	水分,%	色泽、气味
1	≥81.0	≥60.0	≤1.0	≤14.5	正常
2	≥79.0	≥60.0			
3	≥77.0	≥60.0			
4	≥75.0	≥60.0			
5	≥73.0	≥60.0			

2. 稻谷的品质鉴别(见表5-3)

表5-3 稻谷品质鉴别

项目	良质稻谷	次质稻谷	劣质稻谷
色泽	外壳呈黄色、浅黄色或金黄色,色泽鲜艳一致,具有光泽,无黄粒米	色泽灰暗无光泽,黄粒米超过2%	色泽变暗或外壳呈褐色、黑色,肉眼可见霉菌菌丝。有大量黄粒米或褐色米粒
外观	颗粒饱满,完整,大小均匀,无虫害及霉变,无杂质	有未成熟颗粒,少量虫蚀粒、生芽粒及病斑粒等,大小不均,有杂质	有大量虫蚀粒、生芽粒、霉变颗粒,有结团、结块现象
气味	具有纯正的稻香味,无其他任何异味	稻香味微弱,稍有异味	有霉味、酸臭味、腐败味等不良气味

二、小麦(GB1351—1999)的质量指标和品质鉴别

1. 小麦分类

根据小麦的皮色、粒质和播种季节分类。

白色硬质冬小麦:种皮为白色或黄白色的麦粒不低于90%,角质率不低于70%的春小麦。

白色硬质春小麦:种皮为白色或黄白色的麦粒不低于 90%,角质率不低于 70% 的春小麦。

白色软质冬小麦:种皮为白色或黄白色的麦粒不低于 90%,粉质率不低于 70% 的春小麦。

白色软质春小麦:种皮为白色或黄白色的麦粒不低于 90%,粉质率不低于 70% 的春小麦。

红色硬质冬小麦:种皮为深红色或红褐色的麦粒不低于 90%,角质率不低于 70% 的冬小麦。

红色硬质春小麦:种皮为深红色或红褐色的麦粒不低于 90%,角质率不低于 70% 的春小麦。

红色软质冬小麦:种皮为深红色或红褐色的麦粒不低于 90%,粉质率不低于 70% 的冬小麦。

红色软质春小麦: 种皮为深红色或红褐色的麦粒不低于 90%,粉质率不低于 70% 的春小麦。

2. 小麦的质量指标

(1) 小麦质量按容重分等(见表 5-4)。

表 5-4　小麦质量指标

等级	容重,g/L	不完善粒,%	杂质,%		水分,%	色泽、气味
			总量	其中:矿物质		
1	≥790	≤6.0	≤1.0	≤0.5	≤12.5	正常
2	≥770	≤6.0				
3	≥750	≤6.0				
4	≥730	≤8.0				
5	≥710	≤10.0				

(2) 各类小麦按容重分为五等,低于五等的小麦为等外小麦。

(3) 小麦赤霉病粒最大允许含量为 4.0%,单位赤霉病项目,按不完善粒归属。小麦赤霉病粒超过 4.0% 的,由省、自治区、直辖市规定是否收购。收购超过规定的赤霉病麦,要就地处理。

(4) 黑胚小麦,由省、自治区、直辖市规定是否收购或收购限量。收购的黑胚小麦应就地处理。

（5）卫生检验和植物检疫按照国家有关标准和规定执行。

3. 小麦的品质鉴别（见表5-5）

表5-5 小麦品质鉴别

项目	良质小麦	次质小麦	劣质小麦
色泽	去壳后小麦皮呈白色、黄白色、金黄色，深红色、红褐色，有光泽	色泽变暗，无光泽	色泽灰暗或呈灰白色，胚牙发红，带红斑，无光泽
外观	颗粒饱满，完整，大小均匀，组织紧密，无害虫和杂质	颗粒饱满度差，有少量破损粒、生芽粒、虫蚀粒，有杂质	严重虫蚀，生芽，发霉结块，有多量赤霉病粒，质地疏松
气味	具有小麦正常的气味，无任何其他异味	微有异味	有霉味、酸臭味或其他不良气味
滋味	味佳微甜，无异味	乏味或微有异味	有苦味、酸味或其他不良滋味

三、大豆（GB1352—1986）的质量指标和品质鉴别

根据大豆的种皮颜色和粒形，分为黄大豆、青大豆、黑大豆、其他大豆、饲料豆五类。

1. 大豆的质量指标

（1）各类大豆按纯粮率分等（见表5-6）。

表5-6 大豆质量指标

纯粮率，%		杂质，%	水分，%		色泽、气味
等级	最低指标		东北、华北地区	其他地区	
1	96.0	1.0	13.0	14.0	正常
2	93.5				
3	91.0				
4	88.5				
5	86.0				

（2）各类大豆以三等为中等标准，低于五等的为等外大豆。

（3）大豆种皮脱落，子叶完整，以及种皮生有白蒲而未伤及子叶的，均属好粒。

（4）收购大豆水分的最大限度和大豆安全储存水分标准，由省、自治区、直辖市规定。

（5）卫生标准和动植物检疫项目，按照国家有关规定执行。

2. 大豆的品质鉴别（见表 5-7）

表 5-7　大豆品质鉴别

项目	良质大豆	次质大豆
色泽	皮色呈各种大豆固有的颜色，光采油亮，洁净而有光泽；脐色呈黄白色或淡褐色	皮色灰暗无光泽；脐色呈褐色或深褐色
组织状态	颗粒饱满，整齐均匀；无未成熟粒和虫蛀粒；无杂质，无霉变	颗粒大小不均，有未成熟粒、虫蛀粒，有杂质
含水量	水分在 12% 以下	水分在 12% 以上

四、玉米（GB1353—1999）的质量指标和品质鉴别

1. 玉米分类

根据玉米种皮颜色分为三类：黄玉米、白玉米、混合玉米。

2. 玉米的质量指标

（1）各类玉米按容重定等级（见表 5-8）。

表 5-8　玉米质量指标

<table>
<tr><th rowspan="2">等级</th><th rowspan="2">容重，g/L</th><th rowspan="2">杂质，%</th><th rowspan="2">水分，%</th><th colspan="2">不完善粒，%</th><th rowspan="2">色泽、气味</th></tr>
<tr><th>总量</th><th>其中生霉粒</th></tr>
<tr><td>1</td><td>≥710</td><td rowspan="3">≤1.0</td><td rowspan="3">≤14.0</td><td rowspan="3">≤5.0</td><td rowspan="3">≤2.0</td><td rowspan="3">正常</td></tr>
<tr><td>2</td><td>≥685</td></tr>
<tr><td>3</td><td>≥660</td></tr>
</table>

（2）各类玉米以二等为中等玉米，低于三等的为等外玉米。

（3）上述容重指标只适用于水分含量在 23%（含）以下的玉米。

（4）卫生检验和植物检疫按照国家有关标准和规定执行。

3. 玉米的品质鉴别(见表5-9)

表5-9 玉米品质鉴别

项目	良质玉米	次质玉米	劣质玉米
色泽	具有各种玉米的正常颜色,色泽鲜艳,有光泽	颜色发暗,无光泽	颜色灰暗无光泽,胚部有黄色或绿色、黑色的菌丝
外观	颗粒饱满完整,均匀一致,质地紧密,无杂质	颗粒饱满度差,有破损粒、生芽粒、虫蚀粒、未熟料等,有杂质	有多量生芽粒、虫蚀粒,或发霉变质,质地疏松
气味	具有玉米固有的气味,无任何其他异味	微有异味	有霉味、腐败变质味或其他不良气味
滋味	具有玉米的固有滋味,微甜	微有异味	有酸味、苦味、辛辣味等不良滋味

第二节 蔬菜的质量标准和品级鉴别

一、蔬菜的分类及感官质量

按照蔬菜食用部分的器官形态,可将其分成叶菜类、茄果类、瓜类、根菜类、薯芋类等十大主要类型。

(一) 叶菜类

包括白菜类、甘蓝类和绿叶菜类的各种蔬菜。属同一品种规格,肉质鲜嫩,形态好,色泽正常;茎基部削平,无枯黄叶、病叶、泥土、明显机械伤和病虫害伤;无烧心焦边、腐烂等现象,无抽薹(菜心除外);结球的叶菜应结球紧实;菠菜和本地芹菜可带根。花椰菜、青花菜属于同一品种规格,形状正常,肉质致密、新鲜、不带叶柄,茎基部削平,无腐烂、病虫害、机械伤;花椰菜、花球洁白、无毛花、青花菜无托叶,可带主茎,花球青绿色,无紫花,无枯蕾现象。

(二) 茄果类

包括番茄、茄子、甜椒、辣椒等。属于同一品种规格,色鲜,果实圆整、光洁、成熟度适中,整齐,无烂果、异味、病虫和明显机械损伤。

(三) 瓜类

包括黄瓜、瓠瓜、越瓜、丝瓜、苦瓜、冬瓜、毛节瓜、南瓜、佛手瓜等。属于同一品种规格，形状、色泽一致，瓜条均匀，无疤点，无断裂，不带泥土，无畸形瓜、病虫害瓜、烂瓜，无明显机械伤。

（四）根菜类

包括萝卜、胡萝卜、大头菜、芜菁、芜菁甘蓝等。属于同一品种规格，皮细光滑，色泽良好，大小均匀，肉质脆嫩致密，新鲜，无畸形、裂痕、糠心、病虫害斑，不带泥沙，不带茎叶、须根。

（五）薯芋类

包括马铃薯、薯蓣、芋、姜、豆薯等。属同一品种规格，色泽一致，不带泥沙，不带茎叶、须根，无机械和病虫害斑，无腐烂、干瘪，马铃薯皮不能变绿色。

（六）葱蒜类

包括大葱、分葱、四季葱、韭菜、大蒜、洋葱等。属同一品种规格，允许葱和大蒜的青蒜保留干净须根，去老叶，韭菜去根去老叶，蒜头、洋葱去根去枯叶；可食部分质地幼嫩，不带泥沙杂质，无病虫害斑。

（七）豆类

包括豇豆、菜豆、豌豆、蚕豆、刀豆、毛豆、扁豆等。属同一品种规格，形态完整，成熟度适中，无病虫害斑。食荚类：豆荚新鲜幼嫩，均匀。食豆仁类：籽粒饱满，较均匀，无发芽，不带泥土、杂质。

（八）水生类

包括茭白、藕、荸荠、慈姑、菱角等。属同一品种规格，肉质嫩，成熟度适中，无泥土、杂质、机械伤，不干瘪，不腐烂霉变，茭白不黑心。

（九）多年生类

包括竹笋、黄花菜、芦笋等。属同一品种规格，幼嫩，无病虫害斑，无明显机械伤。黄花菜鲜花不能直接煮食。

（十）芽苗类

包括绿豆芽、黄豆芽、豌豆芽、香椿苗等。芽苗幼嫩，不带豆壳杂质，新鲜，不浸水。

二、无公害蔬菜安全要求(GB18406.1—2001)

(一)无公害蔬菜重金属及有害物质限量(见表5-10)

表5-10 无公害蔬菜重金属及有害物质限量

项目	指标(mg/kg)
铬(以Cr计)	≤0.5
镉(以Cd计)	≤0.05
汞(以Hg计)	≤0.01
砷(以As计)	≤0.5
铅(以Pb计)	≤0.2
氟(以F计)	≤1.0
亚硝酸盐($NaNO_2$)	≤4.0
硝酸盐	≤600(瓜果类);≤1200(根茎类);≤3000(叶菜类)

(二)无公害蔬菜的农药最大残留限量(见表5-11)

表5-11 无公害蔬菜的农药最大残留限量

通用名称	毒性	作物	最高残留限量(mg/kg)
马拉硫磷	低	蔬菜	不得检出
对硫磷	高	蔬菜	不得检出
甲拌磷	高	蔬菜	不得检出
甲胺磷	高	蔬菜	不得检出
久效磷	高	蔬菜	不得检出
氧化乐果	高	蔬菜	不得检出
克百威	高	蔬菜	不得检出
涕灭威	高	蔬菜	不得检出
六六六	高	蔬菜	0.2
滴滴涕	中	蔬菜	0.1
敌敌畏	中	蔬菜	0.2

续表

通用名称	毒性	作物	最高残留限量(mg/kg)
乐　果	中	蔬菜	1.0
杀螟硫磷	中	蔬菜	0.5
倍硫磷	中	蔬菜	0.05
辛硫磷	低	蔬菜	0.05
乙酰甲胺磷	低	蔬菜	0.2
二嗪磷	中	蔬菜	0.5
喹硫磷	中	蔬菜	0.2
敌百虫	低	蔬菜	0.1
亚胺硫磷	中	蔬菜	0.5
毒死蜱	中	叶类菜	1.0
抗蚜威	中	蔬菜	1.0
甲萘威	中	蔬菜	2.0
二氯苯醚菊酯	低	蔬菜	1.0
溴氰菊酯	中	叶类菜;果类菜	0.5;0.2
氯戊菊酯	中	叶类菜;番茄	1.0;0.5
氟氯戊菊酯	中	蔬菜;黄瓜	0.2;0.2
顺式氯氰菊酯	中	叶类菜	1.0
联苯菊酯	中	番茄	0.5
三氟氯氰菊酯	中	叶类菜	0.2
顺式氰戊菊酯	中	叶类菜	2.0
甲氰菊酯	中	叶类菜	0.5
氟胺氰菊酯	中	蔬菜	1.0
三唑酮	低	蔬菜	0.2
多菌灵	低	蔬菜	0.5
百菌清	低	蔬菜	1.0
噻嗪酮	低	蔬菜	0.3

续表

通用名称	毒性	作物	最高残留限量(mg/kg)
五氯硝基苯	低	蔬菜	0.2
除虫脲	低	叶类菜	20.0
灭幼脲	低	蔬菜	3.0

(三)无公害蔬菜安全检验规则

1. 检验分类

无公害蔬菜的检验分为产地检验(采摘上市前检验)和市场(批发或零售)检验。

2. 货批

产地检验以同一品种、同一田块、同期采收的蔬菜,以 $1hm^2$ 为一抽样批次,不足 $1hm^2$ 也视为一个货批。市场检验以同一产区、同一品种、同一销售单位为一个货批。

3. 抽样方法

产地检验对每一货批按 5 点抽样法取样,将样品缩分后抽取 2kg。取 1kg 样品作为制备实验室样品,1kg 样品作为备样。备样应低温冷冻保存。市场检验从每一货批中随机抽样 2kg 样品。取 1kg 样品作为制备实验室样品,1kg 样品作为备样。备样应低温冷冻保存。

4. 检验项目

产地检验或申请使用无公害蔬菜标志时,应对《无公害蔬菜重金属及有害物质限量》和《无公害蔬菜的农药最大残留限量》所列项目做全项检验。

市场检验根据各地蔬菜病虫害发生情况、农药使用特点等情况对《无公害蔬菜的农药最大残留限量》所列项目做抽样检验,其中"不得检出"的农药品种为必检项目。

5. 判定规则

按本标准规定的色谱测定方法进行测定时,测定的结果符合 GB18406 的部分要求的,则判该批产品为合格品;测得结果不符合本部分要求的,允许对不合格项目进行加密取样复测,复测仍不合格的,则判该批产品不合格品。

农药残留量按简易测定方法进行测定时,从每一货批中随机抽取 3 个样品进行现场测定。对于一次检验出现阳性时允许进行复测。若复测仍呈阳性者,应进行色谱测定,以色谱测定法测定的结果为判定依据。

三、主要无公害蔬菜品级鉴别

（一）无公害甘蓝类蔬菜质量标准（NY5008—2001）

1．无公害甘蓝类蔬菜感官质量标准（见表5-12）

表5-12　无公害甘蓝类蔬菜感官质量标准

品　质	规　格	限　度
同一品种，叶（花）球达到该品种适期收获时的紧实程度，叶、球新鲜、脆嫩、清洁、无腐烂、异味、冻害、病虫害，机械伤＜2%	规格用整齐度表示。同规格的样品其整齐度在规定范围内的球数应≥80%	每批样品中不符合感官要求的按质量计，其总不合格率不得超过10%

2．无公害甘蓝类蔬菜卫生要求（见表5-13）

表5-13　无公害甘蓝类蔬菜卫生指标

项　目	指　标（mg/kg）
六六六	≤0.2
滴滴涕	≤0.1
马拉硫磷	不得检出
乐果	≤1
乙酰甲胺磷	≤0.2
杀螟硫磷	≤0.5
敌敌畏	≤0.2
毒死蜱	≤1
敌百虫	≤0.1
喹硫磷	≤0.2
亚胺硫磷	≤0.5
氯氰菊酯	≤1
溴氰菊酯	≤0.5
氰戊菊酯	≤0.5
氯氟氰菊酯	≤0.2
氯菊酯	≤1

续表

项　目	指　标(mg/kg)
抗蚜威	≤1
灭多威	≤2
百菌清	≤1
砷(以 As 计)	≤0.5
铅(以 Pb 计)	≤0.2
汞(以 Hg 计)	≤0.01
镉(以 Cd 计)	≤0.05
氟(以 F 计)	≤0.5
亚硝酸盐	≤4

（二）无公害白菜类蔬菜质量标准(NY5003—2001)

1. 无公害白菜类蔬菜感官质量标准(见表 5-14)

表 5-14　无公害白菜蔬菜感官质量标准

品　质	规　格	限　度
同一品种,叶片色泽明亮,新鲜,水分适宜而没有萎蔫,清洁,无烧心、裂球腐烂,无腐烂、异味、冻害、病虫害、机械伤	规格用整齐度表示。同规格的样品其整齐度过≥90%	每批样品中不符合感官要求的按质量计,总不合格率不得超过 5%

2. 无公害白菜类蔬菜卫生要求(表 5-15)

表 5-15　无公害白菜类蔬菜卫生要求

农药名称	指　标(mg/kg)
六六六	≤0.2
滴滴涕	≤0.1
马拉硫磷	≤不得检出
乐果	≤1
乙酰甲胺磷	≤0.2
杀螟硫磷	≤0.5

续表

农药名称	指　标(mg/kg)
毒死蜱	≤1
敌百虫	≤0.1
辛硫磷	≤0.05
敌敌畏	≤0.2
氯氰菊酯	≤1
溴氰菊酯	≤0.5
氰戊菊酯	≤0.5
氯氟氰菊酯	≤0.2
抗蚜威	≤1
灭幼脲	≤3
多菌灵	≤0.5
百菌清	≤1
砷(以 As 计)	≤0.5
铅(以 Pb 计)	≤0.2
汞(以 Hg 计)	≤0.01
镉(以 Cd 计)	≤0.05
氟(以 F 计)	≤0.5
亚硝酸盐	≤4

(三) 无公害茄果类蔬菜质量标准(NY5005—2001)

1. 无公害茄果类蔬菜感官质量标准(见表 5-16)

表 5-16　无公害茄果类蔬菜感官质量标准

品　质	规　格	限　度
同一品种，成熟度好，色泽好，果形好，新鲜，果面清洁，无腐烂、异味、冻害、病虫害、机械伤	规格用整齐度表示。同规格的样品其整齐度≥90%	每批样品中不符合感官要求的按质量计，总不合格率不得超过 5%

2. 无公害茄果类蔬菜卫生要求(见表5-17)

表5-17 无公害茄果类蔬菜卫生要求

农药名称	指　标(mg/kg)
六六六	≤0.2
滴滴涕	≤0.1
马拉硫磷	不得检出
乐果	≤1
乙酰甲胺磷	≤0.2
杀螟硫磷	≤0.5
敌敌畏	≤0.2
毒死蜱	≤1
敌百虫	≤0.1
喹硫磷	≤0.2
亚胺硫磷	≤0.5
氯氰菊酯	≤1
溴氰菊酯	≤0.5
氰戊菊酯	≤0.5
氯氟氰菊酯	≤0.2
氯菊酯	≤1
抗蚜威	≤1
灭多威	≤2
百菌清	≤1
砷(以As计)	≤0.5
铅(以Pb计)	≤0.2
汞(以Hg计)	≤0.01
镉(以Cd计)	≤0.05
氟(以F计)	≤0.5
亚硝酸盐	≤4

（四）无公害韭菜质量标准（NY500—2001）

1．无公害韭菜感官质量标准（见表5-18）

表5-18　无公害韭菜感官质量标准

品　质	规　格	限　度
整齐度>80%，韭薹<50mm，枯梢<2mm，符合整修要求、鲜嫩要求，无异味、冻害、病虫害、机械伤、腐烂	长株>300mm 中株200mm~300mm 短长<200mm	每批样品感官要求总不合格品百分率不得超过10%，其中枯梢不得超过0.5%

2．无公害韭菜卫生要求（见表5-19）

表5-19　无公害韭菜卫生要求

农药名称	指　标（mg/kg）
六六六	≤0.2
滴滴涕	≤0.1
毒死蜱	≤1
马拉硫磷	不得检出
敌敌畏	≤0.2
乐果	≤1
乙酰甲胺磷	≤0.2
辛硫磷	≤0.05
杀螟硫磷	≤0.5
喹硫磷	≤0.2
敌百虫	≤0.1
氯氰菊酯	≤1
溴氰菊酯	≤0.5
氰戊菊酯	≤0.5
百菌清	≤1
砷（以As计）	≤0.5
铅（以Pb计）	≤0.2

续表

农药名称	指　标(mg/kg)
汞(以 Hg 计)	≤0.01
镉(以 Cd 计)	≤0.05
氟(以 F 计)	≤0.5
亚硝酸盐	≤4

第三节　果品的质量标准和品级鉴别

一、无公害水果安全要求(GB18406.2—2001)

1. 无公害水果重金属及有害物质限量(见表 5-20)

表 5-20　无公害水果重金属及有害物质限量

项　目	指　标(mg/kg)
铬(以 Cr 计)	≤0.5
镉(以 Cd 计)	≤0.03
汞(以 Hg 计)	≤0.01
砷(以 As 计)	≤0.5
铅(以 Pb 计)	≤0.2
氟(以 F 计)	≤0.5
硝酸盐($NaNO_3$)	≤400

2. 无公害水果的农药最大残留限量(见表 5-21)

表 5-21　无公害水果的农药最大残留限量

项　目	最高残留限量(mg/kg)	项　目	最高残留限量(mg/kg)
马拉硫磷	不得检出	百菌清	1.0
对硫磷	不得检出	倍硫磷	0.05
甲胺磷	不得检出	滴滴涕	0.1

续表

项　目	最高残留限量(mg/kg)	项　目	最高残留限量(mg/kg)
久效磷	不得检出	多菌灵	0.5
氧化乐果	不得检出	氟氰戊菊酯	0.5
克百威	不得检出	乐果	1.0
甲基对硫磷	不得检出	六六六	0.1
水胺硫磷	≤0.02	氟氯氢菊酯	0.2
氰戊菊酯	0.2	溴氰菊酯	0.1
杀螟硫磷	0.4	敌敌畏	0.2
辛硫磷	0.05		

二、无公害水果安全检验规则

1. 组批

田间以同一品种、同一田块、同一生产技术方式、同期采收的水果 $5hm^2$ 为一组批；市场以同一产区、同一产品、一个运输单位为一组批，不足一个运输单位或不足 $5hm^2$ 的视为一个组批。

2. 抽样方法

田间抽样按每一货批随机抽取 3 个样品，取一半样品作为制备实验室样品，一半样品作为备样。备样应低温冷冻保存。市场抽样按 GB/T8855 执行。

3. 判定规则

按本标准规定的测定方法进行测定时，测定的结果符合 GB18406 的部分要求的，则判该批产品为合格品；测定结果不符合本部分要求的，允许对不合格项目进行加倍取样复测，复测仍不合格的，则判该批产品为不合格产品。

第四节　主要鲜切花和盆景的质量标准和品级鉴别

一、主要鲜切花的质量标准和品级鉴别

鲜切花是自活体植株上剪切下来专供插花及花艺设计用的枝、叶、花、果

的统称，其内容可包括切花、切叶、切枝和切果等。鲜切花（DB440100/T12）规定了鲜切花产品质量分级、检验规则、包装、标志、运输和贮藏的技术要求。

（一）鲜切花质量分级

1. 鲜切花质量等级划分公共标准（见表5-22）

表5-22 鲜切花质量等级划分公共标准

项　目	1级	2级	3级
整体效果	整体感非常好，新鲜度非常好，成熟度非常好，洁净度非常高，具该品种鲜明特性	整体感好，新鲜度好，成熟度好，洁净度高，具该品种完整特征	整体感一般，新鲜度一般，成熟度一般，洁净度一般，具该品种基本特性
病虫害及缺损	无病虫害、药害、肥害及其留下的斑点等；无机械损伤、缺失、褪色、畸形、水伤、冻伤、灼伤	无明显病虫害、药害、肥害及其留下的斑点等；无明显机械损伤、缺失、褪色、畸形、水伤、冻伤、灼伤；允许有≤3%的切花有轻微缺陷	无严重病虫害、药害、肥害及其留下的斑点等；无严重机械损伤、缺失、褪色、畸形、水伤、冻伤、灼伤；允许有≤5%的切花有轻微缺陷

2. 主要鲜切花质量等级划分

（1）菊花（小菊）切花质量等级划分标准（见表5-23）。

表5-23 菊花（小菊）切花质量等级划分标准

项　目	1级	2级	3级
花　序	全茎花序平头齐口；每花枝具3～4朵小花	全茎花序较平头齐口；每花枝具3～4朵小花	全茎花序不平头齐口；每花枝具<3或>4朵小花
花　形	花形完整饱满、端正；花瓣均匀、具弹性；花色纯正、鲜艳	花形完整、端正；花瓣较均匀，弹性一般；花色良好	花形完整；花瓣较均匀；花色一般
主　茎与分枝	分枝下主茎长60cm，具3～4个分枝，分枝长18cm～20cm；挺直，有韧性；粗细均匀	分枝下主茎长50cm，具3～4个分枝，分枝长13cm～17cm；较直，有韧性；粗细均匀	分枝下主茎长40cm，分枝长<3或>4，分枝长≤12cm或≥20cm；略有弯曲；粗细不匀
叶	叶片排列整齐，分布均匀；叶色亮绿	叶片排列较整齐，分布较均匀；叶色良好	叶片排列不整齐，分布不匀；叶色一般
上市期	整个花茎有五六成小花已开展		

续表

项　目	1 级	2 级	3 级
包　装	每 10 支为一扎，每扎切花花茎最长与最短差别不超过 1cm，去除基部叶片 20cm	每 10 支为一扎，每扎切花花茎最长与最短差别不超过 2cm，去除基部叶片 20cm	每 10 支为一扎，每扎切花花茎最长与最短差别不超过 3cm，去除基部叶片 15cm

（2）文心兰切花质量等级划分标准（见表 5-24）。

表 5-24　文心兰切花质量等级划分标准

项　目	1 级	2 级	3 级
有效花枝长	有效花枝长≥50cm	有效花枝长 40cm ~ 49cm	有效花枝长 30cm ~ 39cm
上市期	六七成熟（主枝之花朵达 60% ~ 70% 开放，或主枝上未开之花苞 3 ~ 4 个）		
包　装	10 支一扎		

（3）姜花切花质量等级划分标准（见表 5-25）。

表 5-25　姜花切花质量等级划分标准

项　目	1 级	2 级	3 级
花	花序长 > 14cm，花径≥5cm；总苞坚实饱满，未开过花；苞片青绿色	花序长 12cm ~ 14cm，花径≥4.5cm；总苞坚实饱满，未开过花；苞片青绿色	花序长 10cm ~ 11cm，花径≥4.0cm；总苞较饱满，≤2 朵小花已开启；苞片基本青绿色
花葶	挺直、有韧性；绿色；长度（包括花序）≥100cm	挺直；绿色；长度（包括花序）：80cm ~ 99cm	略有弯曲；稍褪绿；长度（包括花序）：60cm ~ 79cm
叶	每枝带 2 ~ 3 片叶；叶色青绿	每枝带 2 ~ 3 片叶；叶色青绿，略有修剪	每枝带 2 ~ 3 片叶；稍褪绿，略有修剪
上市期	每支已有 2 ~ 4 朵白色花蕾伸出苞外		
包　装	每 20 支为一扎，每扎切花花茎最长与最短差别不超过 1cm	每 20 支为一扎，每扎切花花茎最长与最短差别不超过 3cm	每 20 支为一扎，每扎切花花茎最长与最短差别不超过 5cm

（二）鲜切花质量检测方法

（1）鲜切花品种：根据品种特征进行目测鉴定。

（2）整体效果：根据花、茎、叶的完整、均衡、新鲜和成熟程度以及色、姿、香味等综合品质进行目测和感官评定。

（3）花形：根据品种的花形特征和分级标准进行评定。

（4）花色：按照英国皇家园艺学会色谱标准（Colour Chart，The Royal Horticultural Society，London）测定纯正度；是否有光泽、灯光下是否变色进行目测评定。

（5）花茎（葶）：花茎（葶）长度、花径大小用直尺和卡尺测量，单位 cm；花茎（葶）粗细均匀程度和挺直程度进行目测。

（6）叶：对其完整性、新鲜度、叶片清洁度、色泽进行目测。

（7）病虫害：检查花、枝和叶上是否有销往地区或国家规定的危险性病虫害的病状，并进一步检查其是否带有该病原菌或虫体和虫卵，必要时可作培养检查。

（8）缺损：包括挤压、折损、磨擦、水伤、药害等伤害，通过目测评定。

二、主要盆景的质量标准和品级鉴别

盆景是栽培于花盆等容器中经过造景的观赏植物。DB440100/T12 的本部分规定了小型盆景产品质量分级、检验规则、包装、标志、运输和贮藏的技术要求。

（一）盆景质量分析

1. 盆景植物产品质量等级划分公共标准（见表 5-26）

表 5-26　盆景植物产品质量等级划分公共标准

项　目	1 级	2 级	3 级
造型效果	株型有特色，枝条排置合理，线条优美，层次分明，枝繁叶茂，植株大小与容器、点缀物相称、协调	株型较有特色，枝条排置较合理，层次分明，枝繁叶茂，植株大小与容器、点缀物基本相称、协调	有轻微徒长或偏小现象，基部枝条有部分缺失，植株大小与容器、点缀物基本相称、协调
茎叶状况	生长健壮，叶片形状、大小、质地、色泽等符合其品种特性	生长正常、叶片形状、大小、质地、色泽等符合其品种特色	生长基本正常，叶片形状、大小、质地、色泽等基本符合其品种特性

续表

项　目	1级	2级	3级
病虫害及其他	无病虫害枝条,无干枝或缺损现象	无病虫害枝条,无干枝或缺损现象	有少量的害虫、不明显的病斑,无检疫对象,有轻微的枝条折损或缺损现象
栽培基质	经过消毒的无土基质		

2. 主要盆景植物产品质量等级划分

九里香、山指甲、榕树、雀梅、榔榆、罗汉松、六月雪(Serissa foetidum 茜草科六月雪属)、福建茶等盆景植物质量等级划分标准(见表5-27)。

表5-27　主要盆景植物质量等级划分标准

形态类别	成品规格(cm)	盆规格(长宽)(cm)	基　径(长×宽)(cm)	冠　幅(cm)	整体高度(成品高度)(cm)
几何层次	10 20 30	10×7×4 20×12×6 30×18×7	≥12 ≥2.0 ≥3.5	11×9 21×15 31×20	16±1.5 26±1.5 38±1.5
层次造型	15 25 35	15×9×5 25×15×6 35×21×8	≥1.3 ≥2.5 ≥4.0	20×15 30×20 40×30	28±1.5 38±1.5 55±1.5

(二) 盆景质量检测方法

(1) 规格指标采用直接测量的方法进行,冠幅、株高、桩高、盆径、盆高、茎粗、基径等用直尺、卷尺或游标卡尺测量,单位为cm,读数精确不少于1mm。

(2) 品质指标通过专门技术人员目测确定。

(3) 栽培基质。要求“使用经过消毒的无土基质”,只作为对生产的要求,不作评级依据。

(4) 病虫害。检查植株上是否有销往地区或国家规定的危险性病虫害的病状,并进一步检查是否带有该病的病原菌或虫体和虫卵,必要时可作培养检查。

第五节 畜禽产品的质量标准和品级鉴别

一、畜肉感官质量标准

（一）猪肉感官质量标准

1. 猪肉卫生标准（GB2707—1994）（见表5-28）

表5-28 猪肉卫生标准感官指标

项目	鲜猪肉	冻猪肉
色泽	肌肉有光泽，红色均匀，脂肪乳白色	肌肉有光泽，红色或稍暗，脂肪白色
组织状态	纤维清晰，有坚韧性，指压后凹陷立即恢复	肉质紧密，有坚韧性，解冻后指压凹陷恢复较慢
粘度	外表湿润，不粘手	外表湿润，切面有渗出液，不粘手
气味	具有鲜猪肉固有的气味，无异味	解冻后具有鲜猪肉固有的气味，无异味
煮沸后肉汤	澄清透明，脂肪团聚于表面	澄清透明或稍有浑浊，脂肪团聚于表面

2. 鲜（冻）猪肉鲜度感官鉴别（见表5-29、表5-30）

表5-29 鲜猪肉鲜度感官鉴别

项目	1级鲜肉	2级鲜肉	变质肉
外观	有一层微干或微湿润的外膜，呈淡红色，有光泽，切断面稍湿，不粘手，肉汁透明	有一层风干或潮湿的外膜，呈暗灰色，无光泽，切断面的色泽肉暗，有黏性，肉汁混浊	外膜极度干燥或粘手，呈灰色或淡绿色，发粘并有霉变现象，切断面呈暗灰或淡绿色，很粘，肉汁严重混浊
气味	具有鲜猪肉正常的气味	在肉的表层能嗅到轻微的氨味、酸味或酸霉味，但在肉的深层没有这些气味	在肉的表层及深层均有腐臭气味

续表

项　目	1级鲜肉	2级鲜肉	变质肉
弹性	肉质地紧密且富有弹性,用手指按压凹陷后会立即复原	肉质较柔软,弹性小,用指头按压凹陷后不能完全复原	没有弹性,用指头按压后凹陷,不但不能复原,有时手指还可以把肉刺穿
脂肪	脂肪呈白色,具有光泽,有时呈肌肉红色,柔软而富于弹性	脂肪呈灰色,无光泽,容易粘手,有时略带油脂酸败味和哈喇味	脂肪表面污秽、有黏液,常霉变,呈淡绿色,脂肪组织很软,具有油脂酸败气味
肉汤	肉汤透明、芳香,汤表面聚集大量油滴,油脂的气味和滋味鲜美	肉汤混浊,汤表面浮油滴较少,没有鲜香的滋味,常略有轻微的油脂酸败和霉变气味及味道	肉汤极混浊,汤内漂浮着有如絮状的烂肉片,汤表面几乎无油滴,具有浓厚的油脂酸败或显著的腐败臭味

表5-30　冻猪肉鲜度感官鉴别

项　目	1级鲜度	2级鲜度	变质肉
色　泽	肌肉色红、均匀、具有光泽,脂肪洁白,无霉点	肌肉红色稍暗,缺乏光泽,脂肪微黄,有少量霉点	肌肉色泽暗红,无光泽,脂肪呈污黄或灰绿色,有霉斑或霉点
组织状态	肉质紧密,有坚实感	肉质软化或松弛	肉质松弛
粘　度	外表及切面微湿润,不粘手	外表湿润,微粘手;切面有渗出液,但不粘手	外表湿润,粘手;切面有渗出液亦粘手
气　味	无臭味,无异味	稍有氨味或酸味	具有严重的氨味、酸味或臭味

(二)牛肉、羊肉、兔肉感官质量标准

1. 牛肉、羊肉、兔肉卫生标准(GB2708—1994)(见表5-31)

适用于牛、羊、兔屠宰加工后,经兽医卫生检验合格,允许市场销售的鲜牛肉、羊肉、兔肉和冷冻牛肉、羊肉、兔肉。

表5-31　牛肉、羊肉、兔肉卫生感官指标

项　目	鲜牛肉、羊肉、兔肉	冻牛肉、羊肉、兔肉
色　泽	肌肉有光泽,红色均匀,脂肪乳白色或微黄色	肌肉有光泽,红色或稍暗,脂肪洁白或微黄色

续表

项　目	鲜牛肉、羊肉、兔肉	冻牛肉、羊肉、兔肉
组织状态	纤维清晰，有坚韧性	肉质紧密，坚实
粘　度	外表微干或湿润，不粘手，切面湿润	外表微干或有风干膜或外表湿润不粘手，切面湿润不粘手
弹　性	指压后凹陷立即恢复	解冻后指压凹陷恢复较慢
气　味	具有鲜牛肉、羊肉、兔肉固有的气味，无臭味，无异味	解冻后具有鲜牛肉、羊肉、兔肉固有的气味，无臭味
煮沸后肉汤	澄清透明，脂肪团聚于表面，具特有香味	澄清透明或稍有浑浊，脂肪团聚于表面，具特有香味

2. 牛肉、羊肉、兔肉鲜度感官鉴别（见表5-32）

表5-32　牛肉、羊肉、兔肉鲜度感官鉴别

项目	新　鲜	次　鲜	变　质
色泽	肌肉呈均匀的红色，具有光泽，脂肪洁白或呈乳黄色	肌肉色泽稍转暗，切面尚有光泽，但脂肪无光泽	肌肉色泽呈暗红，无光泽，脂肪发暗直至呈绿色
气味	具有鲜牛、羊、兔肉的特有正常气味、如膻味或土腥味等	稍有氨味或酸味	有腐臭味
粘度	表面微干或有风干膜，触摸时不粘手	表面干燥或粘手，新的切面湿润	表面极度干燥或发粘，新切面也粘手
弹性	指压后的凹隐能立即恢复	指压后的凹陷恢复较慢，并且不能完全恢复	指压后的凹陷不能恢复，并且留有明显的痕迹
肉汤	肉汤汁透明澄清，脂肪团聚浮于表面，具备特有的香味	汤汁稍有混浊，脂肪呈小滴浮于表面，香味差或无香味	肉汤汁混浊，有黄色或白色絮状物，浮于表面的脂肪极少，具有明显的腐臭味

（三）健康畜肉与病死、毒死畜肉感官鉴别（见表5-33）

表5-33　健康畜肉与病死、毒死畜肉感官鉴别

项　目	健　畜　肉	死　畜　肉
色泽	肌肉色泽鲜红，脂肪洁白（牛肉为黄色），具有光泽	肌肉色泽暗红或带有血迹，脂肪呈桃红色

续表

项　目	健　畜　肉	死　畜　肉
组织状态	肌肉坚实致密，不易撕开，肌肉有弹性，用手指按压后可立即复原	肌肉松软，肌纤维易撕开，肌肉弹性差
血管状况	全身血管中无凝结的血液，胸腹腔内无淤血，浆膜光亮	全身血管充满了凝结的血液，尤其是毛细血管中更为明显，胸腹腔呈暗红色、无光泽

二、禽肉感官质量标准

（一）鲜、冻禽产品感官质量标准

1. 鲜、冻禽产品（GB16869—2000）（见表 5-34）

本标准适用于新鲜（未冷冻）或冷冻的家禽肉（鸡、鸭、鹅）。

表 5-34　鲜、冻禽产品卫生感官指标

项　目	感官指标
眼　球	眼球饱满、平坦或稍凹陷
色　泽	皮肤有光泽，肌肉切面有光泽，并有该禽固有色泽
粘　度	外表微干或微湿润，不粘手
弹　性	有弹性，肌肉指压后的凹陷立即恢复
气　味	具有该禽固有的气味
煮沸后肉汤	透明澄清，脂肪团聚于表面，具固有香味

2. 禽肉的鲜度感官鉴别（见表 5-35）

表 5-35　禽肉的鲜度感官鉴别

项目	新　鲜	不新鲜	腐　败
嘴部	嘴部有光泽，干燥，有弹性，无异味	嘴部无光泽，部分失去弹性，稍有腐败味	嘴部暗淡，角质部软化，口角有粘液，有腐败味
眼部	眼球充满整个眼窝，角膜有光泽	眼球部分下陷，角膜无光	眼球下陷大，同时有黏液，角膜暗淡
皮肤	呈淡黄色或淡白色，表面干燥，具有特有的气味	呈淡灰色或淡黄色，表面发潮，有轻腐败味	皮肤灰黄，有的地方带淡绿色，表面湿润，有霉味或腐败味

续表

项目	新　鲜	不新鲜	腐　败
脂肪	脂肪色白,稍带淡黄色,有光泽,无异味	脂肪色泽变化不太明显,但稍带异味	脂肪呈淡灰或淡绿色,有酸臭味
肌肉	结实而有弹性,有光泽,稍温不粘,有特有的香味。	肌肉弹性变小,用手指压时,留有明显的指痕,带酸味及腐败味	肌肉为暗红色、暗绿色或灰色,有重腐败味
肉汤	肉汤透明芳香,表面有大的脂肪油滴	肉汤不太透明,脂肪滴小,有腥臭气味	肉汤浑浊,有腐败气味,几乎无脂肪滴

（二）健禽肉与死禽肉感官鉴别(见表5-36)

表5-36　健禽肉与死禽肉感官鉴别

项　目	健　禽　肉	死　禽　肉
放血切口	切口不整齐,放血良好,切口周围组织有被血液浸润现象,呈鲜红色	切口平整,放血不良,切口周围组织无被血液浸润现象,呈暗红色
皮　肤	表皮色泽微红,具有光泽,皮肤微干而紧缩	表皮呈暗红色或微青紫色,有死斑,无光泽
脂　肪	脂肪呈白色或淡黄色	脂肪呈暗红色,血管中淤存有暗紫红色血液
胸肌、腿肌	切面光洁,肌肉呈淡红色,有光泽,弹性好	切面呈暗红或暗灰色,光泽较差或无光泽,手按在肌肉上会有少量暗红色血液渗出

三、畜禽肉类制品感官质量标准

（一）肉类制品质量感官鉴别原则

肉类制品按加工方法分为腌腊制品、烧制品、烤制品、灌肠制品、脱水肉制品、水煮肉制品等。在鉴别和选购这类食品时,一般是以外观、色泽、组织状态、气味和滋味等感官指标为依据的。应当留意肉类制品的色泽是否鲜明,是否加入人工合成色素;肉质的坚实程度和弹性如何;有无异臭、异物、霉斑等;是否具有该类制品所特有的正常气味和滋味。应注意观察肉制品的颜色、光泽是否有变化,品尝其滋味是否鲜美,有无异臭异味等。

（二）主要肉类制品质量感官鉴别（见5-37）

表5-37　主要肉类制品质量感官鉴别

项　目	主要肉类制品质量感官指标
火　腿	肌肉切面呈深玫瑰红色或桃红色，脂肪切面呈白色或微红色，有光泽；致密而结实，切面平整；具有火腿特有香味或香味平淡。尝味时盐味适度，无其他异味
香　肠	肠衣（或肠皮）干燥且紧贴肉馅，无黏液及霉点，坚实或有弹性；切面坚实；切面肉馅有光泽，肌肉灰红至玫瑰红色，脂肪白色或微带红色；具有香肠固有的风味
灌　肠	肠衣（肠皮）干燥完整，并与内容物密切结合，坚实而有弹力，无黏液及霉斑。切面坚实而湿润，肉呈均匀的蔷薇红色，脂肪为白色。无腐臭，无酸败味
烧烤肉（猪、鹅、鸭）	肌肉切面鲜艳发光，微红色，脂肪呈浅乳白色（鹅、鸭浅黄色）；切面压之无血水，脂肪滑而脆；无异味，无异臭
酱卤肉	肉质新鲜，无异物附着，无异味，无异臭
肴肉	皮白，肉呈微红色，肉汁呈透明晶体状，表面湿润，有弹性，无异味，无异臭
肉　松（太仓式）	呈金黄色或淡黄色带有光泽，絮状，纤维纯疏松，无异味异臭

第六节　水产品的质量标准和品级鉴别

一、水产品感官质量标准

（一）鱼类感官质量标准

1. 鱼类卫生标准

（1）淡水鱼类卫生标准（GB2736—1994）。适用于青鱼、草鱼、鲢鱼、鲤鱼、鳙鱼、鳊鱼（团头鲂）、鲫鱼、鲶鱼等淡水鱼，主要表现为：

体表——有光泽，鳞片较完整不易脱落，黏液无混浊，肌肉组织致密有弹性；

鳃——鳃丝清晰，色鲜红或暗红，无异臭味；

眼球——眼球饱满，角膜透明或稍有混浊；

肛门——紧缩或稍有凸出。

(2)海水鱼类卫生标准(GB2733—1944)。适用于黄鱼、带鱼、鲳鱼、鳓鱼、鳗鱼、鲚鱼、黄姑鱼、鲐鱼、蓝圆鲹、铁甲鱼、鲅鱼、鲱鱼等,主要表现为:

体表——鳞片完整或较完整,不易脱落,体表黏液透明无异臭味,具有固有色泽;

鳃——鳃丝较清晰,色鲜红或暗红,黏液不混浊,无异臭味;

眼球——眼球饱满,角膜透明或稍混浊;

肌肉——组织有弹性,切面有光泽,肌纤维清晰。

2. 鱼类鲜度感官鉴别(见表5-38)

表5-38 鱼类鲜度感官鉴别

项目	新鲜	次鲜	腐败
眼球	眼球饱满、突出,角膜、透明、清亮,有弹性	眼球不突出,眼角膜起皱,稍变混浊,有时眼内溢血发红	眼球塌陷或干瘪,角膜皱缩或有破裂
鱼鳃	鳃丝清晰呈鲜红色,黏液透明,具有海水鱼的咸腥味或淡水鱼的土腥味,无异臭味	鳃色变暗,呈灰红或灰紫色,黏液轻度腥气,气味不佳	鳃呈褐色或灰白色,有污秽的黏液,带有不愉快的腐臭气味
体表	有透明的黏液,鳞片有光泽且与鱼本贴附紧密,不易脱落(鲳、大黄鱼、小黄鱼除外)	黏液多不透明,鳞片光泽度差且较易脱落,黏液黏腻而混浊	体表暗淡无光,表面附有污秽黏液,鳞片与鱼皮脱离贻尽,具有腐臭味
肌肉	肌肉坚实有弹性,指压后凹陷立消失,无异味,肌肉切面有光泽	肌肉稍呈松散,指压后凹陷消失得较慢,稍有腥臭味,肌肉切面有光泽	肌肉松散,易与鱼骨分离,指压时形成的凹陷不能恢复或手指可将鱼肉刺穿
腹部	腹部正常,不膨胀,肛孔白色、凹陷	腹部膨胀不明显,肛门凸出	腹部膨胀,变软和破裂,表面发暗灰色或有淡绿色斑点,肛门凸出或破裂

(二)虾类感官质量标准

1. 河虾卫生标准(GB2740—1994)与海虾卫生标准(GB2741—1994)

河虾卫生标准适用于人工养殖或野生的河虾。要求虾具有各种河虾固有的色泽,外壳清晰透明,虾头与虾体连接不易脱落,尾节有伸屈性,肉质致密无异臭味。

海虾卫生标准主要适用于对虾、海白虾、虾姑、鹰爪虾等海虾，主要表现为：

体表——虾体完整，体表纹理清晰、有光泽；

肢节——头胸甲与体节间连接紧密，允许稍松弛，壳允许有轻微红色或黑色；

眼球——眼球饱满突出，允许稍萎缩；

肌肉——肌肉纹理清晰，呈玉白色，有弹性，不易拨离；

气味——具有海虾的固有气味，无任何异味。

2. 虾类质量分级标准

1 级品——虾体完整，品质新鲜，色泽清亮，皮壳附着坚实，无黑箍，黑裙或黑斑不超过 1 处；

2 级品——虾体完整，品质新鲜，色泽正常，有弹性，允许有黑 1 处，黑裙和黑斑不超过 2 处；

3 级品——虾体基本完整，稍有弹性，允许有黑箍 1 处，黑斑或黑裙不超 3 处；

4 级品——虾体基本完整，无异味，不发红，黑箍、黑裙、黑斑不能影响外观。

3. 虾类鲜度感官鉴别（见表 5-39）

表 5-39　虾类鲜度感官鉴别

品　种	感官指标	
青虾（河虾）	1 级鲜度	青灰色，外壳清晰透明，头体连接近紧密，肌肉青白色，致密，尾节伸屈性强
	2 级鲜度	灰白色，透明度较差，头体稍易脱离，肌肉青白色，致密，尾节伸屈性差
对　虾	1 级鲜度	虾体完整，允许有黑箍 1 个，黑斑四处，虾体清洁，允许串清水及局部串血水，肌肉紧密，有弹性
	2 级鲜度	虾体基本完整，允许有黑箍 3 个和不严重影响外观的黑斑，虾体清洁，允许串血水，肌肉弹性稍差
海白虾	1 级鲜度	头体节紧连，甲壳清晰透明，眼饱满、突出、透明，肉质有韧性，玉白色，具固有气味
	2 级鲜度	头体节连接松弛，色泽暗淡，眼微陷、萎缩、透明，肉质有韧性，玉白色，无异味

第七节　其他农副产品的质量标准和品级鉴别

一、蜂产品的质量标准和品级鉴别

（一）蜂蜜（GB14963—1994）

1. 蜂蜜质量标准

（1）蜂蜜感官指标（见表5-40）。常温下呈透明或半透明粘稠状液体，较低温度下可出现结晶，具蜜源植物特有的色、香、味，无涩、麻、辛辣等异味；天然蜂蜜经加工后，无死蜂、幼虫及其他杂质。

表5-40　蜂蜜感官指标

项　目	良　质	次　质	劣　质
色泽	一般呈白色，淡黄色到琥珀色	色泽变深、变暗	色泽暗黑、无光泽
气味	纯正的清香味和各种本类蜜源植物花香味，无其他异味	香气淡薄	香气很薄或无香气，有发酵味、酒味及其他不良气味
组织状态	在常温下是黏稠、透明或半透明的胶状流体，温度较低时可发生结晶现象，无沉淀和杂质，用木筷挑起蜜后可拉起柔韧的长丝，断后断头回缩并形成下粗上细的叠塔状，并慢慢消失	在常温下较稀薄，有沉淀物及杂质（死蜂、残肢、幼虫、蜡屑等），不透明，用木筷将蜜挑起后呈糊状并自然下沉，不会形成塔状物	表面出现泡沫，蜜液混浊不透明
滋味	具有纯正的香甜味	味甜并有涩味	除甜味外，还有苦味、涩味、酸味、金属味等其他滋味，有麻舌感

（2）蜂蜜理化指标（见表5-41）。

表5-41　蜂蜜理化指标

项　目	指　标
铅（Mg/kg）	≤1
锌（Mg/kg）	≤25

(3) 蜂蜜微生物指标(见表5-42)。

表5-42　蜂蜜微生物指标

项　目	指　标
菌落总数(个/g)	≤1000
大肠菌群(个/100g)	≤30
霉菌总数(个/g)	≤200
致病菌(指肠道致病菌、致病性球菌)	不得检出

2. 不同品种蜂蜜的鉴别

由于蜂蜜采集的蜜源不同,酿制出的蜂蜜品名不一样。不同品种的蜂蜜,其色、香、味、结晶形态也不同。

紫云英蜜。紫云英蜜色泽淡白微现青色,有清香气,滋味鲜洁,甜而不腻,不易结晶,结晶后呈粒状。

油菜蜜。油菜蜜色泽浅白黄,有油菜花般的清香味,味甜润,稍有浑浊,容易结晶,其晶粒特别细腻,呈油状结晶。

苕子蜜。苕子蜜色泽淡白,微现青色,有清香气,滋味没有紫云英蜜鲜洁,甜味也稍差。

棉花蜜。棉花蜜色泽淡黄,味甜而稍涩,随成熟程度增加而涩味逐渐消失,结晶颗粒较粗。

芝麻蜜。芝麻蜜色泽浅黄,滋味甜腻,有一般的清香气。

枣花蜜。枣花蜜色泽呈中等的琥珀色,深于乌柏蜜,蜜汁透明,滋味甜,具有特殊的浓烈气味,结晶粒粗。

荞麦蜜。荞麦蜜色泽金黄,滋味甜腻,吃口重,有强烈的荞麦气味,颇有刺激性,结晶呈粒状。

柑橘蜜。柑橘蜜品种繁多,色泽不一,一般呈泽黄色,具有柑橘般香甜味,食之微有酸味,结晶粒细,呈油脂状结晶。

枇杷蜜。枇杷蜜色泽淡白,香气浓郚,带有杏仁味,甜味香洁,结晶后成细粒状。

槐花蜜。槐花蜜色泽淡白,有淡香气,滋味鲜洁,甜而不腻,不易结晶,结晶后成细粒,油脂状凝结。

荔枝蜜。荔枝蜜色泽微黄或淡黄,具有荔枝香气,稍有刺喉的感觉。

龙眼蜜。龙眼蜜色泽淡黄,具有龙眼花的香气,滋味纯甜而蜜。

百花蜜。百花蜜色泽深,是多种花蜜的混合蜂蜜,味甜,具有天然蜜的香气,花粉组成复杂,一般有 5 ~6 种以上花粉。

椴树蜜。椴树蜜色泽浅黄或金黄,具有令人悦口的特殊香味。蜂巢椴树蜜带有薄荷般的清香滋味。

葵花蜜。葵花蜜色泽呈浅琥珀色,气味芳香,滋味甜润,容易结晶。

荆条蜜。荆条蜜色泽白,气味芳香,滋味甜润,结晶后细腻色白。

草木蜜。草木蜜浅琥珀或乳白色,质地浓稠透明,气味芳香,滋味甜润。

甘露蜜。甘露蜜色泽暗褐或暗绿,没有芳香气味,滋味甜。

山花椒蜜。山花椒色泽呈深琥珀或深棕色,质地黏稠半透明,滋味甜,有刺喉异味。

桉树蜜。桉树蜜色泽呈琥珀或深棕色,滋味甜,有桉树异臭味,有刺激味。

二、食用菌的质量标准和品质鉴别

(一) 食用菌质量指标(BG7096—1996)

1. 食用菌感官质量指标

具有食用菌正常的商品外形及固有的色泽、香味。不得混有非食用菌,无异味、无霉变、无虫蛀。

2. 食用菌理化指标(见表 5-43)

表 5-43 食用菌理化指标

指 标	干食用菌(mg/kg)	鲜食用菌(mg/kg)
铅(以 Pb 计)	≤2.0	≤0.5
汞(以 Hg 计)	≤0.2	≤0.1
砷(以 As 计)	≤1.0	≤0.5
六六六	≤0.2	≤0.1
滴滴涕	≤0.1	≤0.1

(二) 黑木耳质量标准和品质鉴别

1. 黑木耳质量标准

(1) 黑木耳感官质量指标(见表 5-44)。

表 5-44 黑木耳感官质量指标

指标名称\等级	1 级	2 级	3 级
耳片色泽	耳面黑褐色,有光亮感,背暗灰色	耳黑褐色,背暗灰色	多为黑褐色至浅棕色
拳耳	不允许	不允许	不超过 1%
流耳、流失耳、虫蛀耳、霉烂耳	不允许	不允许	不允许

(2) 黑木耳物理指标(见表 5-45)。

表 5-45 黑木耳物理指标

指标名称\等级	1 级	2 级	3 级
朵片大小,cm	朵片完整,不能通过直径 2cm 的筛眼	朵片基本完整,不能通过直径 1cm 的筛眼	朵片小或成碎片,不能通过直径0.4cm 的筛眼
含水量,%	不超过 14	不超过 14	不超过 14
干湿比	1 : 15 以上	1 : 14 以上	1 : 12 以上
耳片厚离:mm	1 以上	0.7 以上	
杂质,%	不超过 0.3	不超过 0.5	不超过 1

(3) 黑木耳化学指标(见表 5-46)。

表 5-46 黑木耳化学指标

指标名称\等级	1 级	2 级	3 级
粗蛋白质,%	不低于 7.00	7.00	7.00
总糖(以转化糖计)%	不低于 22.0	22.0	22.0
粗纤维,%	3.00 ~ 6.00	3.00 ~ 6.00	3.00 ~ 6.00
灰分,%	3.00 ~ 6.00	3.00 ~ 6.00	3.00 ~ 6.00
脂肪,%	不低于 0.40	0.40	0.40

2. 木耳掺假鉴别(见表5-47)

表5-47 木耳掺假鉴别

项 目	正常木耳	掺假木耳
外观与色泽	褐色或黑色,平滑,外面呈淡褐色,而且有柔软短毛,组织纹理清晰,干品呈松散状	内外颜色均灰暗,质地酥,易潮解,组织纹理不清晰,干品结团
手 感	用手抓木耳放于掌心掂量,应感到木耳体轻柔和	用手抓木耳放于掌心掂量,应感到扎手且发沉
口 味	用手指捏木耳少许,用舌轻舔没有异味	舌舔有异味则说明掺了假,掺盐的发咸,掺糖的发甜,掺矾的发涩,挂锅底灰的有烟油味,掺沙的则有硌牙感
泡 发	浸泡后胀发性很强,色泽较淡,肉质肥厚,弹性强,表面有润湿的黏液,品尝有独特的香味	胀发性很弱,肉质软而无力,弹性差(甚至无弹性),并可能有糟烂现象

3. 黑木耳分级(见5-48)

表5-48 黑木耳分级

等 级	指 标
1级品	表面青色,底灰白,有光泽,朵大肉厚,膨胀性大,肉质坚韧,富有弹性,无泥杂,无虫蛀,无卷耳,无拳耳
2级品	朵形完整,表面青色,底灰褐色,无泥杂,无虫蛀
3级品	色泽暗褐色,朵形不一,有部分碎耳、鼠耳,无泥杂,无虫蛀
4级品	通过检验不符合1、2、3的产品,如不成朵形或碎耳数量很多,但无杂质,无霉变现象
等外品	碎耳多,含有杂质,色泽差

（二）银耳的质量标准和品质鉴别（GB11675—2003）

1. 银耳质量优劣鉴别（见表 5-49）

表 5-49　银耳质量优劣鉴别

项　目	指　标
朵　形	形似菊花、瓣大而松、质地轻者为上品；朵形小或未长成菊花形的为下品
色　泽	色白如银、白中透明、有鲜亮的光泽为上品；色泽发黄或色泽不匀、有黑点、不透明者下品
组　织	个大如碗、朵片肉质肥厚、胶质多、蒂小、水分适中者为上品；朵片肉质单薄、无弹性、蒂大者为下品
杂　质	银耳中无碎片、无杂质为上品；银耳容易破碎、碎片多、杂质多者为下品

2. 银耳分级鉴别（见表 5-50）

表 5-50　银耳分级鉴别

等　级	指　标
1 级品	足干，色白，无杂质，不带耳脚，朵整肉厚，呈圆形，朵的直径大于 4cm
2 级品	足干，色白，无杂质，不带耳脚，朵整肉厚，朵形不甚圆，直径在 2cm 以上
3 级品	足干，色白，略带米黄色，朵肉略薄，无杂质，不带耳脚，整朵呈圆形，朵的直径在 2cm 以上
4 级品	足干，色白，带米黄色，有斑点，朵肉薄，不带耳脚，整朵呈圆形，朵的直径大于 1.3cm
等外品	足干，色白，带米黄色，朵中有斑点，耳肉薄，略带耳脚，无杂质，无火烘朵及黑朵，无碎末，朵形不一，朵的直径小于 1.3cm

三、茶叶的质量标准

（一）茶叶质量标准（GB9679—1988）

1. 茶叶感官质量指标

具有该茶类正常的商品外形及固有的色、香、味，不得混有异种植物叶，不含非茶类物质，无异味，无霉变。

2. 茶叶理化指标(见表 5-51)

表 5-51 茶叶理化指标

项 目	指 标
铅(mg/kg,以 pb 计)	≤2(紧压茶:3)
铜(mg/kg,以 Gu 计)	≤60
六六六(mg/kg)	≤0.2(紧压茶:0.4)
滴滴涕(mg/kg)	≤0.2

第六章　中级农产品经纪人应具备的品级鉴别知识

中级农产品经纪人是指已获得初级证书的经纪人，通过相应天数的培训、考核并获得中级资格证书的农产品经纪人。所以，中级农产品经纪人在掌握初级农产品经纪人应掌握的品级鉴定知识的基础上，还需掌握优质粮食、绿色食品、盆栽观果植物、无公害食品等的质量标准和品级鉴别知识。

第一节　优质粮食的质量标准和品级鉴别

一、优质稻谷（GB/T17891—1999）

1. 优质稻谷分类

根据优质稻谷的品种，优质稻谷分为四类：优质籼稻谷、优质粳稻谷、优质籼糯稻谷、优质粳糯稻谷。

2. 优质稻谷质量指标

（1）优质稻谷分级指标（见表6-1）

表6-1　优质稻谷分级指标

类别	等级	出糙率%≥	整精米率%≥	垩白粒率%≤	垩白度≤	直链淀粉（干基）%	食味品质分≥	胶稠度mm≥	粒型（长宽比）≥	不完善粒%≤	异品种粒%≤	黄粒米%≤	杂质%≤	水分%≤	色泽气味
籼稻谷	1	79.0	56.0	10	1.0	17.0～22.0	9	70	2.8	2.0	1.0	0.5	1.0	13.5	正常
	2	77.0	54.0	20	3.0	16.0～23.0	8	60	2.8	3.0	2.0	0.5	1.0	13.5	正常
	3	75.0	52	30	5.0	15.0～24.0	7	50	2.8	5.0	3.0	0.5	1.0	13.5	正常

续表

类别	等级	出糙率%≥	整精米率%≥	垩白粒率%≤	垩白度≤	直链淀粉(干基)%	食味品质分≥	胶稠度mm≥	粒型(长宽比)≥	不完善粒%≤	异品种粒%≤	黄粒米%≤	杂质%≤	水分%≤	色泽气味
粳稻谷	1	81.0	66.0	10	1.0	15.0~18.0	9	80	—	2.0	1.0	0.5	1.0	14.5	正常
	2	79.0	64.0	20	3.0	15.0~19.0	8	70	—	3.0	2.0	0.5	1.0	14.5	正常
	3	77.0	62.0	30	5.0	15.0~20.0	7	60	—	5.0	3.0	0.5	1.0	14.5	正常
籼糯稻谷	—	77.0	54.0	—	—	≤2.0	7	100	—	5.0	3.0	0.5	1.0	13.5	正常
粳糯稻谷	—	80.0	60.0	—	—	≤2.0	7	100	—	5.0	3.0	0.5	1.0	14.5	正常

(2) 优质稻谷定级

以整粒米率、垩白度、直链淀粉含量、食味品质为定级指标,应达到《优质稻谷分级指标》表的规定;不完善粒、异品种粒、黄粒米、杂质、水分、色泽、气味按 GB1350 规定执行;其余指标有两项以上不合格但不低于下一个等级指标的,降一级定等;任何一项指标达不到三级要求时,不能作为优质稻谷。

二、优质小麦—强筋小麦(GB/T17892—1999)

优质小麦—强筋小麦角质率不低于 70%,加工成的小麦粉筋力强,适合于制作面包等食品。

优质小麦—强筋小麦的质量指标(见表 6-2)

表 6-2 优质小麦—强筋小麦的质量指标

项目			指标 一等	指标 二等
籽粒	容重,g/L≥		770	
	水分,%≤		12.5	
	不完善粒,%≤		6.0	
	杂质,%	总量≤	1.0	
		矿物质≤	0.5	
	色泽,气味		正常	
	降落数值,s≥		300	
	粗蛋白质,%(干基)≥		15.0	14.0

续表

项目		指标	
		一等	二等
小麦粉	湿面筋,%(14%水分基)≥	35.0	32.0
	面团稳定时间,min≥	10.0	7.0
	烘焙品质评分值	80	

三、优质小麦—弱筋小麦(GB/T17893—1999)

优质小麦—弱筋小麦粉质率不低于70%,加工成的小麦粉筋力弱,适合于制作蛋糕和酥性饼干等食品。

优质小麦—弱筋小麦的质量指标(见表6-3)

表6-3　优质小麦—弱筋小麦的质量指标

项目			指标
籽粒	容重,g/L≥		750
	水分,%≤		12.5
	不完善粒,%≤		6.0
	杂质,%	总量≤	1.0
		矿物质≤	0.5
	色泽,气味		正常
	降落数值,s≥		300
	粗蛋白质,%(干基)≤		11.5
小麦粉	湿面筋,%(14%水分基)≤		22.0
	面团稳定时间,min≤		2.5

第二节 绿色食品的质量标准和品级鉴别

一、绿色食品黄瓜(NY/T269—1995)

(一)绿色食品黄瓜质量标准

1. 绿色食品黄瓜的感官要求(见表6-4)

表6-4 绿色食品黄瓜的感官要求

品质	规格	限度
① 同一品种,成熟适度,新鲜脆嫩,果形、果色良好,清洁; ② 无腐烂、畸形、异味、冷害、冻害、病虫害及机械伤	大:单果重≥200g 中:单果重≥150g 小:单果重≥150g	每批样品不符合品质要求的,按重量计不得超过55%,其中腐烂、异味、病虫害者不得检出,不符合该重量规格的不得超过10%

2. 绿色食品黄瓜的理化要求

见绿色食品黄瓜、番茄、菜豆理化要求(见表6-7)。

(二)绿色食品黄瓜的检验规则

1. 检验规则

(1)同品种、同规格、同时采收的黄瓜作为一个检验批次。

(2)报验单填写的项目应与实货相等。凡与货单不符合者,包装容器严重损坏者,应由交货单位重新整理后,再进行抽样。

(3)每批次需随机取样,抽样方法按GB8855中有关规定执行。

2. 检验方法

(1)检验应在收购5日内完成。检验时首先将抽取的样品逐件称重,每件重量须一致,不得低于包装外标志的重量。然后逐件打开,取出黄瓜平放在检验台上,不得重叠,进行检查。

(2)品种特征、果形、色泽、清洁度采用感官鉴定。

(3)病虫害、机械伤、腐烂,在果实外部有明显症状,采用目测方法。

(4)果实品质新鲜程度和弯曲度,用小刀解剖后目测和用尺测量。

3. 判定规则

凡其中一项不符合技术要求的均判为不合格。

二、绿色食品番茄（NY/T270—1995）

（一）绿色食品番茄的质量标准

1. 绿色食品番茄等级规格的划分

番茄按其商品品质分等，每等按果重分级（见表6-5）。

表6-5　绿色食品番茄的感官要求

等级	品　质	规　格	限　度
一级	具有同一品种的特征，果形、色泽良好，果面光滑、新鲜、清洁、硬实，无异味，成熟度适宜，整齐度较高；无烂果、过熟、日伤、褪色斑、疤痕、雹伤、冻伤、皱缩、空腔、畸形果、裂果、病虫害及机械伤	特大果：单果重≥200g 大果：单果重150～199g 中果：单果重100～149g 小果：单果重50～99g 特小果：单果重<50g	品质不合格个数之和不得超过5%，其中软果和烂果之和不得超过1%；规格不合格个数不得超过10%
二级	具有相似的品种特征，果形、色泽较好，果面较光滑、新鲜、清洁、硬实、无异味，成熟度适宜，整齐度尚高；无烂果、过熟、日伤、褪色斑、疤痕、雹伤、冻伤、皱缩、空腔、畸形果、裂果、病虫害及机械伤	大果：单果重≥150g 中果：单果重100～149g 小果：单果重50～99g 特小果：单果重<50g	品质不合格个数之和不得超过10%，其中软果和烂果之和不得超过1%；规格不合格个数不得超过10%
三级	具有相似的品种特征，果形、色泽尚好，果面清洁，较新鲜，无异味，不软，成熟度适宜；无烂果、过熟、严重日伤、大疤痕、严重裂果、严重畸形果、严重病虫害及机械伤	大中果：单果重≥100g 小果：单果重50～90g 特小果：单果重<50g	品质不合格个数不得超过10%，其中软果和烂果之和不得超过1%；规格不合格个数不得超过10%

2. 绿色食品番茄的理化要求（见表6-7）

见绿色食品黄瓜、番茄、菜豆理化要求。

（二）绿色食品番茄的检验规则

1. 检验规则

（1）同品种、同等级、同时间收购的番茄作为一个检验批次。

（2）报验单填写的项目应与实货相符，凡货单不符，品种、等级混淆不清，包装容器严重损坏者，应由交售单位整理后，再行抽样。

2. 检验方法

（1）抽样方法采用随机取样，抽样数量按数量抽取。

（2）将抽取的样品逐件称量，每件重量一致，不得低于包装外标志之重量，若为弥补运输途中自然损耗，可适当多装，但上限不得超过5%。然后将样品逐件打开，取出番茄平铺于检验台上，不可重叠，记录其个数，进行个体检查。

（3）品种特征、果形、色泽、光滑、新鲜、清洁、绿肩、异味、硬度、成熟度、整齐度采用感官鉴定。

（4）烂果、日伤、褪色斑、雹伤、冻伤、皱缩、空腔、机械伤用目测，过熟用目测和手摸，畸形果和裂果用目测及测量。病虫害对果实外部有明显症状或外观不明显而对内部有怀疑者，都应取样果用小刀解剖检验，如发现内部症状，则需增加验果数量。

（5）果重的检测。先将称取的每件重量减去容器重量，求得每件的净重，再数每件容器所装的果实数，求得每个番茄的平均果重及应在的等级，检查与包装外标志所示的等级是否一致，接着检测果重的限度。

（6）每批番茄抽样检验后，对不符合该等级标准的番茄，按记录单上记载的各项记录，如一个果实同时具有几种缺陷，则选一个主要缺陷，按一个残次果计算，这样分别计算百分率，百分率则需保留一位小数。

计算公式：

$$\text{单项不合格果}(\%)=\left(\text{单项不合格果数}/\text{检验批总果数}\right)\times 100$$

不合格果百分率等于各单项百分率的总和。

3. 限度范围

每批受检番茄，按其品质和大小抽样检验，各箱（筐）不合格果百分率按其平均值计算，总的不得超过该等级规定限度范围。如当某容器不合格果百分率超过规定限度时，为避免不合格率变异幅度太大，特作如下规定。

（1）规定限度总的不超过5%和1%者，则任何一容器内果实，不合格果百分率的上限不得超过10%和2%，尤其是烂果与软果之和不得超过2%。

（2）规定限度总的不超过10%者，则任何一容器内果实，不合格果百分率的上限不得超过15%。

（3）如若超过上述规定，则应降到相应的等级或作等外品处理。

三、绿色食品菜豆(NY/T271—1995)

(一) 绿色食品菜豆的质量标准

(1) 绿色食品菜豆感官要求(见表6-6)

表6-6　绿色食品菜豆感官要求

色泽	豆荚浅绿,色泽一致
形态	菜豆必须属于同类型,形态完整,荚尾尖部短,荚幼嫩,成熟而不过熟,豆荚条形较直、粗细均匀、无擦伤,不许有柔软凋萎、疤痕、病虫害或其他方面所引起伤害
杂质	不得检出

(2) 绿色食品菜豆理化要求(见表6-7)

表6-7　绿色食品黄瓜、番茄、菜豆理化要求

项　　目		指　　标
氟	mg/kg	≤1.0
砷(以As计)	mg/kg	≤0.2
汞(以Hg计)	mg/kg	≤0.01
镉(以Cd计)	mg/kg	≤0.05
硒(以Se计)	mg/kg	≤0.1
锌(以Zn计)	mg/kg	≤20
稀土	mg/kg	≤0.7
六六六	mg/kg	≤0.05
滴滴涕	mg/kg	≤0.05
杀螟硫磷	mg/kg	≤0.2
倍硫磷	mg/kg	≤0.05
乐果	mg/kg	≤0.5
敌敌畏	mg/kg	≤0.1

(二) 绿色食品菜豆检验规则

1. 检验规则

(1) 同品种、同时采收的菜豆作为一个检验批次。

(2) 报验单填写的项目应与实货相等。凡与货单不符合者、包装容器严重损坏者,应由交货单位重新整理后,再进行抽样。

(3) 判定规则。凡其中一项不符合技术要求的,均判为不合格。

2. 检验方法

(1) 抽样方法参照GB8855新鲜水果与蔬菜的取样方法及内容物测定中有关规定执行。随机取样数量为1~3kg。

(2) 逐件称量抽取的样品,每件重量须一致,不得低于包装外标志的重量。

(3) 逐件打开包装样品,取出菜豆并平放在检验台上进行色泽、形态与杂质的检查。

第三节 绿色果品的质量标准和品级鉴别

一、绿色食品苹果质量标准(NY/T268—1995)

(一) 绿色食品苹果品种鉴别(见表6-8)

表6-8 绿色食品苹果品种鉴别

品 种	表面色泽	气味与滋味	外观形态
一类苹果(红香蕉、红金星、红冠、红星等)	色泽均匀而鲜艳,表面洁净光亮,红者艳如珊瑚、玛瑙,青者黄里透出微红	具有各自品种固有的清香味,肉质香甜鲜脆,味美可口	个头以中上等大小且均匀一致为佳,无病虫害,无外伤
二类苹果(青香蕉、黄元帅等)	青香蕉的色泽青色透出微黄,黄元帅色泽为金黄色	青香蕉表现为清香鲜甜,滋味以清心解渴的舒适感为主;黄元帅气味醇香扑鼻,滋味酸甜适度,果肉细腻而多汁,香润可口,给人以新鲜开胃的感觉	个头以中上等大小且均匀一致为佳,无虫害,无外伤,无锈斑
三类苹果(国光、红玉、翠玉、鸡冠、可口香、绿青大等)	色泽不一,但均具有光泽,洁净	具有本品种的香气,国光滋味酸甜稍淡,吃起来清脆,而红玉及鸡冠颜色相似,苹果酸度较大	个头以中上等大小且均匀一致为佳,无虫害,无锈斑,无外伤

续表

品　种	表面色泽	气味与滋味	外观形态
四类苹果（倭锦、新英、秋花皮、秋金香等）	色泽鲜红，有光泽，洁净	具有本品种的香气，但这类苹果纤维量高，质量较粗糙，甜度和酸度低，口味差	一般果形较大

（二）绿色食品苹果质量品质标准

1. 绿色食品苹果果实大小等级标准（见表 6-9）

表 6-9　绿色食品苹果果实大小等级标准

等级 果型	优等品	一等品	二等品
大型果	≥75MM	≥70MM	≥65MM
中型果	≥70MM	≥65MM	≥60MM

2. 绿色食品苹果果实表面颜色指标（见表 6-10）

表 6-10　绿色食品苹果果实表面颜色指标

品种 等级	优等品，%	一等品，%	二等品，%
元帅系	浓红 75 以上	浓红 66 以上	浓红 50 以上
富士系	红或条红 75 以上	红或条红 66 以上	红或条红 50 以上
津　轻	红或条红 75 以上	红或条红 66 以上	红或条红 50 以上
乔纳金	鲜红、浓红 75 以上	鲜红、浓红 66 以上	鲜红、浓红 50 以上
秦　冠	红 75 以上	红 66 以上	红 50 以上
国　光	红或条红 66 以上	红或条红 66 以上	红或条红 25 以上

3. 绿色食品苹果果实理化要求（见表 6-11）

表 6-11　绿色食品苹果果实理化要求

品种 等级	去皮硬度不低于 kg/cm^2	可溶性固形物不低于%	总酸量不高于，%
元帅系	6.5	11	0.3
富士系	8	14	0.4
津　轻	5.5	13	0.4

续表

品种 等级	去皮硬度不低于 kg/cm^2	可溶性固形物 不低于%	总酸量不高于,%
乔纳金	5.5	14	0.4
秦　冠	6	13	0.4
国　光	8	13	0.6
金　冠	7	13	0.4
印　度	8	14	0.3
王　林	7	14	0.3

4. 绿色食品苹果果实卫生要求(见表6-12)

表6-12　绿色食品苹果果实卫生要求

项　目	指　标(mg/kg)
汞(以Hg)计	≤0.005
镉(以Cd)计	≤0.03
铅(以Pg)计	≤0.05
砷(以As)计	≤0.1
氟(以F)计	≤0.5
六六六	≤0.05
滴滴涕	≤0.05
敌敌畏	≤0.02
乐　果	≤0.02
杀螟硫磷	≤0.02
倍硫磷	≤0.02

(三)绿色食品苹果等级鉴别(见表6-13)

表6-13　绿色食品苹果等级鉴别

项目	优等品	一等品	二等品
果形	具有本品种应有的特性	允许果形有轻微缺点	果形有缺点,但仍保持本品种果实的基本特征,不得有畸形果
色泽	具有本品种成熟时应有的色泽,各主要品种的具体色泽不同,可有青、黄、红等色		
果梗	果梗完整	允许果梗轻微损伤	允许无果梗,但不得损伤果皮
果径(毫米)	大型果≥70,中型果≥65,小型果≥60	大型果≥65,中型果≥60,小型果≥55	大型果≥60,中型果≥55,小型果≥50

续表

项目	优等品	一等品	二等品
果锈	褐色片锈不超出梗洼，不粗糙；允许轻微而分离的平滑网状不明显锈痕，总面积不超过果面的1/10；无重锈斑	轻微褐色片锈超出梗洼之处，表面不粗糙；允许平滑网状薄层，总面积不超过果面1/5；允许重锈斑最大面积不超过果面的1/20	褐色片锈超过梗洼或萼洼之外，表面轻度粗糙；允许轻度粗糙的网状果锈，总面积不超过果面的1/2；允许重锈斑最大面积不超过果面的1/3
果面缺陷	无缺陷，但允许下列规定十分轻微不影响果实质量或外观的果皮损伤不超过3项：允许十分轻微的碰压伤1处，面积不超过0.5cm^2；允许十分轻微的磨伤（枝磨、叶磨）1处，面积不超过0.5cm^2；应无水锈和垢斑病，但允许十分轻微的薄层痕迹，面积不超过0.5cm^2；允许轻微雹伤1处，面积不超过0.1cm^2；应无刺伤、破皮划伤、日灼（日烧病）、裂果、病虫果、虫伤和其他小疵点	允许下列规定未伤及果肉、无害于一般外观和贮藏质量的果皮损伤不超过3项：允许轻微碰压伤，总面积不超过1.0cm^2，其中最大处面积不得超过0.5cm^2；允许轻微不变黑的磨伤（枝磨、叶磨）面积不超过1.0cm^2；允许桃红色及稍微发白的日灼伤面积不超过1.0cm^2；允许轻微薄层药害，总面积不超过1.0cm^2，不得影响本等级规定的色泽要求；允许轻微雹伤2处，每处直径不超过0.5cm^2，总面积不超过0.4cm^2；允许风干裂口2处，每处长度不超过0.5cm^2；允许干枯虫伤，总面积不超过0.3cm^2；允许有5个斑点；应无刺伤、破皮划伤和病虫果	允许下列对果肉无重大伤害的果皮损伤不超过3项：允许不超过0.03cm^2的干枯刺伤2处；允许轻微碰压伤，总面积不超过2.0cm^2，其中最大处不得超过1.0cm^2，伤处不得变褐，对果肉无明显伤害；允许不严重影响果实外观的磨伤（枝磨、叶磨），面积不超过2.0cm^2；允许水锈薄层和不明显的垢斑病，总面积不超过1.5cm^2；轻微发黄的日灼伤害允许总面积不超过2.0cm^2；允许轻微薄层药害总面积不超过2.5cm^2，但伤处不软化、未形成表皮肿泡或破裂；允许未破皮或果皮愈合良好的轻微雹伤，总面积不超过2.5cm^2；允许风干裂口3处，每处长度不超过1.0cm；允许干枯虫伤总面积不超过1.0cm^2；允许有20个斑点；应无病虫果

二、绿色食品鲜梨质量标准（NY/T423—2000）

（一）绿色食品鲜梨分类

1．特大型果：苍溪雹梨、雪花梨、金华梨、茌梨等。

2. 大型果:鸭梨、酥梨、黄县长把梨、栖霞大香水梨、山东子母梨、宝珠梨、苹果梨、早酥梨、大冬果梨、巴梨、晚三吉梨等。

3. 中型果:黄梨、安梨、秋白梨、胎黄梨、鸭广梨、库尔勒香梨、菊水梨、新世纪梨等。

4. 小型果:绵梨、伏茄梨等。

(二) 绿色食品鲜梨质量标准

1. 绿色食品鲜梨感官质量(见表6-14)

表6-14　绿色食品鲜梨和感官质量

项　目	感官质量
基本要求	各品种的鲜梨都必须完整良好,新鲜洁净,无不正常的外部水分,无异臭及异味,精心手采,发育正常,具有贮存或市场要求的成熟度
果　形	果形端正,具有本品种固有的特征,果梗完整
色　泽	具有本品种成熟时应有的色泽
果实横径(mm)	特大型果≥80,大型果≥75,中型果≥65,小型果≥55
果面缺陷	基本上无缺陷,允许下列不影响外观和品质的轻微缺陷不超过2项
① 碰压伤	允许轻微者一处,其面积不超过0.5cm^2,不得变褐
② 刺伤、破皮划伤	不允许
③ 磨伤(枝磨、叶磨)	允许轻微磨伤面积不超过果面的1/12,巴梨、秋白梨为1/8
④ 水锈、药斑	允许轻微薄层总面积不超过果面的1/12
⑤ 日　灼	不允许
⑥ 雹　伤	不允许
⑦ 虫　伤	不允许
⑧ 病　果	不允许
⑨ 虫　害	不允许

2. 绿色食品鲜梨的理化要求(见表 6-15)

表 6-15　绿色食品鲜梨的理化要求

品种＼指标	果实硬度,N/cm^2,(kgf/cm^2)	可溶性固形物,%	总　酸,%	固酸比
鸭梨	39～54(4.0～5.5)	≥10.0	≤0.16	≥62.5∶1
酥梨	39～54(4.0～5.5)	≥11.0	≤0.16	≥110∶1
茌梨	63.7～88(6.5～9.0)	≥11.0	≤0.10	≥110∶1
雪花梨	68.6～88(7.0～9.0)	≥11.0	≤0.12	≥92∶1
香水梨	58.8～73.5(6.0～7.5)	≥12.0	≤0.25	≥48∶1
长把梨	68.6～88(7.0～9.0)	≥10.5	≤0.35	≥30∶1
秋白梨	107.9～117.7(11.0～12.0)	≥11.2	≤0.20	≥56∶1
早酥梨	69.6～76.5(7.1～7.8)	≥11.0	≤0.24	≥46∶1
新世纪梨	54～68.6(5.5～7.0)	≥11.5	≤0.16	≥72∶1
库尔勒香梨	54～73.5(5.5～7.5)	≥11.5	≤0.10	≥115∶1

3. 绿色食品鲜梨的卫生要求(见表 6-16)

表 6-16　绿色食品鲜梨的卫生要求

项　目	指　标
六六六	≤0.05
滴滴涕	≤0.05
甲拌磷	不得检出
对硫酸	不得检出
马拉硫磷	不得检出
杀螟硫磷	≤0.02
倍硫磷	≤0.02
敌敌畏	≤0.02
乐果	≤0.02
砷(以总 As 计)	≤0.1
铅(以 Pb 计)	≤0.1
铜(以 Cu 计)	≤10
锌(以 Zn 计)	≤5
镉(以 Cd 计)	≤0.03

续表

项　目	指　标
汞(以 Hg 计)	≤0.01
氟(以 F 计)	≤0.5
铬(以 Cr 计)	≤0.5

(三) 绿色食品鲜梨的等级标准(见表 6-17)

表 6-17　绿色食品鲜梨的等级标准

项目	优等品	一等品	二等品
果形	果形端正,具有本品固有的特征,果梗完整	果形正常,允许轻微缺陷,具有本品种应有的特征,果梗完整	果形允许有缺陷,但仍保持本品种应有的特征,不得有偏缺过大的畸形果,果梗完整
色泽	具有本品种成熟时应有的光泽,二等品允许色泽较差		
横径(毫米)	特大型果≥70,大型果≥65,中型果≥60,小型果≥55	特大型果≥65,大型果≥60,中型果≥55,小型果≥50	特大型果≥60,大型果≥55,中型果≥50,小型果≥45
果面缺陷	基本上无缺陷,允许有下列不影响外观和品质的轻微缺陷不超过 2 项:允许有 1 处轻微碰压伤,其面积不超过 $0.5cm^2$,不得变褐;允许有轻微的磨伤(枝磨、叶磨)其面积不超过果面的 1/12,巴梨、秋白梨为 1/8;允许有轻微薄层的水锈、药斑,面积不超过果面的 1/12;不得有刺伤、破皮划伤、日灼、雹伤、虫伤、病害、食心虫害等	允许有下列规定的缺陷不超过 3 项:允许有轻微碰压伤两处,总面积不超过 $1.0cm^2$,不得变褐;允许轻微磨伤(枝磨、叶磨)其面积不超过果面 1/8,巴梨、秋白梨为 1/6;允许轻微薄层水锈、药斑,总面积不超过果面 1/8;允许有桃红色或稍微发白的白灼斑不超过 $1.0cm^2$;允许有 1 处轻微雹伤面积不超过 $0.5cm^2$;允许干枯虫伤 2 处,总面积不超过 $0.2cm^2$,不允许有刺伤、破皮划伤、病害和食心虫害	允许下列规定的缺陷不超过 3 项:允许 3 处轻微碰压伤,总面积不超过 $2.0cm^2$,每处不超过 $1.0cm^2$,不得变褐;允许轻微磨伤(枝磨、叶磨)面积不超过果面的 1/4;允许轻微薄层水锈和药斑总面积不超过果面的 1/4;允许轻微的日灼伤害总面积不超过 $3.0cm^2$,但不得有肿泡、裂开或伤部果肉变软;允许 2 处轻微雹伤总面积不超过 $2.0cm^2$;干枯虫伤处数不限,总面积不超过 $1.0cm^2$;不允许有刺伤、破皮划伤、病害和食心虫害

三、绿色食品鲜桃质量标准(NY/T424—2000)

(一) 绿色食品鲜桃的感官要求(见表6-18)

表6-18　绿色食品鲜桃的感官要求

<table>
<tr><th colspan="2">项　目</th><th>指　标</th></tr>
<tr><td colspan="2" rowspan="2">质量果形</td><td>果实充分发育,新鲜清洁,无异常气味或滋味,不带不正常的外来水分,具有适于市场或贮存要求的成熟度</td></tr>
<tr><td>果形具有本品种应有的特征</td></tr>
<tr><td colspan="2">色泽</td><td>果皮颜色具有本品种成熟时应具有的色泽</td></tr>
<tr><td colspan="2">横径(mm)</td><td>极早熟品种≥60
早熟品种≥65
中熟品种≥70
晚熟品种≥80
极晚熟品种≥80</td></tr>
<tr><td colspan="2">果面</td><td>无缺陷(包括刺伤、碰压、磨伤、雹伤、裂伤、病伤)</td></tr>
<tr><td rowspan="2">容许度</td><td>产地验收,%</td><td>≤3</td></tr>
<tr><td>发货站验收,%</td><td>≤5</td></tr>
</table>

(二) 绿色食品鲜桃的理化要求(见表6-19)

表6-19　绿色食品鲜桃的理化要求

项　目	极早熟品种	早熟品种	中熟品种	晚熟品种	极晚熟品种
可溶性固形物(20℃),%	≥8.5	≥9.0	≥10.0	≥10.0	≥10.0
总酸(以苹果酸计),%	≤2.0	≤2.0	≤2.0	≤2.0	≤2.0
固酸比	≥10	≥10	≥10	≥10	≥10

(三) 绿色食品鲜桃的卫生要求(见表6-20)

表6-20　绿色食品鲜桃的卫生要求

项　目	指　标(mg/kg)
砷	≤0.1
铅	≤0.05
镉	≤0.03

续表

项目	指标(mg/kg)
汞	≤0.005
氟	≤0.5
铬	≤0.1
六六六	≤0.05
滴滴涕	≤0.05
敌敌畏	≤0.1
乐果	≤0.5
多菌灵	≤0.2
溴氰菊酯	≤0.05
氯氰菊酯	≤1.0
氰戊菊酯	≤0.1
杀螟硫磷	不得检出
倍硫磷	不得检出
马拉硫磷	不得检出
对硫磷	不得检出
甲拌磷	不得检出
氧化乐果	不得检出

四、绿色食品柑橘质量标准(NY/T 426—2000)

(一)柑橘分类及特征

柑橘类果品中经济价值较高的有柑、橘、甜橙、柚、柠檬、金橘等。以下对这六类柑橘的感官特点分别作介绍。

柑——外观果形较橘子大,且近似于球形,皮为橙黄色,皮质粗厚,表面凹凸不平而且不易剥开,橘络较多,瓤汁多而味甜,核为白色,种仁为绿色。著名品种有芦柑、蕉柑、温州蜜柑等。

橘——果形小而较扁,皮呈朱红色或橙黄色,皮质细薄、较平滑且无坚硬感,瓣与皮容易剥离,果心不实,橘络较少,滋味酸甜,核尖而细。我国以南丰蜜橘为上品。

甜橙——又名广柑,果形中等,呈圆形或长圆形,皮稍厚而光滑润泽,皮与果肉结合较紧,难以剥离,果心无实,核与种均呈白色,果肉汁多,瓤瓣界限不分明,味酸甜可口,耐储藏。我国以红江橙为上品。

柚——又名文旦,果形较大,呈不规则圆球或梨形,似葫芦状,皮质粗糙而肥厚(可达 1cm),皮与肉难以分离,成熟时多为黄色或橙色,肉质有白色和粉红色两种,核大而多,汁液少,味酸甜,有时也会稍带苦味,极耐储藏。我国以沙田柚为上品。

柠檬——个头中等,果形椭圆,两端均突起而稍尖,似橄榄球状,皮肉难以剥离,成熟者皮色鲜黄,具有浓郁的香气,汁液较酸,主要供冲调饮料时调味用,也可用来提取芳香油和柠檬酸。

金橘——形体小,稍呈椭圆,果实个头与核桃相仿,肉质紧密,与外皮不易剥离,一般都带皮食用,核少或无核,颜色由表到里均为橙黄或金黄色,味酸甜,口感细脆,脉络极少,带有柑橘类特有的清香味。

(二) 绿色食品柑橘质量标准

1. 柑橘感官质量标准(见表 6-21)

表 6-21　绿色食品柑橘感官质量标准

项　目	指　　标
果　形	具该品种特征果形,形状一致,果蒂完整、平齐、无萎蔫现象
色　泽	全果着色,色泽均匀,具该品种成熟果实特征色泽
果　面	果面鲜洁,无日灼伤、刺伤、虫伤、擦伤、碰压伤、裂口及腐烂现象
果　肉	脆嫩或柔软,具该品种特征颜色,无枯水、粒化现象
风　味	味甘甜或甜酸适度,具该品种特征香气
缺陷果容许度	批次产品中严重缺陷果不超过 15%,其中腐烂果不超过 1%;一般缺陷果不超过 3%
	缺陷果百分数(%)以果实个数为单位进行计算
	缺陷果在产品提供消费者前应剔除

2. 绿色食品柑橘理化要求(见表 6-22)

表 6-22　绿色食品柑橘理化要求

项　　目	指　　标			
	甜橙类	宽皮柑橘类	柚橘类	柠檬类
可溶性固形物,%	10	10	10	7
总酸量,%	0.9	0.9	0.9	4
固酸比	10∶0.9	10∶0.9	10∶0.9	

续表

<table>
<tr><td colspan="2" rowspan="2">项　　目</td><td colspan="4">指　　标</td></tr>
<tr><td>甜橙类</td><td>宽皮柑橘类</td><td>柚橘类</td><td>柠檬类</td></tr>
<tr><td colspan="2">可食率,%</td><td>70</td><td>70</td><td>45</td><td>55</td></tr>
<tr><td rowspan="4">果实横径
(mm)</td><td>大果型</td><td>≥65</td><td>≥65</td><td></td><td rowspan="4">62—77</td></tr>
<tr><td>中果型</td><td>≥60</td><td>≥55</td><td></td></tr>
<tr><td>小果型</td><td>≥55</td><td>≥50</td><td></td></tr>
<tr><td>微果型</td><td></td><td>≥35</td><td></td></tr>
</table>

3. 绿色食品柑橘卫生要求(见表6-23)

表6-23　绿色食品柑橘卫生要求

项　　目	指　　标
砷(以As计)	≤0.2
铅(以Pb计)	≤0.2
镉(以Cd计)	≤0.01
汞(以Hg计)	≤0.01
氟(以F计)	≤0.5
稀土	≤0.7
六六六	≤0.05
滴滴涕	≤0.05
乐果	≤0.5
敌敌畏	≤0.1
对硫磷	不得检出
马拉硫磷	不得检出
甲硫磷	不得检出
杀螟硫磷	≤0.2
倍硫磷	≤0.02
水胺硫磷	≤0.01
喹硫磷	≤0.02
克线丹	≤0.005
氯氰菊脂	≤1

续表

项　目	指　标
溴菊脂	≤0.02
氰戊菊酯	≤0.1

（三）绿色食品柑橘等级鉴别（见表6-24）

表6-24　绿色食品柑橘等级鉴别

项　目			优等品	一等品	二等品
果　形			有该品种典型特征，形状一致	有该品种类似特征，形状较一致	有该品种典型特征，无明显畸形
表面光滑度			果面洁净，果皮光滑	果面洁净，果皮尚光滑	果面洁净，果皮轻度粗糙
色　泽			红皮品种为橙红色或朱红色；黄皮品种为金黄色或橙黄色	红皮品种为浅橙红或红色；黄皮品种为黄色或淡黄色	红皮品种为浅橙黄色；黄皮品种为淡黄色或黄绿色
缺　陷			痕斑、网纹、锈螨蚧类、药迹和附着物，其分布面积合并计算不超过果皮总面积的1/5，不允许有未愈合的损伤、褐色油斑、褐斑、枯水、水肿、冻伤等一切变质和腐果	痕斑、网纹、锈螨蚧类、烟煤菌迹、药迹等附着物，其分布面积合并计算，不超过以总面积的1/3，不允许有严重的枯水、水肿变质果和腐果	痕斑、网纹、锈螨蚧类、烟媒菌迹、药迹等附着物，其分布面积合并计算，不超过从总面积的1/3，不允许有严重的枯水、水肿变质果和腐果
果实最小横径	甜橙类	大果型	≥65mm	≥60mm	≥60mm
		中果型	≥60mm	≥55mm	≥55mm
		小果型	≥55mm	≥50mm	≥50mm
	宽皮橘类	大果型	≥65mm	≥55mm	≥55mm
		中果型	≥55mm	≥50mm	≥50mm
		小果型	≥50mm	≥45mm	≥45mm
		微果型	≥35mm	≥30mm	≥30mm

五、绿色食品葡萄质量标准(NY/T428—2000)

(一)绿色食品葡萄的新鲜度鉴别

葡萄的品种很多,我国现有500种以上,市场上常见的品种有龙眼葡萄、巨丰葡萄、玫瑰香葡萄、牛奶葡萄、玫瑰露葡萄、无核白葡萄、黑鸡心葡萄、红鸡心葡萄、香葡萄、小白玫瑰葡萄等。在对葡萄进行感官新鲜度鉴别时,必须着重注意以下几个方面。

表面色泽——新鲜的葡萄果梗青鲜,果粉呈灰白色,玫瑰香葡萄果皮呈紫红色,牛奶葡萄果皮向阳面呈锈色,龙眼葡萄果皮呈琥珀色;不新鲜的葡萄果梗霉锈,果粉残缺,果皮呈青棕色或灰黑色,果面润湿。

果粒形态——新鲜并且成熟适度的葡萄,果粒饱满,大小均匀,青子和瘪子较少;反之,不新鲜者果粒不整齐,有较多青子和瘪子混杂,葡萄成熟度不足,品质差。

果穗观察——新鲜的葡萄用手轻轻提起时,果粒牢固,落子较少。如果粒纷纷脱落,则表明不够新鲜。

气味、滋味——品质好的葡萄,果浆多而浓,味甜,且有玫瑰香或草莓香;品质差的葡萄果汁少或者汁多而味淡,无香气,具有明显的酸味。

(二)绿色食品葡萄质量标准

1. 绿色食品葡萄感官质量(见表6-25)

表6-25　绿色食品葡萄感官质量

项　目	指　标
果穗	典型而完整
果粒	大小均匀,发育良好
成熟度	充分成熟
破碎率、日烧率	≤3%
病虫果	≤3%

2. 绿色食品葡萄理化要求(见表6-26)

表6-26　绿色食品葡萄理化要求

项　　目	指　　标
总酸(以柠檬酸计),%	≤0.7
可溶性固形物,%	≥20
固酸比	≥28

3. 绿色食品葡萄卫生要求(表6-27)

表6-27　绿色食品葡萄卫生要求

项　　目	指　　标
砷(以As计)	≤0.2
铅(以Pb计)	≤0.2
镉(以Cd计)	≤0.01
汞(以Hg计)	≤0.005
氟(以F计)	≤0.05
六六六	≤0.05
滴滴涕	≤0.05
敌敌畏	≤0.05
乐果	≤0.05
杀螟硫磷	≤0.02
百菌清	≤0.8
三唑酮	≤0.15

第四节　盆栽观果植物的质量标准和品级鉴别

一、盆栽观果植物产品质量等级评价原则

1. 盆栽观果植物产品标准的划分

采用规格等级和形质等级相结合的分级方法。

规格等级:以所规定的花盖度、株高、冠幅/株高、株高/花盆、叶片或花朵

等数量指标进行分级。

形质等级：根据盆栽观果产品的整体效果、花部状况、茎叶状况、病虫害或破损等四个指标进行分级。

2. 各主要种产品等级的划分

依据《盆栽观果植物产品质量等级划分公共标准》和《主要盆栽观果植物产品等级划分标准》进行。

二、盆栽观果植物品质量等级划分公共标准（见表6-28）

表6-28 盆栽观果植物产品质量等级划分公共标准

项　目	1级	2级	3级
整体效果	外观新鲜，果实大小和数量正常；生长正常，无衰老症状，符合该品种特性。植株大小与盆的大小相称	外观新鲜，果实大小和数量较正常；生长正常，无衰老症状；符合该品种特性。植株大小与盆的大小相称	外观较新鲜；生长较正常；符合该品种特性。植株大小与盆的大小基本相称
果部状况	果实分布均匀；果色纯正，果形完好整齐；果枝健壮	果实分布均匀；果色纯正，果形完好较整齐；果枝健壮	果实分布均匀；果色纯正，果形完好较整齐；果枝较健壮
茎叶状况	茎、枝（干）健壮，分布均匀；叶片排列整齐，匀称，形状大小完好，色泽正常	茎、枝（干）健壮，分布较均匀；叶片排列整齐，匀称，形状大小完好，色泽正常	茎、枝（干）健壮，分布较均匀；叶片排列较整齐，匀称，形状大小完好，色泽较正常
病虫害及缺损状况	无病虫害、无机械损伤	无病虫害、无机械损伤	有不明显的病害斑迹或微小的虫孔，无检疫对象，有轻微无机械损伤
栽培基质	使用经过消毒的无土基质		

三、主要盆栽观果植物产品质量等级划分

1. 盆栽金橘质量等级标准(见表 6-29)

表 6-29　盆栽金橘质量等级划分标准

规　格（株高 cm）	项目	1 级	2 级	3 级
	整体感	主秆直立,稳固果实分布均匀,果形为椭圆形,果色金黄,有亮泽;无徒长枝;叶色浓绿,叶面清洁	主秆直立,稳固;果实分布均匀,果形为椭圆形,果色金黄;无徒长枝;叶色浓绿,叶面清洁	主秆直立,稳固;果实分布均匀,果形为椭圆形,果色金黄;无徒长枝;叶色浓绿,有少数黄化叶
30	果数(个)	≥70	40～69	20～39
60	果数(个)	≥140	100～139	70～99
100	果数(个)	≥200	150～199	120～149

2. 盆栽朱砂橘质量等级标准(见表 6-30)

表 6-30　盆栽朱砂橘质量等级标准

规　格（株高 cm）	项目	1 级	2 级	3 级
	整体感	主秆直立,稳固;果实分布均匀,果形为扁圆形,果色橘红,无徒长枝;叶色浓绿,叶面清洁	主秆直立,稳固;果实分布均匀,果形为扁圆形,果色橘红;无徒长枝;叶色浓绿,叶面清洁	主秆直立,稳固;果实分布均匀,果形为扁圆形,果色橘红;无徒长枝;叶色浓绿,有少数黄化叶
100	果数(个)	≥140	100～139	70～99
150	果数(个)	≥200	170～199	140～169
200	果数(个)	≥280	200～279	140～199

3. 盆栽四季橘质量等级标准(见表6-31)

表6-31 盆栽四季橘质量等级标准

规格(株高 cm)	项目	1级	2级	3级
	整体感	主秆直立,稳固;果实分布均匀,果形为扁圆形,果色金黄有光泽,无徒长枝;叶色浓绿,无枯焦斑点,叶面清洁	主秆直立,稳固;果实分布均匀,果形为扁圆形,果色金黄;无徒长枝;叶色浓绿,无枯焦斑点,叶面清洁	主秆直立,稳固;果实分布均匀,果形为扁圆形,果色金黄;无徒长枝;叶色浓绿,有少数黄化叶
50	果数(个)	≥140	100~139	70~99
100	果数(个)	≥280	240~279	200~239
150	果数(个)	≥350	310~349	280~309
200	果数(个)	≥420	380~419	350~379

第五节 其他农副产品的质量标准和品级鉴别

一、无公害食品黑木耳(NY5098—2002)

1. 无公害食品黑木耳感官指标(见表6-32)

表6-32 无公害食品黑木耳感官指标

项目	指标
外观	浅棕色至黑褐色,背面浅灰色,有光亮感,自然卷曲状,大小基本均匀一致,无虫蛀耳、霉烂耳和流失耳
气味	具有本品特有清香味,无异味
霉烂耳	无
流失耳	无
虫蛀耳	无

续表

项　目	指　　标
干湿比	1：12 以上
水分，%	≤13
杂质，%	≤1

2. 无公害食品黑木耳卫生指标(见表 6-33)

表 6-33　无公害食品黑木耳卫生指标

项　　目	指标/(mg/kg)
砷(以 As 计)	≤1
铅(以 Pb 计)	≤2
镉(以 Cd 计)	≤1
汞(Hg 计)	≤0.2
多菌灵(carbendazim)	≤0.5
百菌清(chlorothalonil)	≤1
敌敌畏(dichlorvos)	≤0.5

二、无公害食品蜂蜜(NY5134—2002)

1. 无公害食品蜂蜜感官质量要求(见表 6-34)

表 6-34　无公害食品蜂蜜感官质量要求

项　目	指　　标
色泽	具有该品种所具有的色泽，依品种不同从水白色至深褐色
气味与味道	有蜜源植物或花的香气，单花种蜂蜜有该种蜜源植物或花的香气，口感甜润或甜腻，某些品种略有刺激味，无其他异味
状态	常温下呈透明、半透明粘稠流体或结晶状，无发酵征兆
杂质	不含肉眼可见杂质

2. 无公害食品蜂蜜理化要求(见表6-35)

表6-35 无公害食品蜂蜜理化要求

项 目	指 标
水分/(g/100g)	≤23
还原糖(以转化糖计)/(g/100g)	≤65
蔗糖/(g/100g)	≤8
灰分/(g/100g)	≤0.6
酸度,(1mol/L 氢氧化钠)/(mL/100g)	≤4
淀粉酶活性(1%淀粉溶液)/[mL/(g.h)]	≥4

3. 无公害食品蜂蜜微生物要求(见表6-36)

表6-36 无公害食品蜂蜜微生物要求

项 目	指 标
菌落总数/(cfu/g)	≤1000
大肠菌群/(NPN/100g)	≤30
霉菌总数/(cfu/g)	≤20
致病菌	不得检出

4. 无公害食品蜂蜜有毒有害物质限量(见表6-37)

表6-37 无公害食品有毒有害物质限量

项 目	指 标
铁(以 Fe 计)/(mg/kg)	≤20
锌(以 Zn 计)/(mg/kg)	≤25
铅(以 Pb 计)/(mg/kg)	≤1
羟甲基糠醛(HMF)/(mg/kg)	≤40
六六六/(mg/kg)	≤0.05
滴滴涕/(mg/kg)	≤0.05
四环素族抗生素/(mg/kg)	≤0.05
氟胺氰菊酯/(mg/kg)	≤0.05

第七章　高级农产品经纪人应具备的品级鉴别知识

高级农产品经纪人是指已获得中级证书的经纪人，通过相应天数的培训、考核并获得高级资格证书的农产品经纪人。所以，高级农产品经纪人已涵盖了初、中级农产品经纪人应具备的农产品品级鉴别知识，同时还需掌握国际市场对主要的粮油产品、蔬菜、水果、水产品等的质量标准和品级鉴别知识。

第一节　主要粮食的质量标准

一、饲料用玉米质量标准（GB/T17890—1999）

饲料用玉米按容重、粗蛋白质、不完善粒分等级，其质量指标（如表7-1）。

表7-1　饲料用玉米质量指标

指标 等级	容重，g/L	粗蛋白质（干基），%	不完善粒，%		水分，%	杂质，%	色泽、气味
			总量	其中生霉粒			
1	≥710	≥10.0	≤5.0	≤2.0	≤14.0	≤1.0	正常
2	≥685	≥9.0	≤6.5				
3	≥660	≥8.0	≤8.0				

二、淀粉发酵工业用玉米质量标准（GB/T8613—1999）

（1）淀粉工业用玉米以淀粉含量定等，等级指标及质量指标如表7-2。

（2）淀粉工业用玉米以马齿型等含量高的玉米为宜。

表 7-2 淀粉发酵工业用玉米质量指标

等级	淀粉（干基）	杂质%	水分%	不完善粒%（总量）	不完善粒%	色泽、气味
1	≥75	≤1.0	≤14.0	≤5.0	≤1.0	正常
2	≥72	≤1.0	≤14.0	≤5.0	≤1.0	正常
3	≥69	≤1.0	≤14.0	≤5.0	≤1.0	正常

（3）低于三等的玉米不宜作淀粉、发酵工业用。

（4）烘干或发热后的玉米不宜作淀粉、发酵工业用。

（5）卫生检验和植物检疫按国家有关标准和规定执行。

第二节 国际市场主要蔬菜的质量标准和品级鉴别

一、茄子（FFV—05）

（一）茄子的质量规定

本标准规定了茄子预处理和包装后在出口控制期的质量要求。

1. 最低要求

（1）根据对每个级别的特殊规定和允许误差，茄子必须符合下列条件：无损伤；完好，因受腐烂或变质影响，使之不适于消费的产品不包括在内；清洁，几乎不含任何可见的杂物；没有害虫；没有虫害导致的损伤；外观新鲜；坚实；充分发育，果肉没有纤维或木质化，并且没有过度发育的籽粒；带有花萼，果柄可能受到轻微损伤；没有异常的外来水分；没有任何异常气味和/或味道。

（2）茄子的生长发育及状况必须使之能够经受住运输和装卸；以令人满意的状况运往目的地。

2. 茄子的分级

茄子分为以下两个等级：

Ⅰ级。Ⅰ级茄子必须品质优良，具有该品种或者商品类型的特征。可以允许有下述一些轻微的缺陷，只要这些轻微缺陷不影响产品的整体外观、品质、耐贮性和包装外观：外形有轻微缺陷；基部稍有褪色；轻微的擦伤和/或者轻微愈合裂缝，只要总表面积不超过 $3cm^2$。不应有日灼斑。

Ⅱ级。该级包括不符合Ⅰ级标准的茄子，但符合上述规定的最低要求。只要茄子在品质、耐贮性和包装外观能保持其必要的特征，可以允许有下述一些缺陷：外形缺陷；颜色缺陷；轻微的日灼斑，只要总表面积不超过 $4cm^2$；轻微的愈合缺陷，只要总表面积不超过 $4cm^2$。

（二）茄子大小分级规定

通过测定茄子纵轴上横切面的最大直径或重量来确定茄子大小。

1. 按直径进行大小分级时，最小直径规定为长茄为40mm；圆茄为70mm。同一包装中，最小和最大茄子的最大差异：长茄为20mm；圆茄为25mm。

2. 按重量进行大小分级时，最低重量规定为100g。必须遵守下述大小分级标准：茄子重量为100～300g时，同一个包装中最小和最大的茄子之间的最大差异为75g；茄子重量为300～500g时，同一个包装中最小和最大茄子之间的最大差异为100g；茄子重量超过500g时，同一个包装中最小和最大茄子之间的最大差异为250g。大小分级规定对于Ⅰ级茄子是强制性的。另外，长茄的最小长度，不算果柄在内，最小为80mm。对大小的要求不适用于小型产品。

二、胡萝卜（FFV—10）

（一）胡萝卜的质量规定

本标准规定了胡萝卜预处理和包装后在出口控制期的质量要求。

1. 最低要求

（1）根据对每个级别的特殊规定和允许误差，胡萝卜必须符合下列条件：完整无伤；完好，因受腐烂或变质影响，使之不适于消费的产品不包括在内；清洁，即清洁后无任何可见的杂物，未经冲洗的，没有太多的泥土和杂物；没有害虫；没有虫害导致的损伤；紧实；无分叉和侧根；没有木质化；未抽苔；没有异常的外来水分，即冲洗后经过充分晾干；没有任何异常气味和/或味道。

（2）胡萝卜的发育及状况必须使之能够：经受住运输和装卸；以令人满意的状况运往目的地。

2. 胡萝卜的等级

胡萝卜分为以下三个等级：

特级。特级胡萝卜必须经过清洗，品质极优，具有该品种或者品种类型的特征。特级胡萝卜必须没有缺陷，非常轻微的表面缺陷除外，只要这些轻微缺陷不影响产品的整体外观、品质、耐贮性和包装外观。肉质根必须光滑；

外观新鲜;外形规整;没有裂纹;没有擦伤和裂缝;未受到霜害。顶部不能有绿色或者紫色。

Ⅰ级。Ⅰ级品必须品质优良,具有该品种或者品种类型的特征。肉质根必须:外观新鲜。只要不影响产品的整体外观、品质、耐贮性和包装外观,可以允许有下述缺陷:形状轻微的缺陷;着色轻微的缺陷;愈合的轻微裂缝;因装卸或清洗导致的轻微裂缝或裂纹。不超过10cm长的胡萝卜顶部在1cm以下的绿色或紫色,其他长度的胡萝卜在2cm以下绿色或紫色是允许的。

Ⅱ级。该级是达不到特级和Ⅰ级标准的胡萝卜,但符合上述规定的最低要求。只要胡萝卜在品质、耐贮性和外观方面能保持其必要的特征,可以允许有下述一些缺陷:形状和颜色的缺陷;愈合的裂缝未达到中心部;因装卸或冲洗导致轻微的裂缝或裂纹。不超过10cm长的胡萝卜顶部在2cm以下的绿色或紫色,其他长度的胡萝卜在3cm以下的绿色或紫色是允许的。

(二)胡萝卜大小分级规定

大小是通过测定不带叶的胡萝卜最大直径或者重量确定的。

1. 早熟胡萝卜和小型品种

当通过直径进行大小分级时,直径不能小于10mm;当通过重量进行大小分级时,重量不能小于8g;当通过直径进行大小分级时,直径不超过40mm;当通过重量进行大小分级时,重量不能超过150g。

2. 主栽胡萝卜和大型品种

当通过直径进行大小分级时,直径不能小于20mm,当通过重量进行大小分级时,重量不能小于50g;当通过直径进行大小分级时,特级品直径不能超过45mm;当通过重量进行大小分级时,重量不能超过200g。在任何一个包装单位中,最小和最大的胡萝卜直径和重量之间的差异不能大于20mm或者150g。在任何一个包装中,Ⅰ级最小和最大的胡萝卜直径和重量之间的差异不能大于30mm或者200g。Ⅱ级胡萝卜只需满足最低分级要求。

三、黄瓜(FFT—15)

(一)黄瓜的质量规定

本标准规定了黄瓜预处理和包装后在出口控制期的质量要求。

1. 最低要求

(1)根据对每个级别的特殊规定和允许误差,黄瓜必须符合下列条件:完整;完好,由于腐烂而不适于消费的黄瓜除外;清洁,几乎无肉眼可见的异物;

外观新鲜；没有害虫；没有虫害引起的损伤；致密；没有苦味；无不正常的外部水分；无任何异常气味和/或味道。

（2）黄瓜必须发育充分，但黄瓜种子必须柔嫩。

（3）黄瓜的生长和发育状况必须使它们能够：经受住运输和装卸；能够以令人满意的状况运到目的地。

2. 黄瓜分级

黄瓜分为以下三个等级：

特级。该级黄瓜必须品质极优，具有该品种黄瓜的所有典型特性和颜色。它们必须：发育良好；形状优美，瓜体笔直（最大弓形高度：每 10cm 长度的黄瓜为 10mm）。黄瓜必须无缺陷，包括所有的畸形瓜，特别是由种子形成引起的各种畸形，但表面较轻微的缺陷除外，只要这些缺陷不影响黄瓜的整体外观、品质、耐贮性和包装外观。

Ⅰ级。该级黄瓜必须品质优良。这些黄瓜必须：正常发育；拥有比较正常的形状并且瓜体笔直（最大弓形高度：每 10cm 长度的黄瓜为 10mm）。只要不影响黄瓜的整体外观、品质、耐贮性和包装外观，允许黄瓜有以下缺陷：稍微变形，但不包括因种子形成引起的畸形；颜色上稍有缺陷，特别是那些在生长阶段贴地面的黄瓜果皮颜色稍浅；由于磨擦或运输或低温而引起的轻微黄瓜皮损伤，只要这些损伤已经愈合且不影响黄瓜的耐贮性。

Ⅱ级。该级包括不符合上述等级标准的黄瓜，但符合上述规定的最低要求。如果黄瓜能够保持其在品质、耐贮性、外观等方面的基本特性，允许有以下缺陷：形状缺陷，但此缺陷不是由于种子发育引起的；1/3 的表面有色泽缺陷（在保护地生长的黄瓜，不允许受影响的黄瓜部位有大面积的缺陷）；轻微的已愈合的裂痕；由于磨擦或运输而造成的黄瓜果皮轻微的损伤，但没有严重影响黄瓜的耐贮性和外观。允许笔直和稍微弯曲的黄瓜有以上所述缺陷。如果黄瓜在颜色方面只有轻微的缺陷，在弯曲方面只有轻微的缺陷或畸形，则稍微弯曲的黄瓜是允许的。稍微弯曲的长 10cm 的黄瓜，其最大弓形高度不超过 20mm。比以上黄瓜更弯的必须分开包装。

（二）黄瓜的大小分级规定

黄瓜的大小以黄瓜的重量来计。

（1）在露地种植的黄瓜的最小重量定为 180g；在保护地种植的黄瓜的最小重量为 250g。

（2）在保护地种植的特级和Ⅰ级黄瓜的重量为大于等于 500g 以上的黄

瓜其长度不能少于30cm;250g至500g的黄瓜其长度不能少于25cm。

(3) 特级和Ⅰ级黄瓜的大小是强制执行的标准。在同一包装内,最重的黄瓜与最轻的黄瓜在重量上的差异:当最轻的黄瓜重量在180g至400g之间时,重量差异不超过100g;当最轻的黄瓜重量在400g以上时,重量差异不超过150g。

(4) 有关黄瓜大小的规定不适用于“短黄瓜”或“小型黄瓜”。

四、洋葱(FFV—25)

(一) 洋葱质量规定

本标准规定了洋葱预处理和包装后在出口控制期的质量要求。

1. 最低要求

(1) 根据对每个级别的特殊规定和允许误差,洋葱葱头必须符合下列条件:无损伤;完好,因受腐烂或变质影响,使之不适于消费的洋葱不包括在内;清洁,几乎不含任何可见杂物;未遭受霜害;某些用途的葱头,其干燥程度良好(在腌制洋葱的情况下,至少最外面两层和茎必须完全干燥);没有空的或者坚硬的茎;几乎没有害虫;几乎没有害虫引起的损伤;没有异常的外来水分;没有任何异常气味和/或味道。

(2) 洋葱的茎必须辫起来,或者削除干净,长度不应超过6cm(串捆的洋葱除外)。

(3) 洋葱的生长发育及状况必须使之能够经受住运输和装卸;以令人满意的状况运往目的地。

2. 洋葱分级

洋葱按下述规定分为两个等级。

(1) Ⅰ级。Ⅰ级洋葱必须具有优良的品质,具有该品种特有的外形和颜色特征。洋葱头必须紧实;未发芽;没有在生长中因异常营养而导致的隆起;几乎不带根须;对于完全成熟前收获的洋葱,可允许有根须。但是,只要不影响产品整体外观、品质、耐贮性或包装外观,允许有下述一些缺陷:外形轻微的缺陷;颜色轻微的缺陷;不影响果肉内保护层干燥外皮的斑点,只要该斑点不超过鳞茎表面的1/5;表皮干裂及部分表皮缺少,只要洋葱肉质部分得到保护。

(2) Ⅱ级。该级包括不符合Ⅰ级标准的洋葱,但符合上述规定的最低要求。它们应当坚实。只要在洋葱能保持其品质、耐贮性和包装外观情况下,允许有下述一些缺陷：外形缺陷；颜色缺陷；有早期长芽迹象（单位产品内按数量或重量计不能超过10%）；擦伤痕迹；因寄生虫或病害导致的轻微病痕；小的愈合的裂缝；轻微的撞伤，已愈合，不会影响贮藏质量；有须根；不影响果肉内保护层干燥外皮的斑点，只要该斑点不超过鳞茎表面的一半；表皮干裂及缺少，面积最多达鳞茎表面的1/3，只要洋葱肉质部分不受损伤。

（二）洋葱的大小分级规定

大小由横切面最大直径确定。同一包装中最小和最大洋葱其直径之间的差异：最小的洋葱的直径是10mm和10mm以上，但不到20mm，差异不能超过5mm；当洋葱的直径是15mm和15mm以上，但不到25mm时，差异不能超过10mm；最小的洋葱的直径是20mm和20mm以上，但不到40mm，差异不能超过15mm；最小的洋葱的直径是40mm和40mm以上，但不到70mm，差异不能超过20mm；最小的洋葱的直径是70mm和70mm以上，差异不能超过30mm。最小洋葱直径为10mm。

五、菠菜（FFV—34）

（一）菠菜的质量规定

本标准规定了菠菜的叶子或者叶丛预处理和包装后在出口控制期的质量要求。

1. 最低要求

（1）根据对每个级别的特殊规定和允许误差，菠菜必须符合下列条件：完好，因为腐烂或变质，不适合消费的产品不包括在内；清洁，几乎不含任何可见的杂物；外观新鲜；没有害虫；没有虫害导致的损伤；没有穗状花序；没有任何异常气味和/或味道。

（2）冲洗过的菠菜必须完全将水沥干。

（3）就菠菜叶丛而言，菠菜根必须从最接近外层叶片的地方削去。

（4）菠菜的生长和发育状况必须使之能够：经受住运输和装卸；以令人满意的状况运往目的地。

2. 菠菜的分级

Ⅰ级。Ⅰ级菠菜必须品质优良。菠菜的叶子必须具有该品种收获时的正常颜色和外形；没有因受到霜害而影响外形或可食性。如果是叶用菠菜，叶柄的长度应不超过10cm。

Ⅱ级。该级包括不符合Ⅰ级标准的菠菜，但符合上述规定的最低要求。

（二）菠菜大小分级规定

菠菜的大小分级不是强制性的。

六、番茄（FFV—36）

（一）番茄的质量

本标准规定了番茄预处理和包装后在出口控制期的质量要求。

1. 最低要求

（1）根据对每个级别的特殊规定和允许误差，番茄必须符合下列条件：无损伤；完好，因受腐烂或变质影响，不适于消费的产品不包括在内；清洁，几乎不含任何可见的杂物；外观新鲜；没有害虫；没有虫害导致的损伤；没有异常的外来水分；没有任何异味或味道。

（2）如果番茄是整穗果，果柄必须新鲜、健康、清洁，不带叶片和任何可见的杂物。

（3）番茄的生长发育及状况必须使之能够经受住运输和装卸；以令人满意的状况运往目的地。

2. 番茄的分级

番茄分以下三个等级：

特级。特级番茄必须品质极优，具有紧实的果肉，在形状、外观和生长发育方面必须具有该品种的特征。根据它们的成熟状况，其颜色必须符合上述A段的要求。它们必须没有绿色果肩和其他缺陷，非常轻微的缺陷除外，只要这些轻微缺陷不影响产品的总外观、品质、耐贮性和包装外观。

Ⅰ级。Ⅰ级番茄必须品质优良。果肉必须适度紧实，具有该品种的特征。没有破裂和可见的绿色果肩。但是，可以允许下述一些轻微的缺陷，只要这些轻微缺陷不影响产品：番茄的总外观、品质、耐贮性和包装外观、外形和生长发育上有轻微缺陷；颜色上有轻微的缺陷；轻微的表皮缺陷；非常轻微的擦伤。此外，“具棱的”番茄可能显示：愈合的裂缝长度小于1cm；没有过于明显的突起；具有小果脐，但未栓化；硬斑处栓化面积最大为$1cm^2$；细小的花痕为长形（像线缝），但不能长于果实最大直径的2/3。

Ⅱ级。该级包括不符合特级和Ⅰ级标准的番茄，但符合上述规定的最低要求。果肉必须适度坚实（稍低于Ⅰ级的紧实度），不应有未愈合裂缝。只要番茄在品质、耐贮性和外观方面能保持其本身的特征，可以允许有下述一些缺陷：外形、生长发育和着色方面的缺陷；外皮缺陷或擦伤，只要果实未受严重影响;圆形、具棱的或者椭圆形番茄愈合的裂缝长度不能多于3cm。此外,“具棱的”番茄可能表现出:比Ⅰ级番茄有更明显的突起,但不是畸形果;具有果脐;硬斑处最大为$2cm^2$;细小的花痕为长形(像线缝)。

(二)番茄的大小分级规定

番茄的大小由番茄的横切面最大直径确定。番茄按大小分级的尺寸如下:30cm和30cm以上,但小于35cm;35cm和35cm以上,但小于40cm;40cm和40cm以上,但小于47cm;47cm和47cm以上,但小于57cm;57cm和57cm以上,但小于67cm;67cm和67cm以上,但小于82cm;82cm和82cm以上,但小于102cm;102cm和102cm以上。

七、大白菜(FFV—44)

(一)大白菜的质量

本标准规定了长形和圆形大白菜预处理和包装后在出口控制期的质量要求。

1. 最低要求

(1)根据对每个级别的特殊规定和允许误差,大白菜必须符合下列条件:无损伤,一些外部叶片可以剥掉,如果是包心的长形大白菜,叶端可以削掉;完好,但腐烂或变质的不适于消费的产品不包括在内;清洁整齐,未沾泥土及任何其他可见杂物;外观新鲜;没有害虫;没有虫害导致的损伤;不能抽苔;没有异常的外来水分;没有任何异常气味和/或味道。

(2)叶片最底端的根必须稍稍削掉一些,但叶片应附着牢固。切削处干净。

(3)因贮藏导致切削表面的维管束有一点浅颜色是允许的。

(4)大白菜的生长和发育状况能够:经受住运输和装卸;以令人满意的状况运往目的地。

2. 大白菜的等级

长形和圆形大白菜分以下两个等级:

Ⅰ级。该级大白菜必须品质优良,并具有该品种特性和其商品特性。Ⅰ级大白菜必须外形好;紧实,与相应品种性状一致,叶片必须紧密;未受霜害;未受物理损伤,外部叶片允许有小的裂缝,但这些裂缝不影响产品外观、品质、耐贮性和包装外观。花梗总长度不应超过叶球长度的1/3。

Ⅱ级。该级包括不符合Ⅰ级标准的大白菜,但符合上述规定的最低要求。大白菜在保持其品质、耐贮性和包装外观情况下，允许有下述一些缺陷：外形上有轻微缺陷；着色缺陷；叶球包裹基本紧实，但叶片可能附着不太紧；受轻微霜害；外部叶片有轻微撞伤和裂缝；内部有坏死痕迹；花梗总长度不能超过包紧的头状叶丛长度的1/2。

（二）大白菜的大小分级规定

按单棵重量确定大小。大白菜外形无论被划分为Ⅰ级还是Ⅱ级，单棵最低重量为350g。划分为Ⅰ级的大白菜，每一个包装中，单棵最重重量不能超过单棵最轻重量的1.5倍。划分为Ⅱ级的大白菜，每一个包装中，单棵最重重量不能超过单棵最轻重量的2倍。

第三节　国际市场主要水果的质量标准和品质鉴别

一、杏（FFV—02）

（一）杏的质量规定

本标准规定了杏预处理和包装后在出口控制期的质量要求。

1. 杏的最低要求

（1）根据对每个级别的特殊规定的允许误差，杏必须符合下列条件：完整；完好，由于腐烂而不适宜消费的农产品除外；清洁，几乎无肉眼可见的异物；没有害虫；没有虫害引起的损伤；无异常的外来水分；无任何异常气味和/或味道。

（2）杏必须小心采摘。

（3）杏必须充分发育并达到合适的成熟度。

（4）杏的生长发育及状况必须使之能够：经受住运输和装卸；以令人满意的状况运往目的地。

2. 杏的等级

杏分为以下三个等级：

特级。该级的杏必须品质极优，果实在形状、发育和色泽方面必须具有种植地区该品种的特征，但是，在不影响产品整体外观、品质、耐贮性和包装外观的情况下，可以允许有轻微的表皮缺陷。

Ⅰ级。该级杏必须品质优良，具有种植地区的该品种的特征。果肉坚实。但是，在不影响产品整体外观、品质、耐贮性和包装外观的情况下，可以允许有下列轻微缺陷：外形上有轻微缺陷；着色上有轻微的缺陷；轻微擦伤；轻微灼伤；杏表皮上长圆形缺陷的长度不能超过 1cm，其他缺陷的总面积不超过 $0.5cm^2$。

Ⅱ级。该级为不符合特级和Ⅰ级标准的杏，但符合规定的最低要求。如果杏能够保持其在品质、耐贮性、包装外观等方面的基本特性，允许有一定的表皮缺陷，但不能超出以下限制：长圆形的长度不超过 2cm；缺陷的总面积不超过 $1cm^2$。

（二）杏的大小等级规定

根据果实横截面最大直径来确定杏的大小。特级和Ⅰ级、Ⅱ级的杏大小必须符合以下规定标准（见表 7-3）：

表 7-3　杏的大小等级规定

等　级	最小直径（mm）	同一包装中果实的最大允许差异（mm）
特级	35	5
Ⅰ级和Ⅱ级（按大小分级）	30	10
Ⅱ等级（未按大小分级）	30	—

二、柑橘类果实（FFV—14）

（一）柑橘类果实的质量规定

本标准规定了柑橘预处理和包装后在出口控制期的质量要求。

1. 最低要求

（1）根据对每个级别的特殊规定和允许误差，柑橘必须符合下列条件：完整；没有擦伤或大面积的愈合伤口；完好，不包括由于腐烂或变质而不适宜消费的产品；清洁，基本上无肉眼可见的异物；没有害虫；没有虫害造成的损伤；没有内部枯萎的迹象；无低温或霜冻造成的损害；无异常外来水分；无任何异常气味和/或味道。

（2）柑橘必须小心采摘。柑橘必须充分发育并达到合适的成熟度，符合各品种、采摘时间和生长地区的适宜标准。

（3）柑橘的发育及状况必须能够：经受住运输和装卸；以令人满意的状况运往目的地。

（4）达到成熟度的柑橘，在其他天然感观特性没有改变的情况下，才允许进行“脱绿”处理。“脱绿”处理必须按照每个国家管理部门规定方式进行，且必须在其监督下实施。

2. 柑橘类果实的分级

柑橘分为以下三个等级：

特级。该级柑橘必须品质极优，形状、外观、发育和着色具有该品种和/或商业类型特征。柑橘果实应没有缺陷。但是，在不影响产品整体外观、质量、耐贮性和包装外观的情况下，允许有极轻微的表皮缺陷。

Ⅰ级。该级柑橘果实必须品质优良，具有该品种和/或商业类型的特性。但是，在不影响产品整体外观、耐贮性和包装外观的情况下，允许有下列轻微缺陷：形状有轻微的缺陷；着色有轻微的缺陷；在柑橘果实发育过程中产生的轻微果皮缺陷，如银屑病和果锈等；由于冰雹、擦伤以及处理等机械原因所引起的轻微但已愈合的缺陷。

Ⅱ级。该级为不符合特级和Ⅰ级标准的柑橘，但符合上述规定的最低要求。在不影响产品整体外观、品质、耐贮性和包装外观的情况下，允许有下列缺陷：形状有轻微缺陷；着色有轻微缺陷；果皮粗糙；在柑橘果实发育过程中产生的轻微果皮缺陷，如银屑病和果锈等；由于冰雹、擦伤以及处理等机械原因所引起的的轻微但已愈合的缺陷；表面愈合后果皮的变化；柑橘果肉与果皮轻微和部分剥离（在温州蜜柑、克里曼丁橘和其他品种及其杂交种是允许的）

（二）柑橘类果实大小分级规定（见表7-4）

根据柑橘类果实横截面最大直径来确定大小。

表7-4 柑橘类果实大小分级规定

水果种类	大小代码	同一包装中果实的最大允许差异（mm）
柠檬	0—7	7
来檬	1—5	7
甜橙	0—2	11

三、鲜食葡萄（FFV—19）

（一）葡萄的质量规定

本标准规定了葡萄预处理和包装后在出口控制期的质量要求。

1. 最低要求

（1）根据每个级别的特殊规定和允许误差，鲜食葡萄必须符合下列条件：完好，不包括因腐烂或变质而不适于消费的产品；清洁，几乎不含任何可见杂物；没有害虫；没有虫害造成的损伤；无异常的外来水分；没有任何异味和/或味道。

（2）葡萄果粒必须：完整；形状好；发育正常。

（3）日照下的色泽发育没有缺陷。

（4）葡萄穗必须小心采摘。

（5）葡萄穗必须得到充分发育并达到合适的成熟度。

（6）鲜食葡萄的生长发育及状况必须能够：经受住运输和装卸；以令人满意的状况运往目的地。

2. 葡萄的分级

鲜食葡萄分为以下三个等级：

特级。特级鲜食葡萄必须品质极优。葡萄穗在形状、生长发育和着色方面必须具有种植地区该品种的特征并且没有缺陷。浆果较硬、与梗连接牢固、果粒排列疏密适中，有完整的果粉。

Ⅰ级。Ⅰ级鲜食葡萄必须品质优良。葡萄串在形状、生长发育和着色方面必须具有种植地区该品种的特征并且没有缺陷。浆果较硬、与梗连接牢固、在梗上排列整齐、果粉尽可能未受损。但是，果实在穗梗上排列可能不如特级的整齐。只有不影响产品的整体处观、品质、耐贮性和包装外观，可以允许有下述缺陷：穗形有轻微的缺陷；色泽有轻微的缺陷；外皮轻微的日灼伤。

Ⅱ级。该级包括不符合特级和Ⅰ级标准的鲜食葡萄，但符合上述规定的最低要求。只要在种植区不影响品种的基本特征，在穗形、发育和着色方面可以有轻微缺陷。果实必须坚硬、与梗连接较牢固，尽可能有果粉。果实在梗上排列可能不如“Ⅰ级”的整齐。只要鲜食葡萄在品质、耐贮性和外观方面能保持其必要的特征，可以允许有下述一些缺陷：形状缺陷；色泽缺陷；外皮轻微的日灼伤；轻微撞伤；轻微果皮缺陷。

（二）葡萄大小分级规定

葡萄穗的大小由穗重确定。温室和大田种植的鲜食葡萄、列入附录中的小粒品种或其他品种每穗重的最低要求规定如下（见表7-5）：

表 7-5 葡萄大小分级规定

项目	温室种植的鲜食葡萄	大田种植的鲜食葡萄	
		除列入附录中的小粒品种外的所有品种	列入附录中的小粒品种
特级	300g	200g	150g
Ⅰ	250g	150g	100g
Ⅱ	150g	100g	75g

四、桃和油桃(FFV—26)

(一)桃和油桃质量规定

本标准规定了桃和油桃预处理和包装后出口控制期的质量要求。

1. 最低要求

(1)根据对每个级别的特殊规定和允许误差,桃和油桃必须符合下列条件:完整;完好,不包括由于腐烂或变质而不适于消费的产品;清洁,基本上无肉眼可见的异物;没有害虫;没有虫害造成的损害;无异常外来水分;无任何异味和/或味道。

(2)桃和油桃必须小心采摘。

(3)桃和油桃必须充分发育并达到合适的成熟度,必须能以受住运输和装卸;以令人满意的状况运往目的地。

2. 桃和油桃的等级

桃和油桃分为以下三个等级:

特级。该级桃和油桃必须品质极优。在形状、生长发育和着色方面必须具有种植地区该品种的特征。在不影响产品的整体外观、品质、耐贮性和包装外观的情况下,允许有极轻微的表皮缺陷。

Ⅰ级。该级桃和油桃品质优良,并具有种植地区该品种的特征。但是,可以允许外形、发育和着色方面一些轻微的缺陷。果肉必须完好,梗洼处裂果不包括在内。但是,在不影响产品的整体外观、品质、耐贮性和包装外观的情况下,允许不超过下述规定的轻微表皮损伤:长圆形缺陷长度为1cm;其他缺陷总面积为0.5cm^2。

Ⅱ级。该级为不符合特级和Ⅰ级标准的桃和油桃,但符合上述规定的最低要求。果肉不应有任何严重损伤。接触树干造成的裂果,必须在允许误差范围内。只要桃和油桃在品质、耐贮性和包装外观上能保持其必要的特征,可以允许有下述一些外皮缺陷;但不能超过:长圆形缺陷长度为 2cm;其他类型缺陷总面积为 $1.5cm^2$。

（二）桃和油桃大小等级规定

根据周长和横断面积最大直径确定桃和油桃大小(见表 7-6)。

表 7-6　桃和油桃大小等级规定

直　径	尺寸代号	周　长
90mm 及其以上	AAAA	20cm 和 28cm 以上
80mm 及其以上,90mm 以下	AAA	25cm 和 25cm 以上,28cm 以下
73mm 和 71mm 以上,80mm 以下	AA	23cm 和 23cm 以上,25cm 以下
67mm 和 67mm 以上,73mm 以下	A	21cm 和 21cm 以上,23cm 以下
61mm 和 61mm 以上,67mm 以下	B	19cm 和 19cm 以上,21cm 以下
56mm 和 56mm 以上,61mm 以下	C	17.5cm 和 17.5cm 以上,19cm 以下
51mm 和 51mm 以上,56mm 以下	D	16cm 和 16cm 以上,17.5cm 以下

五、草莓(FFV—35)

（一）草莓的质量规定

本标准规定了草莓预处理和包装后在出口控制期的质量要求。

1. 最低要求

(1) 根据对每个级别的特殊规定和允许误差,草莓必须符合下列条件:完整,无损伤;完好,不包括由于腐烂或变质而不适于消费的产品;清洁,基本上无肉眼可见的异物;外观新鲜,但不能水洗;没有害虫;没有虫害引起的损伤;带有萼片的短梗(森林草莓除外);萼片和梗(如果存在)必须呈鲜绿色;无异常外来水分;无任何异常气味和/或味道。

(2) 草莓必须小心采摘。

(3) 草莓必须充分发育并达到合适的成熟度。其发育及状况必须能够:经受住运输和装卸;以令人满意的状况运往目的地。

2. 草莓的分级

草莓分为以下三个等级:

特级。该级草莓必须品质极优,具有该品种特征。草莓外观必须鲜亮,具有该品种特征。草莓果不带泥土。草莓必须无缺陷,但是不影响草莓的整体外观、品质、耐贮性和包装外情况下,轻微的表面缺陷除外。

Ⅰ级。该级草莓必须品质优良,着色和外观具有该品种特征。在不影响草莓的整体外观、品质、耐贮性和包装外观情况下,允许有下列轻微缺陷:果形稍微不正;存在小的白斑,但白斑的大小不能超过草莓(果实)面积的1/10;表面有轻微挤压的痕迹。草莓基本不带泥土。

Ⅱ级。该级包括不符合特级和Ⅰ级标准的草莓,但符合上述规定的最低要求。只要草莓在品质、耐贮性和包装外观能保持其必要的特征,允许有下述一些缺陷:外形缺陷;浅白斑不超过果实表面积的1/5;有轻微干燥的擦伤,但不再扩展;轻微的泥土痕迹。

(二)大小分级规定

按草莓果实横切面的最大直径确定大小。各级草莓中其最小草莓直径为:特级为25mm;Ⅰ级和Ⅱ级为18mm;森林草莓没有规定果体的最小标准。

六、西瓜(FFV—37)

(一)西瓜的质量的规定

本标准规定了西瓜预处理和包装后在出口控制期的质量要求。

1. 最低要求

(1)根据对每个级别的特殊规定和允许误差,西瓜必须符合下列条件:完整;完好,不包括由于腐烂或变质而不适于消费的产品;清洁,基本上无肉眼可见的异物;没有害虫;没有虫害造成的损伤;坚硬和完全成熟;果肉的颜色和味道必须符合完全成熟的状态;无裂缝;无异常外来水分;无任何异常气味和/或味道。

(2)西瓜的发育及状况必须能够:经受住运输和装卸;以令人满意的状况运往目的地。

2. 西瓜的分级

西瓜分为以下两个等级:

Ⅰ级。该级西瓜必须品质优良,形态好,具有该品种的特征;无裂缝和撞伤,轻微的表面裂缝不作为缺陷。允许西瓜在生长期间贴地面的果皮颜色较淡。西瓜的瓜梗长度不得超过5cm。

Ⅱ级。该级为不符合Ⅰ级标准的西瓜,但必须满足Ⅰ级规定的最低要求。在不影响产品品质、耐贮性和包装外观的情况下,可以允许有下列缺陷:外形上有轻微缺陷;外皮着色有轻微缺陷;由于机械影响造成的轻微擦伤或表面缺陷,及因寄生物或病害造成的轻微损伤。

(二) 西瓜的大小分级规定

根据西瓜重量确定西瓜大小,最低重量为1.5kg。同一个包装内,如果最轻的西瓜重量超过6kg,最轻和最重的西瓜之间相差不能超过2kg或3.5kg。

七、苹果(FFV—50)

(一) 苹果的质量规定

本标准规定了苹果预处理和包装后在出口控制期的质量要求。

1. 最低要求

(1) 根据对每个级别的特殊规定和允许误差,苹果必须符合下列条件:完整;完好,因腐烂或变质而不适宜消费的产品除外;清洁,基本上无肉眼可见的异物;没有害虫;没有虫害造成的损伤;无异常外来水分;无任何异常气味和/或味道。

(2) 苹果必须小心采摘。

(3) 苹果的发育及状况必须能够:保证其继续成熟过程,直至达到品种特性要求;经受住运输和装卸;以令人满意的状况运往目的地。

2. 苹果的分类

苹果分为以下三个等级:

特级。该级苹果必须品质极优,且在形状、大小和颜色方面,具有该品种(2)的特性,果柄必须完整。苹果的果肉必须十分完整,无损伤。苹果必须没有缺陷,但在不影响果实总体外观、品质、耐贮性和包装外观的情况下,可以允许有非常轻微的表面缺陷。

Ⅰ级。该级苹果品质优良,且在形状、大小和颜色方面,具有该品种的特性。苹果的果肉必须十分完整,无损伤。在不影响果实总体外观、品质、耐贮性和包装外观的情况下,可以允许有下列缺陷:形状有轻微缺陷;发育有轻微缺陷;颜色有轻微缺陷;果皮有轻微缺陷,但是不能超过如下规定:长圆形果皮缺陷不超过2cm;有缺陷的表皮总面积不超过1cm^2,但黑星病除外,其累计面积不得超过0.25cm^2;轻微擦伤不得超过1cm^2,且没有褪色的果实。可以没有果柄,但是果柄口必须清洁,果柄周围的果皮没有损伤。

Ⅱ级。该级苹果达不到以上两个等级的要求,但是符合上述规定的最低要求。苹果的果肉不能有严重的缺陷,在不影响果实品质、耐贮性和外观等品种基本特性的情况下,允许有以下缺陷:形状方面的缺陷;发育方面的缺陷；颜色方面的缺陷；果皮缺陷，但是不超过以下指标：长圆形缺陷不超过4cm；苹果的其他缺陷总面积不超过$2.5cm^2$，包括轻微变色的擦伤，但黑星病除外，其累计面积不得超过$1cm^2$；轻微的变色痕迹不超过$1.5cm^2$。

（二）苹果的大小分级规定

根据苹果横断面积的最大直径或重量确定苹果的大小，按照以下最小直径需要对苹果的所有等级进行分级（见表7-7）。

表7-7 苹果大小分级规定

项目	特级	Ⅰ级	Ⅱ级
大型果品种	65mm	60mm	60mm
其他品种	60mm	55mm	50mm

八、梨（FFV—51）

（一）梨的质量

本标准规定了梨预处理和包装后在出口控制期的质量要求。

1. 最低要求

（1）根据对每个级别的特殊规定和允许误差，梨必须符合下列条件：完整；完好，因腐烂或变质而不适宜消费的产品除外；清洁，基本上无肉眼可见的异物；没有害虫；没有虫害造成的损伤；无异常外来水分；无任何异常气味和/或味道。

（2）梨必须小心采摘。

（3）梨的发育及状况必须能够：保证其成熟过程，直至达到品种特性要求；经受住运输和装卸；以令人满意的状况运往目的地。

2. 梨的分类

梨分为以下三个等级：

特级。该级梨必须品质极优，且在形状、大小和颜色方面，具有该品种的特性，果柄必须完整。梨的果肉必须十分完整，无损伤，且表皮不能有粗糙的赤褐色斑。梨必须没有缺陷，但在不影响果实总体外观、品质、耐贮性和包装外观的情况下，可以允许有非常轻微的表面缺陷。梨不能含有石细胞。

Ⅰ级。该级梨品质优良，且在形状、大小和颜色方面具有该品种的特性。梨的果肉必须十分完整，无损伤，且表皮不能有粗糙的赤褐色斑。在不影响果实总体外观、品质、耐贮性和包装外观的情况下，可以允许有下列缺陷：形状有轻微缺陷；发育有轻微缺陷；颜色有轻微缺陷；果皮有轻微缺陷，但不超过如下规定：长圆形果皮缺陷不能超过2cm；有缺陷的表皮总面积不超过 $1cm^2$，但黑星病除外，其累计面积不得超过 $0.25cm^2$；轻微擦伤不得超过 $1cm^2$，且没有褪色的果实。果柄可以受到轻微的损伤。梨不能含有石细胞。

Ⅱ级。该级梨达不到以上两个等级要求，但符合上述规定的最低要求。梨的果肉不能有严重的缺陷。在不影响果实品质、耐贮性和外观等品种基本特性的情况下，允许有以下缺陷：形状方面的缺陷；发育方面的缺陷；颜色方面的缺陷；轻微的粗糙赤褐色斑；果皮缺陷，但不超过以下指标：长圆形缺陷不超过4cm；其他缺陷总面积不超过 $2.5cm^2$，包括轻微变色的擦伤，但黑星病除外，其累计面积不得超过 $1cm^2$。轻微的褪色的外伤不能超过 $1.5cm^2$。

（二）梨的大小分级规定

根据梨横断面积的最大直径来确定梨的大小。梨的每个等级需要按照以下最小直径进行分级（见表7-8）：

表7-8　梨的大小分级规定

项目	特级	Ⅰ级	Ⅱ级
大型果品种	60mm	55mm	55mm
其他品种	55mm	50mm	45mm

第四节　乳及乳制品的质量标准和品质鉴别

一、乳及乳制品质量感官鉴别原则

感官鉴别乳及乳制品，主要指的是眼观其色泽和组织状态、嗅其气味和尝其滋味，应做到三者并重，缺一不可。对于乳而言，应注意其色泽是否正常、质地是否均匀细腻、滋味是否纯正以及乳香味如何。同时应留意杂质、沉淀、异味等情况，以便作出综合性的评价。对于乳制品而言，除注意上述识别内容而外，有针对性地观察了解诸如酸乳有无乳清分离、奶粉有无结块、奶酪切面有无水珠和霉斑等情况，对于感官识别也有重要意义。必要时可以将乳制品冲调后进行感官鉴别。

二、主要乳及乳制品感官质量标准

(一) 巴氏杀菌乳(GB5408.1—1999)

本标准适用于以牛乳或羊乳为原料,经巴氏杀菌制成的液体产品。

1. 巴氏杀菌乳产品分类

(1) 全脂巴氏杀菌乳:以牛乳或羊乳为原料,经巴氏杀菌制成的液体产品。

(2) 部分脱脂巴氏杀菌乳:以牛乳或羊乳为原料,脱去部分脂肪,经巴氏杀菌制成的液体产品。

(3) 脱脂巴氏杀菌乳:以牛乳或羊乳为原料,脱去全部脂肪,经巴氏杀菌制成的液体产品。

2. 巴氏杀菌乳质量感官鉴别(见表7-9)

表7-9 巴氏杀菌乳质量感官鉴别

项　目	全脂巴氏杀菌乳	部分脱脂巴氏杀菌乳	脱脂巴氏杀菌乳
色泽	呈均匀一致的乳白色或微黄色		
滋润和气味	具有乳固有的滋味和气味,无异味		
组织状态	均匀的液体,无沉淀,无凝块,无黏稠现象		

(二) 灭菌乳(GB5408.2—1999)

本标准适用于以牛乳(或羊乳)或复原乳为主料,不添加或添加辅料,经灭菌制成的液体产品。

1. 灭菌乳产品分类

(1) 灭菌纯牛(羊)乳:以牛乳(或羊乳)或复原乳为原料,脱脂或不脱脂,不添加辅料,经超高温瞬时灭菌、无菌罐装或保持灭菌制成的产品。

(2) 灭菌调味乳:以牛乳(或羊乳)或复原乳为主料,脱脂或不脱脂,添加辅料,经超高温瞬时灭菌、无菌罐装或保持灭菌制成的产品。

2. 灭菌乳质量感官鉴别(见表7-10)

表7-10 灭菌乳质量感官鉴别

项　目	灭菌纯牛(羊)乳	灭菌调味乳
色　泽	呈均匀一致的乳白色或微黄色	呈均匀一致的乳白色或具有调味乳应有的色泽。

续表

项　目	灭菌纯牛(羊)乳	灭菌调味乳
滋味和气味	具有牛乳或羊乳固有的滋味和气味,无异味	具有调味乳应有的滋味的气味
组织状态	均匀的液体,无凝块,无黏稠现象,允许有少量沉淀	

3. 鲜乳优劣感官鉴别(见表 7-11)

表 7-11　鲜乳优劣感官鉴别

项　目	良　质	次　质	劣　质
色泽	为乳白色或稍带微黄色	色泽较良质鲜乳为差,白色中稍带青色	呈浅粉红色或显著的黄绿色,或是色泽灰暗
组织状态	呈均匀的流体,无沉淀、凝块和机械杂质,无黏稠和浓厚现象	呈均匀的流体,无凝块,但可见少量微小颗粒,脂肪聚粘表层呈液化状态	呈稠而不匀的溶液状,有乳凝结成的致密凝块或絮状物
气味	具有乳特有的乳香味,无其他任何异味	乳中固有的香味稍淡或略有异味	有明显的异味,如酸臭味、牛粪味、金属味、鱼腥味、汽油味等
滋味	具有鲜乳独具的纯香味,滋味可口而稍甜,无其他任何异常滋味	有微酸味(表明乳已开始酸败),或有其他轻微的异味	有酸味、咸味、苦味等

(三) 全脂乳粉、脱脂乳粉、全脂加糖乳粉和调味乳粉(GB5410—1999)

1. 全脂乳粉、脱脂乳粉、全脂加糖乳粉和调味乳粉定义

(1) 全脂乳粉:以牛乳或羊乳为原料,经浓缩、干燥制成的粉状产品。

(2) 脱脂乳粉:以牛乳或羊乳为原料,经分离脂肪、浓缩、干燥制成的粉状产品。

(3) 全脂加糖乳粉:以牛乳或羊乳、白砂糖为原料,经浓缩、干燥制成的粉状产品。

(4) 调味乳粉:以牛乳或羊乳(或全脂乳粉、脱脂乳粉)为主料,添加调味料等辅料,经浓缩、干燥(或干混)制成的乳固体含量不低于70%的粉状产品。

2. 全脂乳粉、脱脂乳粉、全脂加糖乳粉和调味乳粉质量感官鉴别(见表7-12)

表7-12 全脂乳粉、脱脂乳粉、全脂加糖乳粉和调味乳粉质量感官鉴别

项目	全脂乳粉、脱脂乳粉、全脂加糖乳粉	调味乳粉
色泽	呈均匀一致的浅黄色者或浅白色者	
滋味和气味	具有牛乳或羊乳固有的滋味和气味,无异味	具有调味乳应有的滋味的气味
组织状态	干燥粉末,无结块者	

3. 奶粉优劣感官鉴别(见表7-13)

表7-13 奶粉优劣感官鉴别

项目	良质	次质	劣质
色泽	色泽均匀一致,呈浅黄色,脱脂奶粉为白色,有光泽	色泽呈浅白或灰暗,无光泽	色泽灰暗或呈褐色
组织状态	粉粒大小均匀,手感疏松,无结块,无杂质	有松散的结块或有少量坚硬颗粒、焦粉粒、小黑点等	有较硬的、不易散开的结块,有肉眼可见的杂质或异物
气味	具有消毒牛奶纯正的乳香味,无其他异味	乳香味平淡或有轻微异味	有陈腐味、发霉味、脂肪哈喇味等
滋味	有纯正的乳香滋味,加糖奶粉有适口的甜味,无任何其他异味	滋味平淡或有轻度异味,加糖奶粉甜度过大	有苦涩味或其他较重异味

(四)全脂无糖炼乳和全脂加糖炼乳(GB5471—1999)

1. 全脂无糖炼乳和全脂加糖炼乳定义

(1)全脂无糖炼乳:以牛乳为原料,经浓缩、灭菌制成的黏稠状液体产品。

(2)全脂加糖炼乳:以牛乳为主料,经杀菌、添加白砂糖、浓缩制成的黏稠状液体产品。

2. 全脂无糖炼乳和全脂加糖炼乳质量感官鉴别(见表7-14)

表7-14 全脂无糖果炼乳和全脂加糖炼乳质量感官鉴别

项目	全脂无糖炼乳	全脂加糖炼乳
色泽	呈均匀一致的乳白色或乳黄色,有光泽	
滋味和气体	具有牛乳的滋味和气味	具有牛乳的香味,味纯正
组织状态	组织细腻,质地均匀,黏度适中	

（3）炼乳优劣感官鉴别（见表7-15）

表7-15　炼乳优劣感官鉴别

项　目	良　质	次　质	劣　质
色泽	呈均匀一致的乳白色或稍带微黄色，有光泽	色泽有轻度变化，呈米黄色或淡肉桂色	色泽有明显变化，呈肉桂色或淡褐色
组织状态	组织细腻，质地均匀，黏度适中，无脂肪上浮，无乳糖沉淀，无杂质	粘度过高，稍有一些脂肪上浮，有砂粒状沉淀物	凝结成软膏状，冲调后脂肪分离较明显，有结块和机械杂质
气味	具有明显的牛乳乳香味，无任何异味	乳香味淡或稍有异味	有酸臭味及较浓重的其他异味
滋味	淡炼乳具有明显的牛乳滋味，甜炼乳具有纯正的甜味，均无任何异物	滋味平淡或稍差，有轻度异味	有不纯正的滋味和较重的异味

（五）酸牛乳（GB2746—1999）

本标准适用于以牛乳或复原乳为主料，添加或不添加辅料，使用含有保加利亚乳杆菌、嗜热链球菌的菌种发酵制成的产品。

1．酸牛乳产品分类

（1）纯酸牛乳：以牛乳或复原乳为原料，脱脂、部分脱脂或不脱脂，经发酵制成的产品。

（2）调味酸牛乳：以牛乳或复原乳为主料，脱脂、部分脱脂或不脱脂，添加食糖、调味剂等辅料，经发酵制成的产品

（3）果料酸牛乳：以牛乳或复原乳为主料，脱脂、部分脱脂或不脱脂，添加天然果料等辅料，经发酵制成的产品。

2. 酸牛乳质量感官鉴别(见表7-16)

表7-16 酸牛乳质量感官鉴别

项目	纯酸牛乳	调味酸牛乳、果料酸牛乳
色泽	呈均匀一致的乳白色或微黄色	呈均匀一致的乳白色或调味乳、果料应有的色泽
滋味和气味	具有酸牛乳固有的滋味和气味	具有调味酸牛乳或果料酸牛乳应有的滋味和气味
组织状态	组织细腻、均匀,允许有少量乳清析出;果料酸牛乳有果块	

3. 酸牛奶优劣感官鉴别(见表7-17)

表7-17 酸牛奶优劣感官鉴别

项目	良质	次质	劣质
色泽	色泽均匀一致,呈乳白色或稍带微黄色	色泽不均,呈微黄或浅灰色	色泽灰暗或出现其他异常颜色
组织状态	凝乳均匀细腻,无气泡,允许有少量黄色脂膜和少量乳清	凝乳不均匀也不结实,有乳清析出	凝乳不良,有气泡,乳清析出严重或乳清分离。瓶口及酸奶表面均有霉斑
气味	有清香、纯正的酸奶味	酸奶味香气平淡或有轻微异味	有腐败味、霉变味、酒精发酵味及其他不良气味
滋味	有纯正的酸牛奶味,酸甜适口	酸味过度或有其他不良滋味	有苦味、涩味或其他不良滋味

(六) 奶油标准(GB5415—1999)

本标准适用于从牛乳分离出的稀奶油,经杀菌、成熟、搅拌、压炼而成的脂肪制品。

1. 奶油产品分类

(1) 奶油:以经发酵或不发酵的稀奶油为原料,加工制成的固态产品。

(2) 无水奶油:以熔融了的奶油或稀奶油(经发酵或不发酵)为原料,经加工制成的水分含量较低的固态产品。

2. 奶油质量感官鉴别(见表7-18)

表7-18　奶油质量感官鉴别

项　目	奶　油	无水奶油
色泽	呈均匀一致的乳白色或乳黄色	
滋味气味	具有奶油的纯香味	
组织状态	柔软、细腻、无孔隙、无析水现象	

第五节　水产品的质量标准和品级鉴别

一、水产品质量标准

(一) 贝类海产品质量标准

1. 贝类卫生标准(GB2744—1996)

主要适用于扇贝、贻贝、缢蛏、文蛤、杂色蛤、四角蛤蜊等贝类。主要表现为：

外壳——外壳完整呈固有形状、色泽、平时微张开，受惊闭合；

肢体——要求活体、斧足与触管伸缩灵活；

肌肉——肌肉组织致密有弹性，呈固有色泽；

气味——具有固有气味，无异臭味。

2. 贝肉鲜度感官鉴别(见表7-19)

表7-19　贝肉鲜度感官鉴别

品　种	新　鲜	不新鲜
贝肉	色泽正常且有光泽，无异味，手摸有爽滑感，弹性好	色泽减退或无光泽，有酸味，手感发黏，弹性差
赤贝	深黄褐或浅黄褐色，有光泽，弹性好	呈灰黄色或浅绿色，无光泽，无弹性
海螺肉	呈乳黄色或浅黄色，有光泽，有弹性，局部有玫瑰紫色斑点	呈灰黄色或浅绿色，无光泽，无弹性

（二）头足类海产品感官质量标准

1. 头足类海产品卫生标准(GB2735—1994)

头足类是软体动物中最高等的一个纲,属海洋动物,包括墨鱼、蛸、鱿鱼等。主要表现为:

体表——背部及腹部呈青白色或微红色,鱿鱼可呈紫色点;

肌肉——去皮后,肌肉呈白色,鱿鱼允许有微红色,肌肉紧密、有弹性;

气味——具有固有气味或海水味,无异味。

2. 头足类海产品鲜度感官鉴别(见表7-20)

表7-20 头足类海产品鲜度感官鉴别

项目	色泽	肌肉	眼球	气味
新鲜	固有的新鲜色泽,色素斑清晰,体表有光泽,黏液多而清亮	体内柔软而光滑,富有弹性	眼球饱满而突出,有光泽	体肉无异常气味
变质	色素斑点模糊并连成片呈现出红色,体表黏液混浊	体内僵硬发涩或过度松软,无弹性	眼球塌陷而无光泽	有腥臭味

（三）藻类产品感官质量标准(海带)

1. 藻类产品卫生标准(海带)

色泽——叶片深褐色、褐色、绿褐色,富有光泽;

外形——早收的海带叶片完整,尖端部无腐烂,晚收的海带叶片柔韧,叶体较厚,允许有不超过叶体长三分之一的黄白边;

气味——具有海带固有的气味,无异味。

2. 藻类产品质量感官鉴别(海带,见表7-21、表7-22)

表7-21 海带质量感官鉴别

项目	质量标准
良质	色泽为深褐色或褐绿色,叶片长而宽阔,肉厚且不带根;表面有微呈白色粉状的甘露醇,含沙量和杂质量均少
次质	色泽呈黄绿色,叶片短狭而肉薄;一般含砂量较高

表 7-22　速食海带感官质量指标

项　目	熟干海带		调味熟干海带
	一等品	二等品	合格品
色泽	绿色、绿褐色、褐色		绿色、褐色
组织形态	由海带平直部制成，形状均一，经水发后无僵硬感	形状较均一	形状较均一
滋味	干海带具有海带固有滋味		咸、甜适宜，味正常
杂质	均不应有杂质		

二、水产品感官质量检验

（一）贝类海产品感官质量检验

1. 贝类试验方法

感官检验。将试样放在白色搪瓷盘中，在光线充足、无异味的环境中，对样品按卫生标准检验。

2. 贝类检验规则

（1）组批。贝类以同一来源、同一时间收获的为同一检验批。

（2）抽样方法。同一检验批的贝应随机取样。批量在 500 只以下（含 500 只）的，取样数为批量的 10%，最小取样数为 20 只；批量在 500 只以上，1000 只以下（含 1000 只）的，取样数为批量的 5%；批量在 1000 只以上，5000 只（含 5000 只）以下，取样数为批量的 2%；批量在 5000 只以上的，取样数为批量的 1%。用于安全指标检验的贝抽样设定最小抽样数，其可食部分，总量不得少于 300g。

（3）检验结果的判定。感官指标中有贝的感官检验的批合格率应为 95% 以上；安全卫生指标中的极限值采用修约值比较法。检验结果有一项指标不合格，且经复检后仍不合格的，则判该批产品为不合格。

（二）头足类海产品感官质量检验

1. 头足类试验方法

感官检验。在光线充足，无异味环境条件下，在白瓷盘中对样品进行感官检验。

2. 头足类检验规则

（1）检验批。按同一时间、同一来源（同一养殖池或同一养殖场）的鳖为同一检验批。

（2）抽样方法。活体抽样:按 NY 5073 的规定执行。感官检验的样品量允许加倍。试验样品采样:活体样品中每只鳖应取其半边中的两条腿和裙边的可食部分。同一检验批所采的样品混合均匀后,按四分法对角取样,试样量不得少于 200g。

（3）判定规则。感官检验的合格率应为 95% 以上。如感官检验有三项或有严重病灶的,则为不合格品,不必再进行安全卫生指标的检验。安全卫生指标中的极限值采用修约值比较法。检验结果有一项以上(含一项)指标不合格时,应重新自同批产品中加倍抽样进行复检,以复检为准,仍不合格的,则判该批为不合格品。

（三）藻类产品感官质量检验

1. 藻类产品试验方法

感官检验。在光线充足无异味的环境中,将样品平摊于白色搪瓷盘中或不锈钢工作台上,用目测、鼻嗅检验,以分度值 5mm 以下的直尺或卷尺测其叶体长度、黄白边长度。

2. 藻类产品检验规则

（1）批的组成。同一养殖场、同一天收获的海带为一检验批。

（2）抽样方法。每批海带随机抽取 5 颗。感官检验后,将样品由叶基部至叶尖剪成 150mm 左右小段,从每段剪下约 20mm 宽小条,再将小条剪成约 20mm × 20mm 的小块,绞碎混匀后以缩分法取得均匀试样 200g。

（3）判定规则。所检项目的检验结果全部符合要求,则该批产品判为合格。检验结果如有一项指标未达到要求,允许加倍抽样将此项指标复验,按复验结果判定本批产品是否合格。

第八章　农产品经纪人应具备的经营管理知识

在农村市场经济日益繁荣的背景下，经纪活动不再是简单的联系农产品供需双方，而是一系列经营活动的总和，农产品经纪人要想在市场上生存，更好地服务于农村经济的发展，需要农产品经纪人了解市场需求，掌握农产品采购、销售的若干方法；根据实际情况对农产品的发展趋势作出合理的判断和预测，对农产品成本作出正确的核算。

第一节　农产品市场的定义和特点

一、农产品市场的定义

市场是商品交换的场所或领域，是经济主体之间全部交换关系的总和，是一种经济资源配置的调节机制或调节手段。农产品市场，顾名思义就是农产品交换的场所或领域，是农产品流通领域所有交换关系的总和，同时也是一种经济资源配置的调节机制或调节手段。狭义的农产品市场是农产品交换的具体场所，广义的农产品市场是指任何形式的农产品交易活动和交换关系的总和。

二、农产品市场的特点

（一）农产品市场交易的产品有生产资料和生活资料的双重属性

农产品市场上交易的农副产品，一方面可以作为农业再生产和工业再生产的资料，如农业生产用的种子、种畜、饲料，工业用的各种原材料等；另一方面，农产品又是人们日常生活离不开的必需品，居民的“米袋子”、“菜篮子”都要由农产品市场供应。

（二）农产品市场具有供给的季节性和周期性

农产品生产的季节性和周期性的特点导致农产品的供给出现季节性和周期性的规律。农产品生产必须经过一个自然周期才能完成，在此过程中，无论价格多高，都无法在短期内刺激供给的增加。

（三）农产品市场多为小型分散市场

农产品生产分散于农村的千家万户，农产品的交易多采用集市交易的形式，规模小而且分散。然而，伴随市场经济的不断繁荣，在大中城市和交通枢纽，也出现了规模较大的农产品集散和批发市场。

（四）农产品市场存在较大风险

由于农产品生产受土地、光照、温度等自然因素影响，农产品的供给存在较多不稳定性和不可控性。同时，农产品特别是鲜活农产品在运输、储存和销售过程中会发生腐烂、霉变和破损，极易造成损失。

三、农产品市场的分类

（一）按照农产品交易场所划分

1．产地市场

产地市场是指在某些农产品的集中产区形成或兴建的定期或不定期的农产品市场，主要功能是为分散生产的农户提供集中销售农产品的场所。

2．中转市场

中转市场是指连接农产品产地和销地的农产品集散中心，其主要功能是将来自各个产地市场的农产品进一步集中起来，经过再加工、储藏与包装，再分销到各地的批发市场。

3．销地市场

销地市场是指在农产品的购买者所在地设立的各类市场形式的总称，主要职能是把经过集中、初加工和储运等环节的农产品销售给消费者。

（二）按照农产品销售方式划分

1．农产品零售市场

农产品零售市场是通过零售方式直接向消费者提供农产品的最终交易场所，反映着农产品的生产者、加工者、经营者和消费者多方面的经济关系。它处于农产品流通过程中的最终环节，其基本职能就是将生产的农产品通过交易的形式分配给广大的消费者。通常情况下，农产品零售市场的辐射范围较小，交易方式主要是现货交易，单次交易数量小，而农产品的价格却高于初级市场和中心集散市场。此类型的市场主要有三类，即露天市场、农贸市场和超市。

2．农产品批发市场

农产品批发市场是相对于农产品零售市场而言的较高级的市场形式。它将来自各产地市场的农产品进一步集中起来，经过加工、储藏和包装等环节，再通过销售商分散销往各地。通常情况下，农产品批发市场的流通范围广，农产品吞吐量大、周转快，农产品价格相对较低。

根据不同的标准，农产品批发市场又可以分为不同的类型。

（1）按照农产品批发市场的地域特点分为产地批发市场、销地批发市场和中转批发市场。

（2）按照农产品批发市场的交易时间分为常年性批发市场和季节性批发市场。

（3）按照农产品批发市场的交易范围分为综合性批发市场和专业性批发市场。

（4）按照农产品批发市场的经营方式分为纯批发市场和批零兼营市场。

（5）按照农产品批发市场的形成方式分为自发形成的批发市场和政府开办的批发市场。

（三）按照农产品交易形式划分

1．农产品现货市场

现货市场是农产品交易的主体，在进行农产品买卖过程中，遵循“一手交钱、一手交货”的原则进行货币和实物的交换，农产品的价格由当时的市场供求状况决定。它是商品经济社会最基本、最常见的市场形式。

2．农产品期货市场

农产品期货市场作为市场制度的创新，有狭义和广义之分。狭义的农产品期货市场是指农产品期货交易的场所。广义的农产品期货市场是在市场经济发展过程中围绕农产品期货合约交易而形成的一种特殊的经济关系，是一种特殊的交易活动。或者说，广义的农产品期货市场是指农产品期货合约交易关系的总和。这种特殊的交易活动必须按照特定的规则和程序、在特定的场所内集中进行。因此，广义的农产品期货市场应该是由相互依存和相互制约的期货交易所、期货交易结算所、期货经纪公司和期货交易者组成的一个完整的组织结构体系。

农产品期货市场上交易的农产品是一种代表性的商品，具备可贮藏、品质可评价、批量大、价格波动等特点的农产品方能上市交易。目前,我国共有三家农产品期货交易所,分别是郑州商品交易所、大连商品交易所和上海期货交易所,交易的农产品主要有大豆、小麦、豆粕、绿豆、天然橡胶等品种。

除此之外,依据农产品市场的地域界限分为城镇市场和农村市场以及国内市场和国际市场,依据农产品市场交易的产品的品种分为总和市场、粮油市场、果品市场等类型,依据农产品市场组织的主体分为国有商业组织的农产品市场、集体商业组织的农产品市场和个体商业组织的农产品市场等类型。

四、农产品市场的构成要素

从市场的构成要素看,市场 = 人口 × 购买力 × 购买欲望。市场的这三个要素是相互制约、缺一不可的,只有将三者结合起来才能构成现实的市场,才能决定市场的规模和容量。因此,对于农产品市场而言,在不考虑产品价格或供应商策略的前提下,农产品市场容量同样取决于人口、购买欲望和购买力三要素。其关系如下表:

表 8-1 农产品市场容量与市场构成要素的关系

人口	购买欲望	购买力	市场容量
多	有	低	小
少	有	高	有限
多	无	高	有限
多	有	高	大

第二节 农产品营销策略组合

农产品营销是农产品生产者与经营者个体或群体在农产品从农户到消费者的流通过程中,实现个人和社会需求目标的各种产品创造和产品交易的一系列活动。农产品经纪人作为促进农产品交易的市场纽带,必须熟知农产品市场营销的知识,掌握农产品市场营销的技能,才能更好地推动经纪业务的发展和农产品市场的繁荣。

一、农产品市场营销观念

卖方市场条件下催生了“以产定销、以量取胜”的生产观念、“以产定销、以质取胜”的产品观念和“以产定销、以销取胜”的推销观念,这些营销观念强调的是企业的生产,而不是市场的需求。然而,自20世纪50年代起,伴随买方市场的逐步形成,顾客的需求成为企业经营活动关注的中心,企业的营销观念由以产定销逐步转变为以销定产。此时的市场营销以消费者的需求为中心,企业通过实行目标市场营销,以相应的商品和服务去满足消费者的需求,以获取企业利润。社会营销观念则认为,企业生产经营不仅要考虑消费者的需要,而且要考虑消费者和整个社会的长远利益。后来,又出现了关于市场营销、绿色市场营销、文化市场营销、整合市场营销等理念。

二、农产品市场细分战略

农产品市场细分是根据农产品总体市场中不同地区的消费者在需求特点、购买行为和购买习惯等方面的差异性,把农产品总体市场划分为若干个不同类型的消费者群的过程。每一个消费者群就是一个细分市场,即子市场。市场细分是农产品市场营销成败的关键,农产品经纪人在经纪活动过程中必须从细分市场中选择正确的目标市场。

农产品市场细分的前提是选择有效的市场细分变量。市场细分变量的选择必须考虑以下因素:

可衡量性:用来区分市场特征的变量是可衡量的,划分的子市场的规模和购买力也是可衡量的。

可达到性:所形成的细分市场必须是企业可以有效进入并为之服务的市场。

可盈利性:所形成的细分市场的规模必须使企业能获得足够的经济利益。

据此,我们可以根据地理因素、人文因素、心理因素、行为因素等特定的变量来划分农产品市场。

1. 按地理因素细分市场，即根据消费者所在地区、地理条件、人口密度等来划分市场：

表 8-2　按地理因素细分的市场

细分变量	细分市场
地区	东部（地区）市场、中部（地区）市场、西部（地区）市场
城市规模	特大城市、大城市、中城市、小城市
人口密度	城市、郊区、乡村
气候	热带、亚热带、寒冷地带
……	……

2. 按人文因素细分市场，即根据人口的统计变量，如年龄、性别、民族、职业、国籍、家庭结构等因素细分市场：

表 8-3　按人文因素细分的市场

细分变量	细分市场
年龄	老年人、中年人、青年人、儿童
性别	男性、女性
收入	高收入者、中收入者、低收入者
职业	工人、农民、教师……
宗教	天主教、基督教、伊斯兰教……
民族	汉族、回族、蒙古族……
……	……

3. 按心理因素细分市场，即按消费者所处的社会阶层、生活方式和性格或个性特征的不同来细分市场：

表 8-4　按心理因素细分的市场

细分变量	细分市场
社会阶层	高消费人群、中等消费人群、低消费人群
生活方式	追求冒险、追求稳定、追求简朴
个性特征	自信、自主、支配、顺从、保守……
……	……

4. 按行为因素细分市场，即根据消费者对产品的了解程度、购买动机、追求的利益、使用情况、使用频率和品牌忠诚度等行为因素来细分市场：

表 8-5　按行为因素细分的市场

细分变量	细分市场
使用时机	普通时机、特殊时机
追求的利益	质量、经济、服务、舒适、耐用……
使用频率	常用者、不常用者、一般使用者……
品牌忠诚度	无、一般、强烈、绝对……
……	……

三、农产品目标市场选择战略

市场细分并不是农产品经纪人的目的，其目的是为了选择目标市场。因此，在进行市场细分之后，就应该准确评价各子市场的潜在价值。评价的标准主要是子市场的需求现状及其发展趋势、目前其他竞争者在该子市场的营销情况。在此基础上，可结合企业的营销战略和资源状况、营销优势，选择其中一个或几个子市场作为今后营销的对象。被选定的市场就是企业的目标市场。

农产品目标市场选择战略有三种，即无差异性营销战略、差异性营销战略和集中性营销战略。

1. 无差异性营销战略

农产品经纪人或农业企业不重视细分市场的差异性，将整个市场视为具有同一特征的同质市场，把营销的重点放在运用单一的产品、价格和分销渠道以满足消费者的共同需求。

2. 差异性营销战略

差异性营销策略是农产品经纪人或农业企业承认市场细分的差异性，针对细分市场的特点，分别设计不同的产品或营销计划以满足不同消费者的需要。凭借差异化的营销策略，不仅可以满足不同消费者的需求，提高产品的竞争能力，而且能够树立起良好的市场形象，引进更多的购买者。

【案例8-1】 水果大王的差异化营销①

山西省祁县的阎维耀在水果营销上摸爬滚打15年,连续多年被评为"农产品营销模范",并创下水果年销5000万的营销额。在营销过程中,他发现南方春季为水果淡季,觉得这是一个被忽视的市场机遇,便组织果农对酥梨进行储藏。经过科学保存,酥梨的保鲜度达100%。在来年的春季销售中,酥梨每公斤增值1~2元不等,果农的收入大大增加。

他在收购水果时,总是把水果按照质量进行分级。"一级果进超市、二级果进果行、三级果就地分销",这种销售方法迎合了销售商对产品质量的要求,取得较大的成功,巧妙地降低了风险。

【案例8-2】 农夫果园:差异化摇动果汁市场②

农夫果园营销的成功归功于农夫山泉公司独到的差异化营销策略。一是产品设计的差异化,在市场上PET包装的果汁饮料普遍停留在单一口味的背景下,农夫果园独辟蹊径地选择了"混合口味"作为突破口,避免了与先入品牌的正面冲突,确立了在混合果汁品牌的领导地位。二是宣传诉求的差异化,广告上不仅摆脱了美女路线,而且与"酷儿"的角色营销不同,以一个动作作为独特的品牌识别——"农夫果园,喝前摇一摇",把果肉纤维暗示为产品销售的一个卖点,不失为绝妙的差异化策略。三是包装、容量、浓度上的标新立异,包装上瓶口直径达到38mm,比普通包装瓶口大10mm,同时包装盖采用普通盖和运用盖两种,容量比同类产品多100ml和30ml,浓度调整为30%,区别于10%左右的PET果汁市场。四是价格策略的差异化,农夫果园的终端销售价格为3.5~4.0元,明显高于同类果汁饮料,这也是其差异化战略的重要表现。

3. 集中性营销策略

集中性营销策略是指农产品经纪人或农业企业利用有限的资源生产一种或少数几种产品来满足选择一个或几个性质相似的细分市场的消费者需求。集中性营销策略的运用,适宜生产规模小、在短时间内被替代机会小的产品,通过市场细分,定位与某个特定的消费群或通过特供销售渠道实施营销。

农产品经纪人要想选择合适的目标市场营销策略,必须考虑以下几个影

① 参见:水果大王的差异化营销[J].农家致富,2009(17):22.

② 参见:陈国泉.农夫果园:差异化摇动果汁市场[J].销售与市场,2003(11):74-76.

响因素:(1) 农产品的特点。(2) 农产品生产经营的资源因素,包括经营者在人力、物力、财力和技术等方面的状况。(3) 农产品消费需求的特点。(4) 农产品市场发展的周期性,如对于像米、面这类生活必需品,产品在品质上的差异较小,产品的市场竞争主要体现在价格方面,适宜采用无差别的营销策略;对于像果汁、乳制品这类差异化较大的产品,宜采取差异化或集中化的营销策略。

四、农产品营销策略组合

市场营销组合是企业或农产品经纪人针对特定的目标市场,为实现营销目标而将产品(Product)、定价(Price)、渠道(Place)、促销(Promotion)等因素(策略)综合运用所构成的有机整体。传统意义上的农产品营销同样关注农产品本身、定价、分销和促销等因素。农产品经纪人从事农产品经纪业务,要根据农产品的特征特性和内外部环境变化采取灵活的营销策略组合。

(一) 产品策略

产品策略是营销组合策略的基础,是农产品经纪人明确提供什么样的产品和服务去满足消费者的需求,包括农产品开发策略、农产品品牌策略以及农产品的生命周期运用策略等。

1. 农产品的整体概念

农产品营销中的产品概念分为三个层次。

(1) 农产品的核心产品是产品整体概念中最基本、最主要的部分,即农产品给消费者带来的基本效用或实际利益。

(2) 农产品的形式产品是核心产品的实现形式,包括产品的外观、品质、特色、包装、品牌等。

(3) 农产品的附加产品是消费者在取得或使用农产品的过程中获得的形式产品以外的利益,主要包括农产品营销过程中提供的满足消费者需要的必要服务。

2. 农产品的产品开发策略

农产品的新产品分为四种类型:一是运用新原理、新技术、新材料等所生产和制造出的全新农产品,诸如转基因水稻等;二是在原有农产品的基础上,采用新技术、新材料制成的换代农产品;三是对原有农产品的结构、形式、包装等方面作出改进的新产品;四是对已有产品仿制后加上自己的品牌或商标生产出来的仿制产品。开发新产品有利于及时适应和满足消费者需求的新变化，增强产品的市场竞争能力和提高农产品营销的经济效益。从农产品营销的角度看，新产品的开发必须适应社会经济发展的需要，开发出适销对路的农产品。因此，农产品的产品开发要遵循质优、有特色和使用安全的原则，可采取优质、低成本、配套和拾遗补缺的产品开发策略。

3. 农产品的品牌策略

品牌是经营者用以和其他竞争者的产品相区分的名称、术语、符号或者设计及其组合。由于农产品的初级产品较多，同质化现象严重，标准化生产程度不高，因而单凭农产品的外观、特性难以显现产品的竞争优势。众多的农产品经营者选择推动农产品品牌建设来塑造农产品的竞争优势。

【案例 8-3】 野山坡：农产品的品牌营销①

河北省保定市涞水县位于河北省中部，盛产贡米（金黄小米）、红小豆、绿豆、八宝香油等“土特产”，然而由于缺乏品牌和营销策划，产品销售困难。后来，依托涞水县著名的旅游胜地“野山坡”，注册“野山坡”品牌，将山、阳光、绿色的野山坡特点浓缩在品牌标示中，将产品品牌定位为“天然、无污染、高档绿色产品”，在品牌形象塑造、品牌文化建设、包装设计中，处处围绕“野山坡”的形象，凸现自然、绿色、纯净、原乡的品牌价值。同时把“野山坡”的产品包装设计成代表绿色天然的翠绿色和象征高档礼品的桃红色，背书“河北省涞水县粮食局监制”。经过品牌策划的产品上市后，销售异常火爆。

农产品的品牌策略包含以下几个方面：

（1）统一品牌策略，即农产品经营者提供的所有农产品都使用同一品牌名称和形象，如河南新郑奥星实业有限公司的产品，包括枣片、成品枣、蜜枣等统一使用“好想你”品牌。

（2）分类统一品牌策略，即农产品经营者根据所提供的农产品种类分别使用不同的品牌，如中国粮油食品进出口总公司在罐头类产品上使用“梅林”商标，在调味品上使用“红梅”商标，在酒类商品上则使用“长城”商标。

（3）个别品牌策略，又称多品牌策略，即农产品经营者在生产的各种商品上各自使用不同的商标，个别品牌策略可以适用在质量、档次上完全不同种类的商品，也适用于同种类但存在差异的商品。

---

① 参见：黄泰元. 中国农产品的生与死（七）——中国农产品成功营销案例之“土特产”战略[EB/OL].

4. 农产品的生命周期运用策略

农产品同其他产品一样，从进入市场到退出市场，都经历一个投入、成长、成熟、衰退的过程。这一过程被称为农产品的生命周期(如图 8-1)。

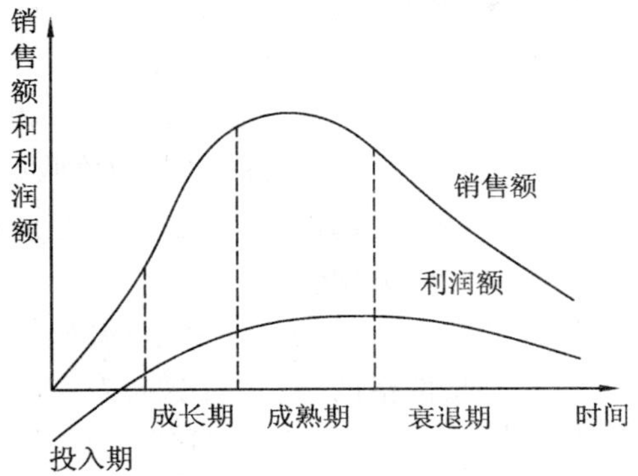

图 8-1　农产品的生命周期曲线

针对农产品生命周期各个阶段的特征，采取的营销策略是不同的。

(1) 投入期的营销策略。农产品刚刚上市销售的最初阶段，大部分消费者缺乏对产品的认知，销售量小，单位产品的成本较高，销售额增长缓慢，利润少甚至出现亏损。此阶段可供选择的策略有四种：快速撇脂策略、快速渗透策略、缓慢撇脂策略、缓慢渗透策略。

(2) 成长期的营销策略。农产品已被消费者所熟悉和接受、销售量迅速增长的阶段，单位产品的生产成本相对下降，销售额迅速增长，利润丰厚，但市场竞争加剧。此阶段可采取的营销策略：改进产品策略、转变促销策略、改进渠道策略、调整价格策略。

(3) 成熟期的营销策略。农产品的市场容量趋于饱和，销售增长率下降，竞争者常采用低价格、高促销费用的策略，以致利润下降。此阶段可采取的营销策略：市场改进策略、产品改进策略、营销组合改良策略。

(4) 衰退期的营销策略。农产品的销售量迅速下降，利润迅速减少，多数经营者无利可图，纷纷退出市场。此阶段可采取的策略：集中策略、维持策略、榨取策略。

(二) 定价策略

农产品的价格是影响市场需求和购买行为的重要因素，也直接关系到农产品生产经营者的收益水平。农产品价格制定的合适，能促进农产品的销售，提高产品的市场占有率，增加农产品生产者和经营者的利润。而农产品价格定得过高，会制约需求，影响销售；定得过低，会影响收益水平。

1. 影响农产品定价的因素

影响农产品定价的因素一般包括以下四大类：

（1）政策因素。农产品价格不仅关系到农民收入的增加和农村经济的持续发展，也关系到城乡居民的基本生活消费，因此，国家和地方政府往往通过财政补贴的形式干预农产品的定价，如粮食的保护价收购、财政补贴干预农产品定价等。另外，国家的货币政策、进出口政策、农业产业发展政策等经济政策都会不同程度地影响到农产品的价格。

（2）市场因素。绝大多数农产品的价格受市场供需状况的影响，农产品供求不平衡必然会导致农产品价格的变化。比如，农产品生产受到自然灾害的影响较大，当农产品欠收，供小于求，价格自然会上涨。另外，市场的竞争程度对农产品的定价产生直接的影响，农产品生产经营者在作出价格决策时，往往需要考虑竞争对手的价格以及参与市场竞争的目标。

（3）成本因素。成本因素是农产品定价的基础。在制定农产品价格时，需要充分考虑农产品生产过程中的种子、化肥、农药及人工等生产费用，农产品销售过程中的运输、储存及营销等销售费用。对于出口的农产品定价，还需要考虑关税、汇率等因素。

（4）定价目标。农产品定价目标受农产品经营者的市场定位决策的制约，市场定位不同，其定价目标也不相同。如经营者为了维持或提高农产品的市场占有率，往往在较长时间内维持产品的低价；为了在激烈的市场竞争中求生存，往往采用低于竞争者的价格甚至低于成本价销售；为了树立良好的产品形象，绿色产品、无公害产品宜采取高价策略。

2. 农产品常用的定价方法

（1）成本导向定价法，即以产品的成本为依据，加上产品销售的预期利润确定的农产品价格。

成本加成定价法：$P = C \times (1 + R)$。C 为产品的单位成本，R 为成本加成率。如某农产品的单位成本为 10 元，成本加成率为 10%，那么农产品的销售成本为 11 元。

目标利润定价法：P =（固定成本 + 目标利润）÷ 预计销售量 + 单位变动成本。

（2）需求导向定价法。农产品经纪人根据消费者对农产品价格的感受和对农产品的认知价值来制定农产品的价格。

(3) 竞争导向定价法。农产品经纪人根据市场上竞争者产品的价格确定自身产品的价格或者根据行业的平均价格来定价。

随行就市定价法,即根据目标市场上的价格水平来定价。对于许多农产品经营者来说,同质性现象比较严重的农产品,随行就市成为定价的重要方法。

差别定价法。对于同种同质的农产品,农产品经营者为树立起不同的产品形象,选取低于或高于竞争者的价格作为自身的产品价格。

3. 农产品的定价策略

(1) 撇脂定价策略。农产品经营者旨在追求短期利润的最大化,在农产品进入市场后,将价格定得尽可能高,尽可能在短期内赚取更多的利润。此种定价策略适合新开发的农产品,且短期内无竞争对手。

(2) 渗透定价策略。农产品经营者面对激烈的市场竞争,旨在提高产品的市场占有率,将产品的价格定得尽量低,吸引大量的消费者购买,形成需求趋势,以迅速打开和扩大市场。

(3) 差别定价策略。农产品经营者根据交易对象、交易时间、交易地点等的不同,对某一产品制定出两种或多种不同的价格,以满足消费者不同的需求。如由于农产品的季节性较强,在不同的季节同种农产品的价格是不同的。

(4) 心理定价策略。农产品经营者根据不同消费者的购买心理制定农产品的价格。比如尾数定价,一般情况下,标价 5.98 元/千克的产品常常比标价 6 元/千克的产品更容易出售;再如对于名特优农产品或知名度较高的名牌产品,在消费者心中具有较高的地位,可通过制定较高的价格来满足消费者特殊的心理需求。

(5) 折扣与折让定价策略。农产品经营者为刺激或回馈消费者,采取现金折扣、数量折扣、功能折扣、季节折扣或折让等形式,对农产品的基本价格作出适当的调整。比如,鸡蛋的价格为 10 元/千克,如果一次性购买 5 千克以上,则每千克价格可降为 9.8 元。

(三) 渠道策略

农产品营销渠道是农产品从生产领域向消费领域的转移过程中选择的产品转移途径。作为从事农产品经纪活动的农产品经纪人应该充分掌握营销渠道的模式,以便选择产品的最佳销售途径。

1. 农产品营销渠道的长度类型及选择策略

依据农产品的自身特性,农产品的营销渠道主要有以下几种模式:

(1) 生产者——消费者,生产者直接将农产品出售给消费者的模式。比如“马路市场”、“沿街叫卖”、“前店后场”的农产品销售方式,销售的农产品批量小、成本高、收益低。

(2) 生产者——中间商——消费者,生产者将农产品出售给收购商、加工商、批发商、零售商等,再由他们将农产品出售给消费者的模式。在这其中又分为一层渠道、两层渠道、三层渠道和多层渠道模式。

生产者——零售商——消费者(一层渠道);

生产者——批发商——零售商——消费者(二层渠道);

生产者——收购商(加工商)——批发商——零售商——消费者(三层渠道);

生产者——代理商——收购商(加工商)——批发商——零售商——消费者(多层渠道)。

农产品营销渠道的选择,既要保证农产品及时达到目标市场,又要求营销渠道有较高的销售效率、较低的销售费用,以取得最佳的经济效益。农产品经纪人在选择营销渠道时,既要考虑生产者、中间商、竞争者和产品等因素,又要考虑营销渠道的长短。因为流通渠道越短,信息传递越快,销售越及时;流通渠道越长,信息传递就越慢,流通时间就越长。

2. 农产品营销渠道的宽度类型及选择策略

(1) 广泛性营销渠道策略。由于大多数农产品及其加工品为人们生活的必需品,具有同质性特点,因而生产者广泛选择合格的中间商渠道销售自己的农产品。农产品经纪人就是中间商之一。采取这种策略销售农产品,可以拓宽市场的覆盖面,方便消费者购买。

(2) 选择性营销渠道策略。在一定的地区或市场范围内,生产者有选择地确定少数几家中间商作为产品的销售商,这种策略多适应于名牌农产品的销售,有利于生产者与中间商建立密切的合作关系,使中间商按照自己的要求进行营销活动,树立产品形象,促进产品销售。

(3) 专营性营销渠道策略。在特定的区域或市场范围内,生产者只选择一家批发商或零售商来销售自己的产品。这种策略多适用于高档农产品或试销的新产品,有利于避免中间商之间的相互竞争,生产者对中间商具有较强的控制能力。

（四）促销策略

农产品促销是指农产品生产经营者运用各种促销方式方法，传递产品信息，激发消费者的购买欲望，促进消费者的购买行为，扩大农产品销售的系列活动。从促销的方式上看，农产品促销可分为广告促销、人员推销、关系营销、营销推广和创意营销等形式。

1．广告促销

充分利用广告媒体向消费者传递商品的基本信息、特征特性、食用方法等。比如报纸广告、杂志广告、广播广告、电视广告、广播广告等。

2．人员推销

选派农产品销售人员与中间商、消费者等进行面对面的交流，以推销农产品，促进和扩大农产品的销售。农产品经纪人从事经纪活动的重要内容之一就是推销农产品。

3．关系营销

在进行农产品营销时，建立与消费者、分销商、竞争者、政府及其他社会公众的互动，其核心是与公众建立和发展良好关系，借助政府、新闻媒体等公共力量，依靠公共关系进行农产品的促销。

4．营销推广

在短期内用以刺激顾客或其他中间商迅速和大量购买某种特定农产品或服务的活动。针对不同的推广对象，采用的推广方式是不同的，比如针对消费者采取免费品尝、赠送样品、优惠券等形式；针对中间商采取参加农产品贸易会、拍卖会、价格折扣等形式；针对推销人员采取销售提成、提供培训学习机会等形式。

5．创意营销

将农产品的物质需求与文化生活、休闲观光等社会文化和精神生活联系起来，开展大型采摘节、民俗农家乐、创意文化节等有创意的促销活动。

可将上述促销活动进行有机的组合，形成一个系统性的促销策略，最大限度地发挥促销的功效，从而实现促销的目标。

第三节　农产品的购销业务成本核算

农产品购销业务成本的核算是农产品经纪人必须具备的基本职业技能

之一。

一、农产品生产成本的核算方法

农产品生产成本是指生产一定种类、一定数量的农产品所消耗的生产资料费用和劳动报酬费用的总和，是农产品价值的一部分。这里我们主要介绍种植业的成本，一般可分为总成本、单位面积成本、单位产量成本。

（一）当年生作物的成本计算

某作物的总成本 = 生产资料费用 + 劳动报酬费用

某作物单位面积（公顷）成本 = 某作物的总成本/某作物的播种面积

某作物主单位产量（千克）成本 =（某作物的总成本 - 副产品价值）/某作物主产品产量

由于农作物的主产品和副产品是同一生产过程的结果，所以它们的各种费用是联系在一起的。因此，必须将费用在主产品和副产品之间进行分配，以分别确定成本。分配的方法一般有两种：

一种方法是估价法，即主产品总成本 = 某作物的总成本 - 副产品价值

一种方法是比率法，即按照一定比率把总成本在主副产品之间进行分配。主副产品实际总成本 = 主副产品计划成本 × 实际总成本/主副产品计划总成本 ×100%

（二）多年生作物的成本计算

多年生作物分为两种：一种是种植几年，一次收获产品，如人参；一种是连年培育，年年收获产品，如甘蔗、胡椒等。由于收获次数不同，其成本计算方法也不同。

一次性收获的多年生作物，应按各年累计的生产费用计算成本。其主产品单位成本的计算公式为：

一次性收获的多年生作物主产品单位成本 =（往年费用 + 收获年份截至收获月份的累计费用 - 副产品价值）/本年主产品总产量

多次收获的多年生作物，在未提供产品以前的费用，视同长期待摊费用处理。其主产品单位成本的计算公式为：

多次收获的多年生作物主产品单位成本 =（往年费用本年摊销额 + 本年全部费用 - 副产品价值）/本年主产品总产量

二、农产品销售利润的核算方法

利润是农民生产和经营农产品的最终成果，它是产品销售收入扣除销售成本、销售费用和销售税金之后的余额。

农产品销售利润的计算公式为：

农产品销售利润＝农产品销售收入－产品销售成本－产品销售费用－产品销售税金

其中：农产品销售收入是销售某种农产品或某几种农产品所获得的总收入，它在数量上等于销售数量和销售价格的乘积；销售成本是指已经销售的那部分农产品所分摊的生产成本，它的计算公式为：产品销售成本＝销售量×单位产品成本；产品销售费用是指农民在销售农产品的过程中发生的各项费用，具体包括包装费、运输费、装卸费、保险费、展览费和广告费等。

三、现行农产品增值税管理办法

（一）增值税纳税人分类

增值税纳税人分为小规模纳税人和一般纳税人。

1. 小规模纳税人

小规模纳税人指年销售收入工业在50万以下、商业在80万以下的纳税人。

2. 一般纳税人

一般纳税人指年销售收入工业在50万以上、商业在80万以上的，能准确计算进、销项税的纳税人；同时，年销售收入虽未达标准，但能准确计算进、销项税的，可以自己申请。

（二）农产品增值税征收办法

现行的农产品增值税实行"进项税额凭票扣税"（进项税额是指纳税人购进货物或应税劳务所支付或者承担的增值税税额）。由于农民销售自产农产品是免增值税的，并没有增值税发票，所以一般纳税人收购农业生产者自产的农产品可以自行开具普通发票（各省不一样，有的是农产品收购发票，有的直接就是通用普票），按13%抵扣进项税。农业生产者销售自产农产品免税。

农产品销售企业（一般纳税人）销售农产品开具普通发票，按13%纳税。

一般纳税人购买农产品销售企业销售的农产品，凭取得的普通发票按13%抵扣进项税。

（三）农产品增值税进项税额核定方法①

根据2011年6月28日颁布的《农产品增值税进项税额核定扣除管理办法》，自2011年8月1日起，农产品进项税额核定方法为：

纳税人以农产品为原料生产货物的，进项税额按照以下方法核定：

（1）投入产出法：根据国家标准、行业标准或者行业公认标准，确定单位数量货物耗用农产品的数量（以下称农产品单耗数量）。对以单一农产品原料生产多种货物或者多种农产品原料生产多种货物的，应采取合理的方法，按生产的不同货物分配农产品单耗数量。

根据农产品单耗数量以及每月销售货物数量、农产品平均购买单价、农产品进项税额扣除率计算当期允许抵扣的农产品进项税额。当期允许抵扣的农产品进项税额计算公式为：

当期允许抵扣的农产品进项税额 = 当期农产品耗用数量 × 平均购买单价 × 农产品进项税额扣除率/(1 + 农产品进项税额扣除率)

当期农产品耗用数量 = 当期销售货物数量 × 农产品单耗数量

平均购买单价是指期末累计购买农产品的平均买价，不包括买价之外单独支付的运费和入库前的整理费用。

自产农产品的平均购买单价按照按纳税人同类货物的平均购买单价或者自产农产品生产成本确定。

农产品进项税额扣除率为销售货物的适用税率（下同）。

（2）成本法：依据纳税人上一年度会计核算资料，计算确定生产耗用农产品的买价占生产成本的比例（以下称农产品耗用率）。买价不包括在买价之外单独支付的运费和入库前的整理费用。

根据当期主营业务成本、农产品耗用率及农产品进项税额扣除率计算当期允许抵扣的农产品进项税额。当期允许抵扣的农产品进项税额计算公式为：

当期允许抵扣的农产品进项税额 = 当期主营业务成本 × 农产品耗用率 × 农产品进项税额扣除率/(1 + 农产品进项税额扣除率)

农产品耗用率 = 农产品买价/生产成本

对以单一原料生产多种货物或者多种原料生产多种货物的，在核算当期主营业务成本及核定农产品耗用率时，应采取合理的方法归集和分配。

---

① 参见国家税务总局网站.

年度终了之后税务机关应按照纳税人本年度实际发生的农产品耗用率对纳税人当年允许抵扣的农产品进项税额进行清算。

（3）参照法：新办的纳税人或者纳税人新增产品，税务机关参照所属行业或者其他相同或者相近纳税人的扣除标准进行核定。

纳税人购进农产品直接销售的，进项税额按照以下方法核定扣除：

当期允许抵扣农产品进项税额 = 当期销售农产品数量/（1 - 损耗率）× 农产品平均购买单价 ×13%/（1 +13%）

损耗率 = 损耗数量/购进数量

纳税人购进农产品用于生产经营且不构成货物实体的（比如包装物、燃料、低值易耗品等），进项税额按照以下方法核定扣除：

当期允许抵扣农产品进项税额 = 当期耗用农产品数量 × 农产品平均购买单价 ×13%/（1 +13%）

第四节　信息技术应用知识

在全球电子商务发展的背景下，互联网能为农产品贸易提供广阔的市场空间，降低农产品经纪人搜寻信息的成本，更好地将市场与农户联系起来。农产品经纪人要学会运用网络获取信息，从事农产品营销与交易。

一、利用互联网获取信息

互联网是全球最大的、开放的，由众多计算机终端、客户端、服务端通过信息技术手段互相联系起来的信息传输系统。互联网的资源极为丰富，包含各类农产品市场信息资源，互联网也日益成为农产品经纪人获取市场信息的重要途径。

1．农产品市场信息的种类

信息是反映农产品市场各种经济活动的消息、图表和资料等的总称。农产品的市场信息包括市场环境信息、市场供求信息、市场价格信息、流通渠道信息、促销信息等内容。

（1）市场环境信息。市场环境信息是对农产品交易产生影响的政治、经济、文化等因素的反映，诸如政策法规、居民收入、教育程度、民族、宗教、风俗习惯等。

（2）市场供求信息，包括影响农产品供求的产品质量、品种、规格、数量、包装，购买者的习惯、购买方式、购买动机等。

（3）市场价格信息，包括农产品的批零售价、价格变动、地区差价、季节差价等。

（4）流通渠道信息，包括从事农产品交易的中间商的信息，如产品销售情况、客户对批发商或零售商的印象等。

（5）市场促销信息，包括通过广告媒体和营业推广等方式传播的信息，如农产品展销会、交易会、柜台展示等信息。

2. 农产品市场信息的获取

农产品市场信息主要通过网络、电视、电台、报刊等媒介和市场调研手段获取。由于网络传媒的信息量大、速度快、信息加工处理容易且成本较低，因而成为获取农产品市场信息最为快捷、经济、有效的渠道。

3. 利用网络获取信息的方法

信息检索是农产品经纪人利用网络获取信息的重要方法，是利用网络终端，通过特定的网络搜索方式或浏览方式，查找并获取所需信息的行为。最常用的网络搜索引擎有：

百度（http://www.baidu.com）

谷歌（http://www.google.com）

搜狗（http://www.sogou.com）

农产品经纪人在搜索市场信息时，还可以通过浏览专业网站获取有关农产品交易的政策法规、市场价格、产品供求等相关信息。

（1）农业部主办的中国农业信息网（http://www.agri.gov.cn/）、中国农产品促销平台（http://cxpt.agri.gov.cn/）以及省、区、市农林厅、农业厅、农委等主办的农业信息网。

（2）中国农产品流通经纪人协会主办的中国农产品服务中心（http://www.richfarm.net/）和谷雨网（http://www.guyu.cn/）以及各地农产品经纪人协会主办的相关网站，如江苏省农产品经纪人协会主办的江苏农产品经纪人资讯网（http://jsncpjjr.cn）。

（3）其他各级政府部门、社会组织或企事业单位主办的相关网站，如中国农村经纪人网（http://www.89109878.com）、中国农副产品交易市场（http://www.caspm.com/）、中国农产品网（http://www.zgncpw.com/）等。

二、利用互联网开展营销

农产品网络营销是指在农产品销售过程中,全面导入电子商务系统,利用信息技术,进行需求、价格等发布与收集,以网络为媒介,依托农产品生产基地与物流配送系统,为地方农产品提高品牌形象,增进顾客关系,改善顾客服务,开拓网络销售渠道并最终扩大销售。

对于农产品经纪人来说,实施农产品网络营销的主要方法就是利用互联网现有的农产品交易网和电子交易平台等发布农产品的供求信息,开设网络销售店铺,促进农产品的销售。其具体操作方法为:

(1) 进入某个农产品交易网或电子交易平台,诸如上海大宗农产品市场(http://www.ccbot.com)、中国农产品交易网(http://www.aptc.cn/)、中国农副产品交易市场(http://www.caspm.com/)等,注册成为会员。

(2) 作为会员登录网站之后,就可以发布商品的供求信息。比如,登录上海大宗农产品市场,注册成为网站会员,便可通过网站发布供求信息,开设网络店铺。通过"网店",购买者可以对农产品的供应商和农产品有全方位的了解,促进农产品销售。

第九章 农产品经纪人的职业技巧

第一节 调查研究的技巧

调查研究是指通过系统的科学方法,有目的、有计划地收集、整理和分析与企业市场营销有关的各种情报、信息和资料,是农产品经纪人获取市场信息的重要途径之一。

一、调查研究的内容

1. 市场环境的调查

市场环境调查主要包括政治环境、经济环境、社会文化环境、科学环境和自然地理环境等。具体的调查内容可以是市场的购买力水平、经济结构、国家的方针政策和法律法规、地方风俗习惯、科学发展动态、气候等各种影响市场营销的因素。

2. 市场需求调查

市场需求调查主要包括消费者需求量调查、消费者收入调查、消费结构调查、消费者行为调查,包括消费者为什么购买、购买什么、购买数量、购买频率、购买时间、购买方式、购买习惯、购买偏好和购买后的评价等。

3. 市场供给调查

市场供给调查主要包括产品生产能力调查、产品实体调查等,具体为某一产品市场可以提供的产品数量、质量、功能、型号、品牌以及生产供应企业的情况等。

4. 市场营销因素调查

市场营销因素调查主要包括产品、价格、渠道和促销活动的调查。产品的调查主要有了解市场上新产品开发的情况、设计的情况、消费者使用的情况、消费者的评价、产品生命周期阶段、产品的组合情况等。产品的价格调查主要有了解消费者对价格的接受情况，对价格策略的反应等。渠道调查主要包括了解渠道的结构、中间商的情况、消费者对中间商的满意情况等。促销活动调查主要包括各种促销活动的效果，如广告实施的效果、人员推销的效果、营业推广的效果和对外宣传的市场反应等。

5. 市场竞争情况调查

市场竞争情况调查主要包括对竞争企业的调查和分析，了解同类企业的产品、价格等方面的情况，以及所采取的竞争手段和策略，做到知己知彼。通过调查，可帮助企业确定企业的竞争策略。

二、调查研究的方法

调查研究的方法有多种，主要有观察法、实验法、访问法和问卷法等。

1. 观察法

观察法是调研人员以直接观察的方式观察被调研者的行为和现场事实而收集资料的方法，采取这种方法，被调研者并不知道自己处于被调研中，有利于获取真实的信息。

2. 实验法

实验法是指由调查人员跟进调查，用实验的方式，对调查的对象控制在特定的环境条件下，对其进行观察，以获得相应的信息。控制对象可以是产品的价格、品质、包装等，在可控制的条件下观察市场现象，揭示在自然条件下不易发生的市场规律。这种方法主要用于市场销售实验和消费者使用实验。

3. 访问法

访问法是指通过与调研对象面对面的交谈，掌握调研对象对某一问题的反映。它又可分为结构式访问、无结构式访问和集体访问。

(1) 结构式访问是指调研人员按照事先设计好的调研表或访问提纲进行访问。

(2) 无结构式访问是指调研人员与调研对象就某一关心的问题进行广泛的交流。

(3) 集体访问是指通过集体座谈的方式听取调研对象的方法，收集信息资料。

4. 问卷法

调研人员将事先设计好的调研问卷派送给调研对象，让被调查者填写调查表，获得调研对象的信息。

（1）邮寄调研法。将设计好的问卷邮寄给被调研者，请他们填答寄回，这种调研方法调查对象多、区域广，但问卷的回收率低且被调研者可能会误解问卷的意义而出现答非所问的情况。

（2）留置问卷法。将设计好的问卷当面给被调研者，并解释问题、说明方法，等待被调研者填写后，由调研人员定期收回。

三、调查研究的技巧

1. 访问的技巧

获取被访问者的合作是调研人员的首要任务。调研人员必须保持端庄的仪容，用语得体，口齿伶俐，态度谦和，使被访问者愿意接受访问。

自我介绍是访问开始的重要步骤之一。访问人员可以带着介绍信或有关证件表明调研的真实性。如果访问备有小礼品，在访问开始前，访问人员可以委婉地暗示。

询问问题是访问调查的最重要的内容。访问人员在询问问题时，可按照问卷中问题的次序和用语，慢慢地读出每一个问题，详细询问。访问人员还可根据情况，选择以下不同的追问技巧。

（1）重复问题。当应答者保持完全沉默时，被访问者也许没有理解问题，或还没有决定怎样来回答，重复问题有助于被访者理解问题，并会鼓励其应答。

（2）观望性停顿。访问人员认为被访者有更多的内容要说，沉默性追问并伴随着观望性注视，也许会鼓励被访问者收集自己的思想并给出完整的回答。

（3）重复应答者的回答。访问人员在记录时逐字重复被访问者的回答，也许会刺激被访问者扩展自己的回答。

2. 问卷设计技巧

问卷设计是问卷调查和结构式访问调查的重要内容。调研人员在设计问卷的过程中要注意以下几点：

（1）语言使用要规范，对于不同类型的人群应该使用不同的语言，不能使用学术化语言或官方语言。

（2）问卷中的问题或备选项不能带有倾向性、诱导性，应该保持中立，切合实际，即不能按照自己所想得到的结果去硬编调查问卷。

(3) 问题不能一题多义,应该清晰明了,不能让不同的人有不同的思考,选择题的答案应该包含各种可能性。

(4) 问卷中设计的问题不应过多,应以封闭式问题为主(选择或填空),开放式问题尽量少,因为开放式问题不宜统计。

(5) 问卷中问题的排序不应是杂乱的,一般把简单易懂的问题放在前面,把复杂的问题放在后面。

第二节　牵线搭桥的技巧

牵线搭桥是农产品经纪人经纪活动的主要内容,其主要职责就是建立农产品生产者与客户之间的联系。

一、寻找客户的技巧

农产品经纪人在寻找客户的过程中,不应大海捞针式地盲目寻找,应该结合各方面的因素,确定客户的范围,利用各种渠道,发现客户,建立与客户的联系。寻找客户的方法主要有:

(1) 老客户或熟人介绍;

(2) 利用报纸、杂志、电视、广播和网络等发掘客户;

(3) 参加农产品交易会、博览会、发布会等农业展会;

(4) 参与农产品协会组织或联谊会、恳谈会;

(5) 利用上门服务、电话推销等形式。

二、接触客户的技巧

与客户面对面的接触是营销过程中最具实效意义的活动。初次见面时,应通过得体的问候、热情的寒暄,引起客户的注意,赢得客户好感。

(一) 接触客户的过程

1. 开场白的技巧

与客户初次见面,开场白是非常重要的。一般情况下,开场白可以包括如下几个部分:

(1) 感谢客户的接见与问候;

(2) 自我介绍;

（3）介绍来访的目的，突出客户价值，吸引对方；

（4）转向探测需求。

2. 交谈的技巧

（1）少说多听。通过有意识的引导，让客户多说，注意倾听，从而了解客户的想法。

（2）善于提问。在倾听的过程中，不时向客户提问，激发客户谈话的动力，表示对客户的谈话很感兴趣。

（3）切忌泛泛而谈或固执己见。与客户谈话过程中切忌说大话空话，若与客户意见有分歧，可巧妙地引开话题，切勿与客户斤斤计较或发生争执。

3. 告辞的技巧

一般与客户的第一次会面时间不要太长，选择恰当的时机和方式向客户告别，会给客户留下好感。比如，当客户有其他客人到访的时候、当与客户的话题结束的时候、当感觉客户有倦怠情绪的时候，应主动提出告辞。

（二）接触顾客的方法

1. 介绍接近法

（1）自我介绍。与客户初次见面时，可通过口头介绍或递送名片的形式达到接近客户的目的。

（2）他人介绍。利用与客户熟悉的第三者，通过打电话或当面介绍的方法接近顾客。

（3）产品介绍。将所要销售的农产品摆在客户的面前，使顾客对产品产生兴趣，从而使产品作了无声的介绍。

2. 利益接近法

点明客户能从购买产品中获得的利益，引起客户的兴趣和注意。

3. 好奇接近法

利用客户的好奇心达到接近客户的目的。在与客户初次见面时，可通过各种巧妙的方法唤起客户的好奇心，引起客户的兴趣和注意。

4. 求教接近法

通过向客户请教问题的机会接近对方。从心理学的角度，向客户求教无形之中满足了客户好为人师的心理。

此外，还有调查接近法、赞美接近法、问题接近法等接触客户的方法。

三、拒绝的技巧

农产品经纪人在与客户的接触过程中，客户有时会提出一些过于苛刻或不合理的条件，应予拒绝。但是，如果拒绝的方法不当，很可能会引起客户的不悦或破坏今后的合作关系。拒绝的方法主要有：

（1）拖延策略。比如，当客户要求过于苛刻时，农产品经纪人可以说“您的条件我暂时无法答复，我需要和农户（或领导）商量”。

（2）诱导否定。通过向对方提问，借对方之口达到否定的目的。如当客户的条件不合理时，可以反问客户为什么提出这样的条件，在客户的叙说理由中找出说服对方的切入点。

（3）先同情后拒绝。如果客户的要求有合理的部分，条件所限一时无法满足的，可以说“您的要求我们会尽量考虑，如果条件成熟，我们一定满足您的条件”。

（4）避实就虚。遇到不容易或不愿意回答的问题，可以用模棱两可的语言作出弹性回答。

（5）以笑代答。对于一些难以说清或不需要多解释的问题，可以一笑了之。

（6）装聋作哑。对于根本无法使客户满足的问题可以装作没听见。

四、把握成交的技巧

客户为了确保自己所提出的交易得到满足，往往不愿主动提出成交。但值得肯定的一点是，他们的购买意向总会有意无意地通过各种方式流露出来。农产品经纪人应善于把握成交的信号。

1. 语言信号

当客户有购买欲望时，往往会向你打听产品的确切价格、交货或付款方式，对产品的质量、性能、包装、规格等提出要求。

2. 动作信号

当客户出现主动接近产品、不断点头或向经纪人方向前倾等细微动作时，说明客户可能有购买的意向。

3. 表情信号

客户出现紧锁的双眉分开、上扬，深思的样子，神色活跃，态度更加友好，表情变得开朗，自然微笑等表情都是成交的信号。

4. 其他成交的信号

客户乐于接受经纪人的约见，接待经纪人的态度逐渐好转，主动提出改变洽谈环境，拒绝其他经纪人的约见，安排经纪人的住宿、饮食等，都是很好的成交信号。

把握客户语言、动作、表情等所表露出来的成交信号并不很难。只要经纪人细心观察，积极诱导，及时捕捉，就会把握住成交的时机，促成交易。

五、防止被抛弃的技巧

经纪活动中，农产品经纪人作为供需双方的双重身份分别与生产者和客户进行洽谈，促成交易，赚取佣金。农产品经纪人为防止交易过程中被抛弃，确保佣金兑现，应注意以下几点：

（1）交易过程中尽量不要向交易双方透露对方的信息，尽量不使交易双方见面。

（2）农产品经纪人应与委托方签订合同，以保障自身的利益。

（3）充分了解委托方的资信情况。

（4）当交易的可能性较大时，可根据具体的情况，预先收取部分定金，交易时尽量采用一手交钱、一手交货的方式。

第三节　谈判的技巧

一、谈判概述

1. 谈判的定义

所谓谈判，是指人们为了满足各自的需要，为妥善解决问题所进行的协商活动。经济领域的谈判主要是指为商品买卖而进行的谈判，谈判的核心任务是一方企图说服另一方理解、允许或接受自己所提出的观点，为维护自身的基本利益所采取的行为方式，其实质是签订双方都能接受的协议。

2. 谈判的结构

谈判的结构是指商贸谈判的构成要素及其联结方式。谈判结构的多样化，使谈判的类型也会出现多样化。谈判者在参加谈判之前，必须明确自己将要面临的谈判的结构和类型，预计可能采取的谈判方式，这是使谈判准备工作有的放矢和取得谈判主动权的必要前提。

一场完整的商贸谈判作为一个整体，它的构成要素是多方面的，包括谈判主体、谈判客体、谈判议题、谈判时间、谈判地点以及其他物质条件。这些要素缺一不可，但其中最基本的构成要素是谈判的主体、客体和议题三项。

谈判主体是指在谈判过程中了解谈判对手并且深深地影响谈判对手，从而企图使对方接受自己条件的一方。谈判主体的最大特点在于他们可表现出充分的主观能动性和创造性。一般情况下，谈判主体往往首先取得谈判的主动权。

谈判客体是指在谈判过程中谈判主体所要了解并施加影响并企图使之接受自己条件的一方。谈判客体的最大特点是他们有一定程度的被动性。谈判客体可以是一个人，也可由两个人组成，也可能是一个代表团。商贸谈判中的主体和客体是相对而言的，谈判双方都会力争使自己成为谈判的主体，并把对方作为谈判的客体。在谈判过程中，自己要去了解对方，自己也被对方了解；自己要去影响对方，对方也要影响自己；自己企图说服对方接受自己的观点或交易条件，对方也企图说服自己接受其观点或交易条件。这样，谈判双方各自都既是谈判主体又是谈判客体。

谈判议题是谈判双方共同关心并希望解决的问题。谈判议题的最大特点就是双方的共同性。商贸谈判中的主要议题有商品的质量和数量、价格、交货的时间和地点、保证条款和仲裁等交易条件。

3．谈判的类型

在商贸谈判中，当事人要想取得谈判的主动权，就必须选择合适的谈判类型并进行充分的准备。每一次谈判从不同的角度进行划分，都可以划分为一定的类型。按谈判的出发点不同，可划分为合作型谈判和胜负型谈判；按谈判的指导思想不同，可划分为强硬型谈判、温和型谈判和原则型谈判；按谈判的具体内容不同，可划分为价格谈判、成交谈判和对原有合同的重新谈判等；按谈判的规模不同，可划分为一对一谈判、小组谈判和大型谈判；按谈判的心理倾向不同，可划分常规式谈判、利导式谈判、迂回式谈判和冲激式谈判等；按谈判的议题展开的方向不同，可划分为横向谈判和纵向谈判；等等。

4．经纪人谈判的特点

经纪业务的谈判活动，与一般商贸谈判活动相比，有很多共同点，但也有一些自身的特点。一是谈判的对象具有多重性、广泛性和不确定性。农产品经纪人在开展经纪业务时，所涉及的对象有买方，也有卖方，有时甚至会同时涉及多个买方或卖方，这些业务对象在市场竞争条件下是多变的、不确定的。二是所遇环境的多样性和复杂性。谈判人员的工作环境经常处于企业外部，大部分的工作时间用于联系和处理与外部的关系。显然，其工作环境经常要比在企业内部工作的人员所处的环境更广泛、复杂和多变。这就要求谈判人员应具备较强的社交能力和应变能力。三是谈判条件的原则性和可伸缩性。每次有准备的谈判活动都既有最大的实现目标，又有底线原则，这就需要经纪人在谈判中审时度势，适度把握。四是各方面关系的平衡性。农产品经纪业务谈判的成功是各方努力的结果，也是各方关系平衡的表现。农产品经纪人促使买卖双方成交，这是买卖双方关系的平衡；农产品经纪人促成交易获取佣金，这是与委托人之间委托代理关系的协调平衡；交易的完成，也是与业务主管部门、监督管理部门关系的协调平衡。这些特点决定了农产品经纪业务谈判对经纪人提出了较高的素质要求。

二、谈判过程

在多数情况下，农产品经纪人从事经纪业务活动是不需要有正式谈判程序的，但在特定情况下，也需要运用谈判的手段解决经纪活动的诸多问题和争端。通晓谈判程序，掌握谈判的技巧，对一个农产品经纪人来讲，是至关重要的。

1. 谈判的准备

谈判前的准备工作主要包括三个方面：

一是了解谈判对手。谈判对手的了解是建立在信息收集与分析的基础之上的，主要包括对谈判对手的基本资料、资信情况、企业实力等方面信息的收集，此外还包括对市场信息、科技信息、政策信息等宏观方面信息的收集与分析。

二是设计谈判计划。谈判计划是谈判人员在谈判前预先对谈判目标的具体内容和步骤所作的安排，是谈判者行动的指针和方向，也是整个谈判活动的行动纲领。谈判计划主要包括谈判的目的、时间和地点安排、谈判的人员、成本预算、战略战术等内容。

三是进行模拟谈判。谈判不仅要考虑到自己的需求，同时也要考虑谈判对手的需求，因而在正式谈判前，需从己方人员中选出扮演谈判对手的角色，从对手的谈判立场、观点、风格等方面提出各种假设，进行模拟谈判。

谈判是双方思想的一种活动，思想则是人们心理活动的反映和结果。要使谈判获得成功，谈判者在进入谈判之前，必须有充分的心理准备。其主要表现为谈判成功的信息要充足，对谈判过程的艰巨性要做到心中有底，要排除各种心理干扰，不轻易放弃谈判前制定的各项原则。

2. 谈判的程序

谈判是一个循序渐进的过程，主要包括开局、摸底、报价、磋商、成交和签约六个阶段。

(1) 开局阶段。谈判开局需要创造一个相互信赖、诚挚合作的谈判氛围。谈判双方见面时应保持平和的心态，热情的握手、信任的目光、自然的微笑都有助于营造良好的开局氛围。

(2) 摸底阶段。谈判的摸底阶段是实质性谈判的开始阶段，它是在正式开始谈判以后、报价之前，谈判双方通过交谈，相互了解各自的立场、观点和意图的阶段。摸底阶段的主要意图是通过陈述，表明我方的立场和了解对方的意图，农产品经纪人在摸底阶段最主要的就是了解对方的意图、理清最终成交的大致轮廓，明确哪些是对方最关心的问题，是否需要调整自己的谈判策略等。

(3) 报价阶段。这是谈判双方各自提出自己的交易条件的阶段。这里的报价不仅是指在价格方面的要求，也包括商品的数量、质量、包装、装运、保险等交易条件。报价是农产品贸易谈判的核心，直接关系到农产品交易双方的经济利益。农产品经纪人在报价时应把握的基本原则是要报出一个"留有余地的最高价"。价格过高，会吓退对手或被对手认为没有诚意；价格过低，会损害自己的经济利益，不利于进一步的磋商，使得自己处于相对被动的地位。

(4) 磋商阶段。蹉商阶段是谈判双方为了实现各自的期望利益，寻求双方利益的共同点，而就交易过程中的各种条件进行的切磋和商讨。这是谈判的关键性阶段，是双方利益矛盾的交锋阶段。在这一阶段，农产品经纪人的主要任务是施展谈判策略和技巧，说服对方变化其谈判条件，使谈判向寻找双方共同利益的方向进行；必要时，也要作出一些妥协和让步。

(5) 成交阶段。这一阶段是谈判的尾声阶段，指谈判双方经过反复磋商，对各自的交易条款已经达成一致的意见，拍板定案，并采取一定的交易行动的阶段。

(6) 签约阶段。这是谈判的最后阶段。谈判双方以达成的原则性协议为基础，对内容加以整理，并用准确完整的文字表达出来，最终形成由谈判双方代表签章或签字的、具有法律效力的合同。

三、谈判技巧

1. 陈述技巧

陈述是介绍己方情况，阐述自己对某一问题的立场的过程。谈判过程中，陈述技巧主要表现在入题技巧和阐述技巧两方面。

（1）入题技巧。双方谈判人员进入谈判场所时，难免有点拘谨，特别是谈判新手在较为重要的谈判中，往往都会有忐忑和紧张的心情，因此采取恰当的入题技巧能使谈判人员自然而然地进入角色。入题的技巧可以采用迂回入题的方式，也可以先谈一般原则问题，后谈具体问题，或者先谈具体问题，后谈一般原则问题，还可以围绕谈判的主题，先从洽谈具体细节问题入题，待各个细节问题谈妥之后，也便自然而然地达成了原则协议。

（2）阐述技巧。谈判入题之后，双方就要各自阐述自己的观点，进行开场阐述，这是谈判中的重要环节。开场阐述的技巧包括两个方面。一是自己阐述时应该注意的要点，主要包括明确本次会谈所要解决的问题，表明自己的利益特别是首要利益所在，阐述自己的基本立场，或回顾以前双方合作的成果。开场阐述应简明扼要，其目的是让对方明白己方的意图，应以诚挚和轻松的方式进行。二是对对方开场阐述的反应，必须认真倾听对方的开场阐述，弄清对方阐述的关键问题所在。如果双方开场阐述内容相差很大，不要打断对方的阐述，而要让其阐述完毕。

2. 问答技巧

问答技巧包括发问技巧和回答技巧。

（1）发问技巧。发问是认识对方的手段。为了了解对方的想法和企图，必须利用各种技巧和方法去探知对方的需要。根据一些谈判老手的经验，取得信息最通常的方式是提出问题。老谈判手在适当的情况下总是问对方：你想在这次谈判中得到什么？你期待什么？你希望达到什么目的？通过这些直率的问话，再参考其他的信息，经常能够成功地发现对手的需要，以及他下一步将采取什么样的行动，从而有效地指导谈判。发问要把握好三个因素：一是要问什么问题；二是如何发问；三是何时发问。发问应该是轻松的，不应具有压迫性。

（2）回答技巧。经纪人回答发问也应注意运用一定的技巧。一是依发问人的心理假设回答；二是不要彻底回答，把问话的范围尽量缩小，闪烁其辞；三是不要确切地回答，模棱两可，回答的弹性要大；四是使发问者不要保持发问的兴致,在回答问题时,可以说明许多理由,但尽量少讲自己的理由。另外,借口问题无法回答也是一种可以一用的遁词。

3. 打破僵局的技巧

在谈判中经常会出现这种情况,即双方对谈判的有关问题产生很大的分歧,并且都各持己见,不肯让步,使得谈判无法继续进行,陷入僵局。在这种情况下,应采取有效的措施缓和双方的对立情绪,使谈判出现新的转机,如转换话题,或暂时休会,或考虑改变环境。

4. 说服技巧

说服是设法使对方改变初衷、接受己方意见的过程。说服是一种非常主要的语言技巧。一个谈判者只有掌握说服别人的技巧,方能在变化莫测的谈判过程中左右逢源,达到自己的目的。当然,说服也是一项很难掌握的技巧,因为当试图说服对方之际,自己同时也处在被对方说服的位置,因此会遇到重重困难。虽然如此,说服也是有一定技巧的,掌握这些技巧,往往能达到事半功倍的效果。说服技巧有多种多样,往往因事而异,需要灵活掌握,关键是要创造良好的气氛。谈判中,在具体运用说服技巧时要注意这样一些要点:

(1) 开始时,讨论易于解决的问题,然后再讨论难点。

(2) 多向对方传递积极的信息,影响对方的成见。

(3) 强调双方的一致,淡化双方的分歧。

(4) 强调合同中有利于对方的条件。

(5) 要精心设计开局和结尾。

(6) 明确提出结论,不要让对方揣摩。

(7) 充分了解对方,不要奢望对方的立场急转弯。

(8) 强调合作互惠的可能性、现实性和对将来的影响。

5. 非文字沟通

把握谈判,单从对方的讲话去揣测其心理已经不够用了,还必须借助观察人的姿势、面部表情、动作等形体语言来测定对方的意向,从而作出足以制胜的策略。比如,在平常状态下,人坐着的时候脚尖是静止、安定而着地的。但一到心情紧张的时刻,脚尖也自然地抬高了。这就是说,今后只要看一看谈判对方的脚尖是着地还是抬高就可以判断他的心理是平静还是紧张了。再比如,在正常情况下,吸烟人熄灭烟蒂大都保留一定的长度,甚至连烟蒂的方向都是一致的。可是,一到非正常情况时,放下的烟蒂就有可能很长。由此推论,如果发现对方手头的烟蒂还很长,却已放下拧熄,你就要有准备——

他打算告辞了。诸如此类，在谈判中都应该细心观察。因为非语言信息可以代替语言所要表达的内容。对于语言所要表达的信息，非语言动作在不同程度上起着辅助表达、增强力量、加重语气的作用。非语言在谈判中可以替代语言所要表达的意图，特别是当语言不便或不能表达谈判者意图时，或语言表达不合时宜或对方难以领会时，非语言的运用往往能够取得明显的效果。谈判者如果想从一个态度转向另一个态度，可通过表情的变化、语调的调整或体态的运用来完成，这体现了非语言的强烈暗示作用。由于谈判时间、环境、对象等条件的不同，或因谈判进展不顺利等情况的存在，谈判主体往往会产生不适心理。这时，通过非语言的动作调节，便能较快地恢复正常。非语言传递信息时，还能给人以亲切、自然的感觉。当然，非语言在传递信息时也有其局限性，如同一动作可以表示不同的意思、不同的动作可以表示相同或类似的意思等，这些现象的存在给谈判者非语言的理解带来了一定的难度。

第四节　经纪公关的技巧

一、经纪攻关概述

（一）经纪攻关的涵义

农产品经纪人的经纪攻关是一种内求商户和农户合作、外求市场竞争中既竞争又合作的和谐发展的经营艺术，即对内积极帮助农户发展农业生产和产品销售，促进内部的和谐，对外积极运用各种公关手段及策略拓展与政府管理部门、外部客户、消费者的和谐关系，以促进经济活动在互利中发展。

（二）经纪公关的流程

公关活动是一个相当复杂的过程。一般来说，农产品经纪人的公关活动程序可分为调研、策划、实施、评估四个阶段。

1. 公关调研

调查研究是公关活动的第一步。农产品经纪人及其所在组织要树立良好的产品和组织形象，必须对产品和组织在公众中的现有形象进行准确的了解，必须能及时、有效、准确地获取外部信息，把握公众舆论。

2. 公关策划

公关策划是指在调查研究的基础上制订相应的公关行动方案，比如公关目标的选择、公关方式的确定、公关活动的举办等。

3. 公关实施

公关实施是将公关策划变为实际行动的过程，主要是对自己计划的检验和修正的过程。农产品经纪人的公关使命就是建立产品与市场之间的联系。产销关系确立后，农产品经纪人应采取措施，让客户对产品放心。当遇到产品出现问题时，农产品经纪人就要帮助生产者摆脱危机，重获客户的信任与合作及公众的认可。

4. 公关评估

公关评估的主要目的是在肯定公关业绩的同时，发现存在的问题，以不断调整公关目标、公关政策和公关行为，以使公关活动持续有序地开展。

（三）经纪公关的方式

农产品经纪人公关方式的选择是经纪活动成败的关键。由于农产品经纪人自身的文化、修养、阅历、口才、应变能力等不同，因此，在选择公关方式时要结合自身的优势和长处，扬长避短。

1. 活动公关

活动公关已成为农产品宣传、推广和营销的有效途径，比如在农产品成熟季节举办农产品采摘节，开展农业旅游文化节等形式的农产品营销公关活动；参加各地举办的农产品贸易会、农产品拍卖会等活动，宣传和推广农产品。

2. 游说公关

游说公关是农产品经纪人从事经纪活动常用的公关方式，即农产品经纪人直接面对客户，运用娴熟的谈话技巧，以生动真诚的内容，说服客户接受经纪公关的建议。农产品经纪人采用游说公关方式时，要注重与客户建立良好的人际关系，形成良好的营销氛围，从而使经纪活动如鱼得水。

3. 媒体公关

农产品经纪人选择网络、电视、书刊等作为农产品公关的载体，选择简短、生动的文字描述和色彩鲜明、具有视觉冲击力的图案作为公关宣传的方式，宣传自己农产品的品牌、价值、效果及作用，旨在引发消费者的购买需求。

二、经纪公关的礼仪与技巧

经纪公关是一项实践性和操作性很强的工作，一名优秀的农产品经纪人只有具备善于交往、善于应变等能力与技巧，才会提升公关的效果。

(一) 交际的形象与仪态

作为一名农产品经纪人,交际的过程中必须本着以诚为本、相互信任、相互尊重的原则,注重交际的形象与仪态,比如体魄健康、穿着得体、修饰得当、言辞文明、精神饱满、仪态大方等。

(二) 交际的技巧运用

1. 名片使用的技巧

交换名片是农产品经纪人介绍自己、进行交际的有效方式。递送名片给他人时,最好是起身站立,走上前去,面带微笑,双眼注视对方,用双手将名片正面面对对方,交予对方。同时,递送名片时可以说"请多指教"、"多多关照"、"今后保持联系"等话语。交换名片的顺序一般是客先主后,身份低者先,身份高者后。当与多人交换名片时,应按照职位高低的顺序或由近及远依次进行,切勿跳跃式进行,以免对方误认为有厚此薄彼之感。

接受他人递送或交换名片时,应停止手中所做的一切事情,起身站立,面带微笑,目视对方,双手接捧,并说谢谢。随后面带微笑地看一遍名片,使对方感觉到有受重视的满足感,如果有疑问可当场请教。接过名片之后切不可在手中把玩、弃置桌上、交予他人。接受他人名片之后,应回敬一张自己的名片。如果此时身上未带名片或没有明片,应向对方便表示歉意。

2. 相互介绍的技巧

相互介绍是农产品交易各方彼此认识的过程。在相互介绍的过程中,首先应介绍职位高或重要的人士,然后把年青的介绍给年长的,把职位低的介绍给职位高的,把男士介绍给女士,把主人介绍给客人。介绍到本人时应起立,与对方握手或致意。当未被介绍或没有人为你介绍时,可以选择自我介绍。

3. 握手的技巧

握手是信任的象征,现代生活中握手也象征着尊敬。一般情况下,宾主之间,主人先伸手;上下级之间,职位高的人先伸手;老幼之间,年长的先伸手;男女之间,女士先伸手;如果对方没有注意上述礼节,经纪人应先伸手;握手时一般应脱手套(当在外面天气较冷时可以不脱),以右手相握。伸出手时稍带角度,双方虎口应互相接触。握手时要面带笑容,并上下轻摇。握手的用力要适度,不能太轻,也不能太紧。不赞成"拥抱式握手"即用双手去握对方的手。

4. 赠送礼品的技巧

农产品经纪人在业务交往中，为了联络感情或表达谢意，往往要赠送一些礼品。在赠送礼品前，应该考虑有关公司或部门赠送礼品的政策与惯例、礼品的类型与价值、受礼人的喜好以及送礼的客观环境。赠送礼品时应考虑彼此的关系以及赠送礼品的理由、时机、场合等。

5. 举办宴会的技巧

经纪公关活动中，举办宴会是常有的事，有些交易的意向往往是在宴会过程中达成的。因此，农产品经纪人掌握举办宴会的步骤、礼仪和技巧是非常重要的。

宴请前的准备工作包括：

（1）宴请对象及范围的确定。

（2）宴请时间及地点的确定。宴请时间最好选择主、宾双方都适宜的时间，同时要兼顾宴请对象的民族、宗教习惯等；宴请地点应根据宴请的对象、规模的大小、宴请的方式等实际情况选择相应的饭店。

（3）宴请菜单的确定。菜单需要考虑到来宾的饮食偏好和禁忌，同时又要照顾到地方特色，既要有档次，又要避免铺张浪费。

（4）桌次及座位的排列。主桌的选择遵循“面门为上、以远为大、居中为尊、以右为尊”的原则，其他桌次以离主桌的远近而定；座位排列以主人为中心，以右为上，对着门口的座位为主位。

（5）及时恰当地发生宴会邀请。宴请的对象、范围、时间、地点等确定之后，应及时将宴会的邀请发给宴请的对象。正式的宴会须给来宾发送请柬，一般的宴会可以采用口头邀请的方式。

6. 参加宴请时的礼仪

参加宴会的一举一动、一颦一笑都要掌握必要的礼仪。当受到邀请后，应向邀请方回复是否参加宴会；当决定赴宴后，就必须牢记宴会的时间、地点，适度修饰仪表，按时到达；入座时应等主人、长者、位高者坐定后方可入座，坐姿端庄；用餐时举止文雅，适度交谈，注重餐桌礼仪。

第十章　农产品经纪人应具备的相关法律知识

平等、互惠、互利的农产品交易活动以依法经营和交易为前提,因此,农产品经纪人不仅要熟悉《合同法》的有关内容,还需掌握《反不正当竞争法》、《消费者权益保护法》、《产品质量法》、《农产品质量安全法》等相关法律法规,使自己的中介活动合理、合法。这样不仅能很好地完成委托人交给的任务,还能运用法律武器保护自身的合法权益。

第一节　反不正当竞争法

竞争是市场经济最基本的运行机制。在竞争过程中,会出现正当的竞争行为和不正当的竞争行为。不正当竞争行为会窒息市场活力,破坏贸易秩序,阻碍经济的发展,因此,中国社会主义市场经济的有效运行必须建立完善的竞争保护机制。1993 年 9 月颁布的《中华人民共和国反不正当竞争法》(以下简称《反不正当竞争法》)是一部保护公平竞争、制止不正当竞争、保障社会主义市场经济健康发展的重要法律。经纪人作为市场主体,也应自觉地遵守《反不正当竞争法》的规定。

一、反不正当竞争法概述

(一) 不正当竞争行为的概念

《反不正当竞争法》第 2 条第 2 款规定:“本法所称的不正当竞争,是指经营者违反本法规定,损害其他经营者的合法权益,扰乱社会经济秩序的行为。”根据这一定义,不正当竞争行为具有以下特征:

1. 主体的特定性

不正当竞争行为的实施主体是市场交易中的各类经营者。所谓经营者,是指从事商品经营或者营利性服务的法人、其他经济组织和个人。显然,经纪人属于经营者的范畴。在市场经济条件下，竞争总是受利益机制驱动的。经营者的独立利益为国家法律所确认，各类经营者可以通过市场竞争扩大自身的利益，有的经营者则为了获取最大利益而采取不正当竞争手段。除少数非竞争性行业外，绝大多数经营者都要在竞争中求生存。因此，不正当竞争行为的主体范围是极为广泛的，既可能是大中型企业，也可能是小型企业；既可能是国有企业、集体企业，也可能是个体工商户、私营企业、合伙企业；即使不具有经营资格，但实施了限制竞争行为的政府及其所属部门，也可成为不正当竞争行为的特殊主体。

2. 行为的违法性

不正当竞争行为是经营者实施的违法行为，是违背商业道德的行为，属于《反不正当竞争法》明令禁止的行为。这是不正当竞争行为的本质特征，也是分析辨别具体市场交易行为属于正当竞争还是不正当竞争的主要标志。不正当竞争行为的违法性应作广义的理解，既包括违反了我国《反不正当竞争法》第二章第 5 条至第 15 条规定的禁止性规定，也包括违反了《反不正当竞争法》第 2 条第 1 款所作的概括性、抽象性规定。《反不正当竞争法》第 2 条第 1 款规定："经营者在市场交易中，应当遵循自愿、平等、公平、诚实信用原则，遵守公认的商业道德。"根据该条的精神，有的行为即便不属于《反不正当竞争法》第二章规定的禁止性行为，但违背了竞争的基本原则和公认的商业道德，也属于不正当竞争行为。

3. 后果的危害性

不正当竞争行为会造成侵害其他经营者的财产权、名誉权、知识产权、公平竞争权等合法权益，给其他经营者造成财产损失或名誉损害，甚至导致其严重亏损或破产倒闭。不正当竞争行为的受害者不仅是与其有竞争关系的经营者，而且还有潜在的竞争者，以及一般的竞争者，同时还直接或间接地连带侵害广大的消费者、国家以及社会的利益，如虚假广告、商业混同行为等都会直接导致消费者上当受骗。不正当竞争可以破坏整个竞争机制，助长恶劣的经营作风，毒化社会风气，影响对外贸易，使社会经济秩序陷入混乱。

（二）制定《反不正当竞争法》的作用和意义

市场经济是相对自由和开放的经济体制，在这种经济体制下从事商品经营或营利性服务的法人、其他经济组织和个人都允许进入市场，为追求自身的利益而进行多视角、多层次和全方位的竞争。而市场竞争应当依法有序地进行，缺乏竞争规则和交易秩序的市场竞争，会成为混乱的无政府经济。因此,制定《反不正当竞争法》的目的在于利用法律的强制力引导、规范和保护正当竞争,限制和取缔各种不正当竞争行为,以促进社会主义市场经济健康有序的发展。概括起来,制定《反不正当竞争法》的作用及意义主要表现在以下几个方面:

1. 为竞争行为提供行为规范和价值判断标准

《反不正当竞争法》为市场主体的竞争活动提供了基本的标准,用以区分正当经营与正当竞争的界限,从而使经营主体懂得进入市场应履行的义务,并将其作为一种价值判断标准,迫使经营主体不实施法律规定的不正当竞争行为,防止各种不正当竞争行为的发生;即使个别主体实施这些行为,也能使行为人受到应有的制裁,受害者得到及时的救济。这样,竞争才能依法有序地进行。

2. 保护公平竞争,维护市场秩序

所谓公平竞争,是指商品生产者、经营者在地位平等、机会均等和公平交易的状态下竞争。公平竞争是市场经济的本质要求。公平不仅是指竞争各方的法律地位平等,而且也指竞争者所采取的竞争手段、竞争方法和通过竞争所追求的目标应符合市场自然法则的要求,并蕴含有竞争者公平地接受竞争结果和优胜劣汰的含义。《反不正当竞争法》的重要作用之一,在于鼓励经营者采用先进的技术、上乘的管理和优质的服务,以质优价廉、适销对路的商品去赢得市场,而不论企业的大小强弱,是公营或私营,在市场中均处于平等的地位。这必然大大激励守法生产经营者生产经营的积极性,使市场机能得以正常发挥。

3. 明确法律责任,保护诚实经营者和消费者的合法权益

不正当竞争行为在社会生活中所侵害的对象是十分广泛的,既损害了多数竞争对手的合法权益,不利于良好的竞争秩序和经济秩序的建立,又会侵害消费者的合法权益。从实践来看,侵害消费者合法权益的行为尽管很多,但其中最为严重的几乎都与不正当竞争有关,假冒伪劣商品的泛滥,受害最深的是消费者。而《反不正当竞争法》对不正当竞争者应承担的法律责任(包括民事责任、行政责任和刑事责任)的规定,就能为正当经营者和广大消费者的合法权益提供强有力的法律保护。

二、不正当竞争行为的类型

现实经济生活中存在的不正当竞争行为是复杂多样的,我国《反不正当

竞争法》一方面在总则中对不正当竞争的含义作了解释，另一方面又专章列举常见的不正当竞争行为。这些典型的不正当竞争行为主要有：

1. 混淆行为

混淆行为是经营者采用假冒、仿冒、伪造等欺骗手段，不真实地告知购买者有关商品的制造者、商标、产地、质量等信息，导致或足以导致购买者误认误购的不正当竞争行为。我国《反不正当竞争法》第5条规定，经营者不得采用下列不正当手段从事市场交易，损害竞争对手：

（1）假冒他人的注册商标；

（2）擅自使用知名商品特有的名称、包装、装潢，或者使用与知名商品近似的名称、包装、装潢，造成和他人的知名商品相混淆，使购买者误认为是该知名商品；

（3）擅自使用他人的企业名称或姓名，使人误认为是他人的商品；

（4）在商品上伪造或者冒用认证标志、名优标志等质量标志，伪造产地，对商品质量作使人误解的虚假表示。

我国《反不正当竞争法》之所以将上述诸种行为作为首类不正当竞争行为推出，是因为此类行为是我国目前经济生活中最常见、最普遍存在的经营者的违法行为。这些行为都是经营者通过假冒等欺诈手段，窃取其他经营者的经济优势，将他人通过诚实劳动和正常合法经营所获得的劳动成果直接占为己有并擅自使用，目的都是企图以次充好，以假乱真，凭借他人的良好声誉来谋取非法利益。

2. 经济垄断行为

经济垄断行为是指公用企业或者其他依法具有独占地位的经营者，限定他人购买其指定的经营者的商品，排挤其他经营者公平竞争的不正当竞争行为。《反不正当竞争法》第6条对此作了规定。所谓“公用企业”，通常是指城镇中为适应公众生活需要而经营的具有公共利益性质的企业组织，如经营自来水、煤气、电力、通讯的企业。“其他依法具有独占地位的经营者”，是指除上述公用企业外，法律、行政法规规定的某些特殊行业具有独占地位的经营者，如根据烟草专卖法和药品方面的法律、行政法规的规定而具有独占地位的企业。

在我国，公用企业长期以来承担着诸多社会性的责任而享有特殊的地位，今后仍将继续发挥为公众服务的重大作用，但也有部分公用企业凭借自己的特殊地位，限定他人购买自己指定的经营者的商品。这实际上是利用独占地位安排他人之间进行交易，使他人不与其他经营者进行交易，或阻碍他人之间建立正常的交易关系。这必然损害其他经营者的权益。

3. 行政垄断行为

行政垄断行为是指政府及其所属部门滥用行政权力，限定他人购买其指定的经营者的商品，或限制商品的交易地域的不正当竞争行为。《反不正当竞争法》第7条规定："政府及其所属部门不得滥用行政权力，限定他人购买其指定的经营者的商品，限制其他经营者正当的经营活动。政府及其所属部门不得滥用行政权力，限制外地商品进入本地市场，或者本地商品流向外地市场。"

上述规定可以概括为两种情况：第1款指的是"权力经商"，第2款指的是"地区封锁"。"权力经商"前几年是一种比较普遍的现象，由于有些政府部门开办了许多"服务公司"、"经营部"等经济实体，这些企业与政府部门有着某种特殊的关系，政府部门便凭借行政权力，指定他人购买自己所指定的经营者的商品。这不仅会滋生腐败现象，而且破坏了公平竞争的市场秩序。至于"地区封锁"，往往是地方政府及其所属部门为了本地区的利益，采取行政的、经济的手段，对本地区与其他地区的经贸活动加以限制，如不准外地商品进入本地区销售，禁止本地企业向外地先进单位购货，禁止本地原材料流入外地等。"地区封锁"虽然暂时维护了本地区的利益，但对正常的商品流通秩序与公平竞争环境具有极大的破坏作用。

4. 行贿受贿行为

行贿受贿行为是指经营者为了推销或购买商品，以金钱、物品或其他不正当利益为诱饵进行贿赂的行为。《反不正当竞争法》第8条第1款规定："经营者不得采用财物或者其他手段进行贿赂以销售或者购买商品。在账外暗中给予对方单位或者个人回扣的，以行贿论处；对方单位或者个人在账外暗中收受回扣的，以受贿论处。"经营者采用贿赂手段推销商品或购买商品，违背了诚实信用的商业道德，对于正派、老实的经营者来说是一种打击，而且也侵害了国家的利益，败坏了社会风气。

《反不正当竞争法》第8条第2款规定："经营者销售或者购买商品，可以以明示方式给对方折扣，可以给中间人佣金。经营者给对方折扣、给中间人佣金的，必须如实入账。接受折扣、佣金的经营者必须如实入账。"这一规定表明，交易活动中的买卖双方均可以给对方折扣和中间人佣金，但必须公开进行，并如实入账，以便进行会计监督和审计监督，杜绝损公肥私的商业贿赂行为。

5. 虚假广告行为

虚假广告行为是指经营者利用广告或其他方法对商品或服务作不真实的公开宣传以及广告经营者经营虚假广告的行为。

这里所讲的广告专指商业广告，即为了商业目的，通过报刊、广播、电视等媒介对商品或服务所进行的公开宣传。广告的功能在于通过一定的媒介，向用户和消费者介绍某种商品或服务项目的存在，诱发人们的需求欲望并产生商业交易的行为，以达到促进生产、扩大流通、指导消费的目的。这就要求广告应当真实、合法，不得含有虚假的内容，不得欺骗和误导消费者。但在现实生活中，各种夸大失实、语意模糊、令人误解的虚假广告大量存在，不仅妨碍广告业自身的健康发展，还严重破坏公平竞争的秩序，损害消费者利益。《反不正当竞争法》第 9 条规定："经营者不得利用广告或者其他方法，对商品的质量、制作成分、性能、用途、生产者、有效期限、产地等作引人误解的虚假宣传。广告的经营者不得在明知或者应知的情况下，代理、设计、制作、发布虚假广告。"该条包括两种情况：前者是针对一般经营者，后者专门针对广告业的经营者，广告业经营者实施虚假广告行为的认定，应考虑其主观上是不是"明知"或"应知"，如果不是明知的或根本无法得知的，则不能认定为实施了虚假广告的行为。

6. 侵犯商业秘密行为

侵犯商业秘密行为是指以不正当的手段获取、披露、使用他人商业秘密或允许他人使用通过不正当手段获取的商业秘密的行为。

所谓商业秘密，是指不为公众所知悉、能为权利人带来经济利益、具有实用性并经权利人采取保密措施的技术信息和经营信息。商业秘密作为一种无形的财产权，可以给权利人带来经济利益，形成经济优势。侵犯商业秘密的行为，不仅会给权利人造成经济损失，而且会给整个市场竞争环境、社会经济秩序造成严重的破坏。根据《反不正当竞争法》第 10 条的规定，侵犯商业秘密的行为包括：以盗窃、利诱、胁迫等不正当手段获取他人的商业秘密；披露、使用或允许他人使用以前项手段获取的他人秘密；违反保密协议，批露、使用或允许他人使用其掌握的商业秘密；第三人明知或应知前述所列违法行为，获取、使用或披露他人的商业的秘密；等等。

7. 不正当亏本销售行为

不正当亏本销售行为是指经营者以排挤竞争对手为目的，以低于成本的价格销售商品的行为。

以低于成本的价格销售商品，属亏损性经营。从表面上看，这种销售方法对消费者是有利的，但其本质是经济实力雄厚的经营者为了霸占市场，以牺牲自身的暂时经济利益为代价，搞垮竞争对手，等到其他竞争者被迫退出市场后再抬高商品价格，以获取更高的垄断利润，最终损害消费者利益。当然，在有些情况下，经营者实施了以低于成本的价格销售商品的行为，但因其目的不是排挤竞争对手，而是解决自身的经济困难，属合理降价，不应视为不正当竞争行为。根据《反不正当竞争法》第 11 条第 2 款之规定，下列行为不属于不正当竞争行为：销售鲜活商品；处理有效期限即将到期的商品或者其他积压的商品；季节性降价；因清偿债务、转产、歇业而降价销售商品。

8. 搭售和附加不合理条件的交易行为

这种交易行为是指经营者销售商品时，违背购买者的意愿，强行搭售商品或者附加其他不合理条件的行为。对此行为，《反不正当竞争法》第 12 条作出了禁止性规定。

实施搭售行为的经营者，往往手中掌握着某些市场上短缺的紧俏商品，正是利用这一优势把一些市场地位低、销路差、不受欢迎的商品推销出去，从而扩大销售量。此类行为不仅违背了消费者的意愿，侵害了消费者的权益，而且破坏了公平竞争的市场秩序，构成了不正当竞争行为。

9. 不正当有奖销售行为

不正当有奖销售行为是指经营者采用巨额奖金或奖品促销商品，或者进行欺骗性有奖销售，或者利用有奖销售推销假冒商品、质次价高商品的行为。

有奖销售作为一种促销手段，本无可非议。它确能在一定程度上激发购买者的购买欲望，刺激消费。但有些经营者却利用有奖销售，利用消费者的盲目性和投机心理促销，甚至弄虚作假，从而损害消费者和其他经营者的合法权益，制造不公平竞争，败坏商业风气和社会风气。为此，我国《反不正当竞争法》第 13 条规定，经营者不得从事下列有奖销售：

（1）采用谎称有奖或者故意让内定人员中奖的欺骗方式进行有奖销售；

（2）用有奖销售的手段推销质差价高的商品。《反不正当竞争法》同时规定，抽奖式的有奖销售，最高奖的金额超过 5000 元。

10. 商业诽谤行为

商业诽谤行为是指经营者捏造、散布虚假事实，损害竞争对手的商业信誉、商品声誉的不正当竞争行为。对此行为，《反不正当竞争法》第 14 条作出了禁止性规定。

商品信誉和商品声誉是经营者的生命，商誉是通过经营者参与市场竞争的连续性活动而逐渐形成的，它会给经营者带来交易伙伴，带来消费者的信任和欢迎，带来巨大的经济利益，形成市场竞争中的优势地位。而对经营者商誉的任何诋毁或贬低，都可能给该经营者的正常经营活动造成消极的影响，甚至可能使其遭受严重的经济损失，最终必然破坏市场公平竞争的正常秩序。

11. 不正当招标投标行为

不正当招投标行为是指投标者串通投标，以抬高或压低标价，或招标者和投标者相互勾结，排挤竞争对手的不正当竞争行为。对此行为，《反不正当竞争法》第 15 条作了规定。

招标投标是国际贸易中一种通用的交易方式。而投标者之间串通投标的行为不仅破坏了投标者之间应展开的竞争，而且也破坏了招标者的经济利益，不利于生产技术水平和劳动生产率的提高。投标者和招标者为排挤竞争对手进行相互勾结的行为，不仅会助长腐败现象，也必然使国家、集体遭受巨大损失。

三、不正当竞争行为的法律责任

根据《反不正当竞争法》第四章的规定，不正当竞争行为的法律责任包括民事责任、行政责任和刑事责任三个方面。

（一）民事责任

民事责任是指当事人违反民事义务而应依法承担的民事法律后果。不正当竞争行为的民事责任主要有赔偿损失和消除影响两种。

1. 赔偿损失

经营者违反《反不正当竞争法》，实施不正当竞争行为给被侵害的经营者造成损害的，应当承担损害赔偿责任，被侵害的经营者的损失难以计算的，赔偿额为侵权人在侵权期间因侵权所获得的利润。侵权人应当承担被侵害的经营者因调查该侵权人侵害其合法权益的不正当竞争行为所支付的必要费用。另外，为了便于经营者行使索赔的权利，《反不正当竞争法》在规定侵权方承担损害赔偿责任的同时，也规定了被侵权方享有的诉讼权，即“被侵害的经营者的合法权益受到不正当竞争行为损害的，可以向人民法院提起诉讼”。

2. 消除影响

经营者捏造、散布虚假事实,损害他人的商业信誉、商品声誉,或者利用广告或其他方法对商品作使人误解的虚假宣传,或者实施假冒商标的不正当竞争行为损害了他人的信誉的,应承担消除影响的法律责任。

(二) 行政责任

经营者实施的不正当竞争行为,一经监督检查部门查出,所应承担的行政责任包括:行为无效,即行为在法律上被宣告无效,该行为所产生的法律后果也被确认无效,如投标者和招标者相互勾结而中标,其中标无效;责令停止违法行为;改正行为;没收违法所得,如商标侵权、经济垄断、贿赂购物、虚假广告等不正当竞争行为;罚款,罚款的数额有违法所得的1~3倍的规定,也有1万元至10万元、1万元至20万元的数额规定;吊销营业执照;等等。

被处罚的经营者对监督检查部门作出的处罚决定不服的,可以自收到处罚决定书之日起15日内向上一级主管机关申请复议;对复议决定不服的,可以自收到复议决定书之日起15日内向人民法院提起诉讼;也可以直接向人民法院提起诉讼。

此外,监督检查不正当竞争行为的国家机关工作人员滥用职权、玩忽职守,不构成犯罪的,给予行政处分。

(三) 刑事责任

经营者实施不正当竞争行为,如商标侵权、贿赂销售采购、商业诽谤、虚假广告等,以及监督检查不正当竞争行为的国家工作人员滥用职权、玩忽职守、徇私舞弊、包庇罪犯构成犯罪的,应依法追究刑事责任。

第二节 消费者权益保护法

在市场经济条件下,生产者、经营者和消费者之间存在着利益上的对立,消费者总是处于弱者地位。损害消费者利益日益成为一个社会问题,导致消费者运动的高涨。1993年10月颁布的《中华人民共和国消费者权益保护法》,标志着我国消费者保护法制建设发展到了一个新阶段,是在市场经济条件下保护消费者、规制经营者行为的重要手段。经纪人作为经营主体,在经营活动中应该严格遵守该法的规定。

一、消费者权益的概念

1. 消费者

“消费”一词具有多种含义。从广义上看,消费是指人类生产、生活领域的一切物质消耗,包括生产消费和生活消费。而消费者权益保护法中所指的消费,是指消费者为了满足个人或家庭生活需要,通过市场而获得使用消费资料和消费服务的活动。关于消费者的概念,我国《消费者权益保护法》第2条规定:“消费者为生活消费需要购买、使用商品或者接受服务,其权益受本法保护;本法未作规定的,受其他有关法律、法规保护。”根据该规定,所谓消费者,是指为满足生活消费需要而购买或使用经营者提供的商品或服务的人。这一定义包括以下含义:

(1) 消费者的消费性质属于生活消费。消费者是为了个人生活需要而购买商品或接受服务的,其目的是为了满足个人或家庭的生活需要,而不是为了经营的需要,这是经营者与消费者的根本区别。《消费者权益保护法》第54条规定:“农民购买、使用直接用于农业生产的生产资料,参照本法执行。”该规定肯定了购买使用农业生产资料的农民不属于消费者,同时规定农民在购买使用农业生产资料时,享有消费者的各种权利。

(2) 消费者的消费客体是商品和服务,即与生活消费有关的可以用于生活消费的那部分商品和服务,但应限制在法律允许的范围内。

(3) 消费者购买使用的商品和接受的服务是由经营者提供的,如果某一消费者消费的商品是其自己生产、制造的,则这一消费者不属于这一商品的消费者,如农民自己生产的蔬菜自己食用,这时,该农民就不属于这种蔬菜的消费者。

(4) 消费者的主体主要是公民个人,法人及其他社会团体则不属于消费者的范畴。但在特殊情况下,有的单位专门为个人购买生活消费品,也可列入消费者的范围。

2. 消费者权益

消费者权益包括消费者的利益与权利。消费者利益即消费者在购买商品和接受服务时所应得到的正当利益,包括安全、经济、省时、方便等。消费者权利即消费者利益在法律上的表现。通常认为,“消费者权利”一词最初由美国总统肯尼迪提出。1962年3月15日,肯尼迪总统向美国国会提出了一份关于保护消费者利益的总统特别国情咨文,文中提出了消费者的四种权利，即安全保障权、获得正确的信息资料权、自由决定选择权、提出消费意见权。1969年，美国总统尼克松又提出消费者在其人身或财产遭受损害时具有要求获得适当补偿的权利。我国《消费者权益保护法》规定消费者有9项权利，包括安全权、知悉权、自主选择权、公平交易权、获得赔偿权、结社权、获得有关知识权、受尊重权、监督权。

二、消费者的权利

消费者权利，是指在法律保障下，消费者有权作出一定的行为或者要求他人作出或不作出一定的行为。我国《消费者权益保护法》规定了消费者的9项权利。

1. 安全权

安全权是指消费者在购买和使用商品或接受服务时所享有的人身和财产安全不受侵害的权利。这是消费者最重要的权利，包括人身安全权和财产安全权两方面的内容。《消费者权益保护法》第7条对此作出了规定。

2. 知情权

知情权又称知悉权，是指消费者享有知悉其购买、使用的商品或者接受的服务的真实情况的权利。知情权包括两方面的内容。其一，消费者有了解商品和服务的真实情况的权利，即经营者向消费者提供的情况应为客观的而不是虚假的；其二，消费者有充分了解有关情况的权利，消费者有权根据商品或者服务的不同情况，要求经营者提供商品的价格、产地、生产者、用途、性能、规格、等级、主要成分、生产日期、有效期限、检验合格证明、使用方法说明书、售后服务或服务的内容、规格、费用等有关情况。

3. 自主选择权

自主选择权是指消费者根据自己的意愿自主地选择其购买的商品及接受的服务的权利。该项权利表明，消费者有权自主选择提供商品或者服务的经营者，自主选择商品品种或者服务方式，自主决定购买或者不购买任何一种商品，接受或不接受任何一项服务。消费者在自主选择商品或者服务时，有权进行比较、鉴别和挑选。

4. 公平交易权

公平交易权是指消费者在购买商品或者接受服务时，有权获得质量保证、价格合理、计量准确等公平交易的条件，有权拒绝经营者的强制交易行为。在现实生活中，侵犯公平交易权的行为主要有质量以次充好、价格不合理、计量不准确、强制交易等。

5. 求偿权

求偿权是指消费者对其在购买、使用商品或接受服务过程中受到人身或财产损害时所享有的依法获得赔偿的权利。人身损害包括消费者的生命健康及其他人格权的侵害。财产损害指财产的实际损失，包括直接损失和间接损失。对于因人身权利受侵害而给消费者造成精神痛苦的，消费者有权主张精神损害赔偿。

6. 结社权

结社权是指消费者享有依法成立维护自身合法权益的社会团体的权利。为了与强大的经营者及经营者集团相抗衡，实现与经营者之间的真正平等，消费者可以团结起来，组织社会团体，以谋求保护自己的权益。

7. 获得有关知识权

获得有关知识权是指消费者享有获得有关消费者和消费者权益保护方面的知识的权利。这些知识包括消费知识和权益保护知识两方面。只有具备了消费知识，才能指导正常消费；只有具备了权益保护知识，消费者的合法权益才能得到保障。

8. 受尊重权

受尊重权是指消费者在购买、使用商品和接受服务时，享有人格尊严、民族风俗习惯受到尊重的权利。人格尊严受到尊重，是消费者应享有的最起码的权利之一。在现实生活中，消费者人格尊严受侵犯的事件时有发生，诸如消费者被无端侮辱、殴打、扣留等，此类行为必须加以禁止。我国是统一的多民族的国家，在消费领域尊重少数民族的风俗习惯，既涉及消费者权益的具体保护，又关系到坚持民族平等、加强民族团结、处理好民族关系的大局。

9. 监督权

监督权是指消费者有对商品和服务以及保护消费者权益工作进行监督的权利。监督权主要包括两个方面：一是对商品和服务进行监督。在发现经营者实施损害消费者权益的不法行为时，消费者有权向有关部门反映，并要求处理。二是对消费者保护工作的监督，主要是对国家机关及其工作人员在消费者保护工作中的违法失职行为进行监督，并有权予以检举控告。

三、侵害消费者权益的法律责任

消费者保护法中的法律责任是指经营者违反保护消费者的法律规定或

者与消费者约定的义务而应依法承担的法律后果。它是保证经营者依法履行义务的措施，是保护消费者权益的重要手段。根据侵害消费者权益的不同情况，不法经营者应承担的法律责任包括民事责任、行政责任和刑事责任三种。

（一）民事责任

民事责任是经营者违反民事义务应承担的法律后果。民事义务包括法律直接规定的义务，也包括消费者与经营者约定的义务。

1. 经营者提供商品或服务应承担民事责任的情形

（1）商品存在缺陷的。

（2）不具备商品应具备的使用性能而出售时未作说明的。

（3）不符合在商品或者其包装上注明采用的商品标准的。

（4）不符合商品说明、实物样品等方式表明的质量状况的。

（5）生产国家明令淘汰的商品或者销售失效、变质的商品的。

（6）销售的商品数量不足的。

（7）服务内容和费用违反约定的。

（8）对消费者提出的修理、重作、更换、退货、补足商品数量、退还货款和服务费用或者赔偿损失，故意拖延或者无理拒绝的。

（9）法律、法规规定的其他损害消费者权益的情形。

2. 赔偿主体和赔偿顺序

（1）消费者在购买、使用商品时，其权益受到损害的，可以向销售者要求赔偿。销售者赔偿后，属于生产者的责任或者属于向销售者提供商品的其他销售者的责任的，销售者有权向生产者或者其他销售者追偿。消费者或者其他受害人因商品缺陷造成人身、财产损害的，可以向销售者或者生产者要求赔偿，然后再向责任者追偿。服务过程中，致使消费者合法权益受到损害的，由服务者赔偿。

（2）致使消费者合法权益受到损害的原企业分立、合并的，由变更后承受其权利义务的企业承担赔偿责任。

（3）使用他人营业执照的违法经营者致使消费者合法权益受到损害的，由经营者或营业执照的持有人赔偿。

（4）在展销会、租赁柜台购买商品或者接受服务，致使消费者权利受到损害的，可以向销售者或服务者要求赔偿。展销会结束或者柜台租赁期满后，也可以向展销会的举办者、柜台的出租者要求赔偿，然后再向销售者或服务者追偿。

（5）经营者利用虚假广告提供商品或者服务致使消费者的合法权益受到损害的，由经营者赔偿。广告的经营者不能提供经营者的真实名称、地址的，应承担赔偿责任。

3. 民事责任的形式

不法经营者应承担的民事责任形式有修理、重作、更换、退货、补足商品数量、退还货款和服务费用或者赔偿损失、停止侵害、恢复名誉、消除影响、赔礼道歉等。另外，经营者有欺诈行为的，还应承担惩罚性赔偿金。《消费者权益保护法》第49条规定："经营者提供商品或者服务有欺诈行为的，增加赔偿的金额为消费者购买商品或者接受服务的费用的一倍。"

（二）行政责任

根据《消费者权益保护法》第50条的规定，经营者违反行政管理法，实施损害消费者利益的行为，《产品质量法》和其他法律、法规对处罚的机关和处罚方式有规定的，依照法律、法规的规定执行；法律、法规未作规定的，由工商行政管理部门责令改正，可以根据不同情况单处或者并处警告、没收非法所得、处以违法所得一倍以上五倍以下的罚款，没有违法所得的，处以一万元以下的罚款；情节严重的，责令停业整顿，吊销营业执照。

经营者对行政处罚决定不服的，可以自收到处罚决定之日起15日内向上一级机关申请复议，对复议决定不服的，可以自收到复议决定书之日起15日内向人民法院提起诉讼，也可以直接向人民法院提起诉讼。

国家机关工作人员玩忽职守或者有包庇经营者侵害消费者合法权益的行为的，由其所在单位或者上级机关给予行政处分。

（三）刑事责任

违反法律，损害消费者权益的行为，不仅可能承担民事责任和行政责任，而且可能承担刑事责任。经营者有下列行为之一的，应承担刑事责任：

（1）造成消费者或者其他受害人人身伤害，构成犯罪的。

（2）造成消费者或者其他受害人死亡，构成犯罪的。

（3）以暴力、威胁等方法阻碍有关行政部门工作人员依法执行职务的。

此外，国家机关工作人员玩忽职守或者包庇经营者侵害消费者合法权益的行为，情节严重，构成犯罪的，也应依法追究刑事责任。

第三节　产品质量法

为了加强对产品质量的监督管理，提高产品质量水平，明确产品质量责任，保护消费者的合法权益，维护社会经济秩序，1993 年 2 月 22 日第七届全国人民代表大会常务委员会第三十次会议通过了《中华人民共和国产品质量法》。该法于 2000 年 7 月 8 日根据第九届全国人民代表大会常务委员会第十六次会议《关于修改〈中华人民共和国产品质量法〉的决定》进行了第一次修正。

一、产品质量法的适用范围

在中华人民共和国境内从事产品生产、销售活动，必须遵守本法。产品质量法所称产品是指经过加工、制作，用于销售的产品。

二、生产者对其生产产品质量的主要法定义务

生产者对其生产产品的质量依法负有的义务主要包括：

（1）保证其生产的产品质量符合下列要求：第一，不得存在危及人身、财产安全的不合理的危险，有保障人体健康、财产安全的国家标准、行业标准的，应当符合该标准。这是法律对生产者保证产品质量义务的强制性规定，生产者不得以合同约定或者其他方式免除或减轻自己的此项法定义务。产品不得存在危及人身、财产安全的不合理的危险，是法律对产品质量最基本的要求，直接关系到产品使用者的人体健康和人身、财产安全。生产者违反这一质量保证义务的，将要受到法律的严厉制裁。第二，具备产品应当具有的使用性能。所谓产品具有应当具有的使用性能，是指某一特定产品应当具有其基本的使用功能，比如电冰箱应当具备制冷性能，保温瓶应当具有保温性能等，并在正常使用条件下应有合理的使用寿命。具备产品应当具备的使用性能是产品质量法对生产者保证产品质量所规定的又一法定义务。第三，产品质量应当符合明示的质量状况，即产品质量应当符合在产品或者其包装上注明采用的产品标准，符合以产品说明、实物样品等方式表明的质量状况。这是法律对生产者保证产品质量所规定的明示担保义务。

（2）生产者应当保证其产品或者其包装上的标识符合要求。产品质量法

对由生产者所提供的产品标识应当达到的基本要求作出了规定，生产者制作和使用的产品标识必须符合法律所规定的要求。

（3）产品的包装质量应当符合规定的要求。

（4）不得生产国家明令淘汰的产品。

（5）不得有产品质量法明令禁止的产品质量欺诈行为。这些行为包括：伪造产地，伪造或者冒用他人的厂名、厂址；伪造或者冒用质量标志；掺杂、掺假，以假充真，以次充好，以不合格产品冒充合格产品。

三、销售者对其销售产品质量的主要法定义务

按照产品质量法的规定，销售者对其销售产品质量应负有的基本义务包括：

（1）建立并执行进货检查验收制度，验明产品合格证明和其他标识。

（2）采取必要和适当的分类、防潮、通风、防晒、防霉变以及对特殊产品的温度控制等保管、维护措施，保持销售产品的质量。

（3）产品质量法规定禁止销售的产品销售者不得销售，包括不得销售国家明令淘汰的产品，不得销售失效、变质的产品。“失效”，是指产品失去了本来应当具有的使用功能或效力。“变质”，是指产品内在质量发生了本质性的物理、化学变化，失去了产品应当具备的使用价值。失效、变质的产品，由于其功能、效力、作用等皆已丧失或大部分已丧失，已经不具备应有的安全性、适用性等必要的性能，还容易对人体健康造成危害，因此，法律规定禁止销售失效、变质的产品。销售者违反了这一法定义务，要承担相应的法律责任。

（4）销售的产品的标识应当符合法律规定的要求。

（5）不得有产品质量法明令禁止的质量欺诈行为，包括不得伪造产地和伪造或者冒用他人的厂名、厂址，不得伪造或者冒用质量标志，不得掺杂、掺假，以假充真，以次充好，以不合格产品冒充合格产品。

四、产品质量责任

产品质量法规定，生产者、销售者依照本法规定承担产品质量责任。这里所说的“产品质量责任”，是指产品质量法规定的责任主体不履行本法规定的保证产品质量的义务所应当承担的法律后果。包括：

（1）违反产品质量法规定的行政责任，即主要是由产品质量监督部门和有关部门依法对生产、销售违法产品的行为给予罚款，没收违法生产、销售的

产品和违法所得，吊销营业执照等行政处罚。

（2）刑事责任。对严重的产品质量违法行为，构成犯罪的，依照刑法的有关规定追究刑事责任。我国刑法专门对生产、销售伪劣商品构成犯罪的行为的刑事责任作了具体规定。

（3）民事责任。产品质量法规定的有关产品质量的民事责任包括两类：一类是销售者对其出售的产品的质量担保责任。在商品买卖关系中，销售者应在合理范围内，对其出售的商品向购买者承担质量保证的责任。违反这一责任的，构成买卖合同中产品质量的违约行为，销售者应依照产品质量法第四十条的规定及合同法的有关规定承担包括修理、更换、退货及赔偿损失的违约责任。另一类是因产品存在缺陷给他人人身、财产造成损害的侵权责任，即产品质量法所规定的因产品存在缺陷给他人人身、财产造成损害的，产品的生产者应当承担赔偿责任。

第四节　农产品质量安全法

《中华人民共和国农产品质量安全法》由中华人民共和国第十届全国人民代表大会常务委员会第二十一次会议于2006年4月29日通过，自2006年11月1日起施行。

一、农产品质量安全法适用范围

农产品质量安全法所称农产品，是指来源于农业的初级产品，即在农业活动中获得的植物、动物、微生物及其产品。农产品质量安全法所称农产品质量安全，是指农产品质量符合保障人的健康、安全的要求。

二、农产品生产的相关规定

（1）农产品生产企业和农民专业合作经济组织应当建立农产品生产记录，如实记载下列事项：使用农业投入品的名称、来源、用法、用量和使用、停用的日期；动物疫病、植物病虫草害的发生和防治情况；收获、屠宰或者捕捞的日期。

农产品生产记录应当保存两年。禁止伪造农产品生产记录。国家鼓励其他农产品生产者建立农产品生产记录。

（2）农产品生产者应当按照法律、行政法规和国务院农业行政主管部门的规定，合理使用农业投入品，严格执行农业投入品使用安全间隔期或者休药期的规定，防止危及农产品质量安全，禁止在农产品生产过程中使用国家明令禁止使用的农业投入品。

（3）农产品生产企业和农民专业合作经济组织应当自行或者委托检测机构对农产品质量安全状况进行检测；经检测不符合农产品质量安全标准的农产品，不得销售。

（4）农民专业合作经济组织和农产品行业协会对其成员应当及时提供生产技术服务，建立农产品质量安全管理制度，健全农产品质量安全控制体系，加强自律管理。

三、农产品包装和标识的相关规定

（1）农产品生产企业、农民专业合作经济组织以及从事农产品收购的单位或者个人销售的农产品，按照规定应当包装或者附加标识的，须经包装或者附加标识后方可销售。包装物或者标识上应当按照规定标明产品的品名、产地、生产者、生产日期、保质期、产品质量等级等内容；使用添加剂的，还应当按照规定标明添加剂的名称。具体办法由国务院农业行政主管部门制定。

（2）农产品在包装、保鲜、贮存、运输中所使用的保鲜剂、防腐剂、添加剂等材料，应当符合国家有关强制性的技术规范。

（3）属于农业转基因生物的农产品，应当按照农业转基因生物安全管理的有关规定进行标识。

（4）依法需要实施检疫的动植物及其产品，应当附具检疫合格标志、检疫合格证明。

（5）销售的农产品必须符合农产品质量安全标准，生产者可以申请使用无公害农产品标志。农产品质量符合国家规定的有关优质农产品标准的，生产者可以申请使用相应的农产品质量标志。禁止冒用农产品质量标志。

四、监督检查

有下列情形之一的农产品，不得销售：

（1）含有国家禁止使用的农药、兽药或者其他化学物质的。

（2）农药、兽药等化学物质残留或者含有的重金属等有毒有害物质不符合农产品质量安全标准的。

（3）含有的致病性寄生虫、微生物或者生物毒素不符合农产品质量安全标准的。

（4）使用的保鲜剂、防腐剂、添加剂等材料不符合国家有关强制性的技术规范的。

（5）其他不符合农产品质量安全标准的。

五、法律责任

（1）农产品质量安全检测机构伪造检测结果的，责令改正，没收违法所得，并处五万元以上十万元以下罚款，对直接负责的主管人员和其他直接责任人员处一万元以上五万元以下罚款；情节严重的，撤销其检测资格；造成损害的，依法承担赔偿责任。农产品质量安全检测机构出具检测结果不实，造成损害的，依法承担赔偿责任；造成重大损害的，并撤销其检测资格。

（2）农产品生产企业、农民专业合作经济组织未建立或者未按照规定保存农产品生产记录的，或者伪造农产品生产记录的，责令限期改正；逾期不改正的，可以处两千元以下罚款。

（3）销售的农产品未按照规定进行包装、标识的，责令限期改正；逾期不改正的，可以处两千元以下罚款。

（4）使用的保鲜剂、防腐剂、添加剂等材料不符合国家有关强制性的技术规范的，责令停止销售，对被污染的农产品进行无害化处理，对不能进行无害化处理的予以监督销毁；没收违法所得，并处两千元以上两万元以下罚款。

参考文献

[1] 中国标准出版社. 中国农业标准汇编(粮油作物卷)[M]. 中国标准出版社,1998 年版。

[2] 陈廷珠. 蜜蜂产品与保健[M]. 中国农业出版社,2000 年版。

[3] 张秀省,戴明勋等. 无公害农产品标准化生产[M]. 中国农业科学技术出版社,2002 年版。

[4] 李崇光. 农产品营销学[M]. 高等教育出版社,2003 年版。

[5]朱学新. 结构调整中的农村经纪人建设[M]. 苏州大学出版社,2003 年版。

[6] 吴光红,费志良. 无公害水产品生产手册[M]. 科学技术文献出版社,2003 年版。

[7] 中国标准出版社第一编辑室. 绿色食品标准汇编[M]. 中国标准出版社,2003 年版。

[8] 联合国/欧洲经济委员会,中国——欧洲联盟农业技术中心编译. 农产品质量标准[M]. 中国农业科学技术出版社,2003 年版。

[9] 于冷. 农业标准化[M]. 上海教育出版社,2004 年版。

[10] 刘慧娥. 农村经纪学[M]. 中国农业出版社,2005 年版。

[11] 中华全国供销社合作总社专业技能鉴定指导中心组织编写. 农产品经纪人中级技能知识[M]. 中国财政经济出版社,2006 年版。

[12] 中华全国供销社合作总社专业技能鉴定指导中心组织编写. 农产品经纪人高级技能知识[M]. 中国财政经济出版社,2006 年版。

[13] 中华人民共和国劳动和社会保障部制定. 农产品经纪人国家职业资格[M]. 中国财政经济出版社,2006 年版。

[14]中华全国供销社合作总社专业技能鉴定指导中心组织编写. 农产品经纪人初级技能知识[M]. 中国财政经济出版社,2009 年版。

[15] 农业部农村社会事业发展中心组编. 农产品经纪人[M]. 中国农业出版社,2010 年版。

[16] 陈玉林,贺吉鹏.农产品经纪人实用全书[M].黄河出版传媒集团阳光出版社,2010 年版。

[17] 张西华.农产品经纪人中高级培训教程[M].浙江工商大学出版社,2011 年版。

[18] 中华粮网:http://www.cngrain.com.

[19] 中国农业质量网:http://www.caqs.gov.cn.

[20] 中国花卉网:http://www.china-flower.com.